本书由
中央高校建设世界一流大学（学科）
和特色发展引导专项资金
资助

中南财经政法大学"双一流"建设文库

创 | 新 | 治 | 理 | 系 | 列

公共服务供给中的伙伴
——政府向社会组织购买服务研究

张远凤 著

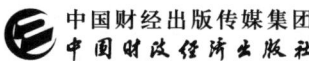

图书在版编目（CIP）数据

公共服务供给中的伙伴：政府向社会组织购买服务研究／张远凤著．——北京：中国财政经济出版社，2019.12

（中南财经政法大学"双一流"建设文库．创新治理系列）

ISBN 978-7-5095-9463-6

Ⅰ.①公… Ⅱ.①张… Ⅲ.①社会服务－政府采购制度－研究－中国 Ⅳ.①D669.3

中国版本图书馆 CIP 数据核字（2019）第288804号

责任编辑：武志庆　　　　　　责任校对：李　丽
封面设计：陈宇琰

公共服务供给中的伙伴
——政府向社会组织购买服务研究
GONGGONG FUWU GONGJI ZHONG DE HUOBAN
——ZHENGFU XIANG SHEHUI ZUZHI GOUMAI FUWU YANJIU

中国财政经济出版社 出版

URL：http：//www.cfeph.cn
E-mail：cfeph@cfemg.cn

（版权所有　翻印必究）

社址：北京市海淀区阜成路甲28号　邮政编码：100142
营销中心电话：010-88191537
北京财经印刷厂印装　各地新华书店经销
787×1092毫米　16开　19印张　306 000字
2019年12月第1版　2019年12月北京第1次印刷
定价：85.00元
ISBN 978-7-5095-9463-6
（图书出现印装问题，本社负责调换）
本社质量投诉电话：010-88190744
打击盗版举报热线：010-88191661　QQ：2242791300

总 序

"中南财经政法大学'双一流'建设文库"是中南财经政法大学组织出版的系列学术丛书,是学校"双一流"建设的特色项目和重要学术成果的展现。

中南财经政法大学源起于1948年以邓小平为第一书记的中共中央中原局在挺进中原、解放全中国的革命烽烟中创建的中原大学。1953年,以中原大学财经学院、政法学院为基础,荟萃中南地区多所高等院校的财经、政法系科与学术精英,成立中南财经学院和中南政法学院。之后学校历经湖北大学、湖北财经专科学校、湖北财经学院、复建中南政法学院、中南财经大学的发展时期。2000年5月26日,同根同源的中南财经大学与中南政法学院合并组建"中南财经政法大学",成为一所财经、政法"强强联合"的人文社科类高校。2005年,学校入选国家"211工程"重点建设高校;2011年,学校入选国家"985工程优势学科创新平台"项目重点建设高校;2017年,学校入选世界一流大学和一流学科(简称"双一流")建设高校。70年来,中南财经政法大学与新中国同呼吸、共命运,奋勇投身于中华民族从自强独立走向民主富强的复兴征程,参与缔造了新中国高等财经、政法教育从创立到繁荣的学科历史。

"板凳要坐十年冷,文章不写一句空",作为一所传承红色基因的人文社科大学,中南财经政法大学将范文澜和潘梓年等前贤们坚守的马克思主义革命学风和严谨务实的学术品格内化为学术文化基因。学校继承优良学术传统,深入推进师德师风建设,改革完善人才引育机制,营造风清气正的学术氛围,为人才辈出提供良好的学术环境。入选"双一流"建设高校,是党和国家对学校70年办学历史、办学成就和办学特色的充分认可。"中南大"人不忘初心,牢记使命,以立德树人为根本,以"中国特色、世界一流"为核心,坚持内涵发展,"双一流"建设取得显著进步:学科体系不断健全,人才体系初步成型,师资队伍不断壮大,研究水平和创新能力不断提高,现代大学治理体系不断完善,国际交流合作优化升级，综合实力和核心竞争力显著提升，为在 2048 年建校百年时，实现主干学科跻身世界一流学科行列的发展愿景打下了坚实根基。

"当代中国正经历着我国历史上最为广泛而深刻的社会变革，也正在进行着人类历史上最为宏大而独特的实践创新"，"这是一个需要理论而且一定能够产生理论的时代，这是一个需要思想而且一定能够产生思想的时代"①。坚持和发展中国特色社会主义，统筹推进"五位一体"总体布局和协调推进"四个全面"战略布局，实现"两个一百年"奋斗目标、实现中华民族伟大复兴的中国梦，需要构建中国特色哲学社会科学体系。市场经济就是法治经济，法学和经济学是哲学社会科学的重要支撑学科，是新时代构建中国特色哲学社会科学体系的着力点、着重点。法学与经济学交叉融合成为哲学社会科学创新发展的重要动力，也为塑造中国学术自主性提供了重大机遇。学校坚持财经政法融通的办学定位和学科学术发展战略，"双一流"建设以来，以"法与经济学科群"为引领，以构建中国特色法学和经济学学科、学术、话语体系为己任，立足新时代中国特色社会主义伟大实践，发掘中国传统经济思想、法律文化智慧，提炼中国经济发展与法治实践经验，推动马克思主义法学和经济学中国化、现代化、国际化，产出了一批高质量的研究成果，"中南财经政法大学'双一流'建设文库"即为其中部分学术成果的展现。

文库首批遴选、出版二百余册专著，以区域发展、长江经济带、"一带一路"、创新治理、中国经济发展、贸易冲突、全球治理、数字经济、文化传承、生态文明等十个主题系列呈现，通过问题导向、概念共享，探寻中华文明生生不息的内在复杂性与合理性，阐释新时代中国经济、法治成就与自信，展望人类命运共同体构建过程中所呈现的新生态体系，为解决全球经济、法治问题提供创新性思路和方案，进一步促进财经政法融合发展、范式更新。本文库的著者有德高望重的学科开拓者、奠基人，有风华正茂的学术带头人和领军人物，亦有崭露头角的青年一代，老中青学者秉持家国情怀，述学立论、建言献策，彰显"中南大"经世济民的学术底蕴和薪火相传的人才体系。放眼未来、走向世界，我们以习近平新时代中国特色社会主义思想为指导，砥砺前行，凝心聚

---

① 习近平：《在哲学社会科学工作座谈会上的讲话》，2016 年 5 月 17 日。

力推进"双一流"加快建设、特色建设、高质量建设,开创"中南学派",以中国理论、中国实践引领法学和经济学研究的国际前沿,为世界经济发展、法治建设做出卓越贡献。为此,我们将积极回应社会发展出现的新问题、新趋势,不断推出新的主题系列,以增强文库的开放性和丰富性。

"中南财经政法大学'双一流'建设文库"的出版工作是一个系统工程,它的推进得到相关学院和出版单位的鼎力支持,学者们精益求精、数易其稿,付出极大辛劳。在此,我们向所有作者以及参与编纂工作的同志们致以诚挚的谢意!

因时间所囿,不妥之处还恳请广大读者和同行包涵、指正!

中南财经政法大学校长

前　言

政府购买服务是世界各国在提供公共服务时普遍采取的一种方式。政府购买服务在我国的兴起既是公共服务体制改革的现实需要，也受到了发达国家新公共治理改革潮流的影响。自从2013年9月国务院办公厅印发《关于政府向社会力量购买服务的指导意见》以来，政府向社会组织购买服务在全国各地进入到普遍推广时期。社会组织作为一股新兴的社会力量，通过政府购买服务被纳入到公共服务主体之中，非营利机制和志愿机制成为行政机制和市场机制之外公共服务供给的新机制。新主体和新机制的兴起正在深刻改变我国的公共服务体制乃至公共行政体制。这个过程不仅涉及管理和技术层面的问题，还涉及制度和理论层面的问题。在全球化的大背景下，世界各国的治理经验交流变得越来越便利，越来越频繁。然而，在引入他国经验的过程中，不可避免地会发生适应性变异。政府向社会组织购买服务就是这样一个典型的领域。

本书主要采取案例研究和比较研究的方法。正文分为六章，第一章是文献综述和研究设计。第二章是政策研究。第三至五章是案例研究。案例研究分中国案例研究和美国案例研究。本书以湖北省为例分析了政府购买服务制度建设的总体状况，以湖北省妇联和武昌区政府为例研究了政府主导型公益创投制度的性质和特点，以巴尔的摩市和华盛顿特区的4家非营利组织为例分析了美国政府购买服务制度。本书最后一章基于中国与西方政府购买服务的不同特点，讨论了政府购买服务改革与新公共治理范式转型之间的关系问题。

近年来，政府向社会组织购买服务逐渐从一线城市和沿海发达地区向中西部地区扩散。在实践发展过程中，初步形成由相关法律、各级政府行政法规规章和其他规范性文件构成的政策体系。不过，这个框架主要是对政府采购主体和程序方面的规定，需要进一步完善具体服务领域的相关法律和政策，另外需要完善公益创投相关法律规范。

本书以湖北省为例来研究政府向社会组织购买服务制度的总体状况。湖北省是中部省份,在中部地区政府购买服务实践领域具有代表性。2014年以来,在政府购买服务制度建设方面取得了显著进展,但也存在政府认识不足、资金保障机制有待建立、服务承接主体弱小、市场竞争不足、合同管理粗放、绩效评价困难以及监管问责乏力等方面的问题,需要进一步改进和完善。

公益创投是政府购买服务制度的一项创新。本书研究发现,我国流行的政府主导型公益创投与欧美国家的公益创投存在显著区别。我国政府主导型公益创投操作办法更接近于传统的慈善项目拨款方式,而不是典型的社会影响力投资导向的公益创投模式。政府主导型公益创投在培育社会组织方面显著有效,但其提供的服务本质上仍然是公益服务而不是公共服务。从短期来看,公益创投提供的公益服务一定程度上是公共服务的替代品。从长期来看,在条件具备的前提下,可以将一些成熟的公益服务项目转化为公共服务,通过政府采购方式来购买,使公益创投回归公益事业本质。

美国是非营利部门最为发达的国家,也是欧美发达国家中福利水平较低而公共服务民营化程度最高的国家之一。本书研究报告以东巴尔的摩发展公司(EBDI)、儿童照顾委员会(BCC)、马里兰家庭网络(MFN)和哥伦比亚特区中心厨房(DCCK)4家非营利组织为例,从政策和操作两个方面详细介绍了美国政府购买服务的情况,具体介绍了美国政府购买服务的动机、法律依据、合同管理、政策倡导以及政府监管等内容,然后从治理、组织管理、绩效和独特性等维度讨论了政府购买服务对美国非营利部门的影响。美国政府购买服务经验对我国具有一定的借鉴意义。其一是立法先行,其二是科学管理,其三是多部门协作,其四是非营利部门的可持续发展。

20世纪70年代以来,西方发达国家的公共行政范式逐渐转向新公共管理范式,近年来进一步转向新公共治理范式。购买服务是政府与非营利组织合作的一种主要方式,购买服务的普及推动了公共行政向新治理范式的转型。本书认为我国政府购买服务改革促进了社会组织的增长,也促进了公共服务的改善。政府购买服务已经在一定程度上改变了公共服务体系的结构,但这种结构变化与西方国家的新治理模式存在显著差异,正在形成具有中国特色的合作治理范式。

未来研究还需要继续往两个方向拓展。一是提升理论研究高度,进一步研究政府购买服务与国家—社会关系、福利制度模式、国家治理现代化等相关问题之间的关系。二是深入研究实践问题，进入街道和社区，弄清楚政府购买服务如何落地，服务绩效究竟如何等，为实践领域提供更切实际的参考。

张远凤
2019 年冬于南湖畔

目 录

第一章 导论   **1**
    一、选题背景与研究意义   1
    二、文献综述   4
    三、研究框架   31
    四、研究方法和数据来源   34

第二章 政府向社会组织购买服务政策分析   **37**
    一、政府购买服务政策   37
    二、公益创投政策   42
    三、政府购买服务政策扩散分析   45

第三章 政府购买服务制度建设现状——以湖北省为例   **51**
    一、湖北省政府购买服务政策   51
    二、湖北省政府向社会组织购买服务制度建设现状   62
    三、湖北省政府购买服务制度建设的问题与原因分析   73
    四、完善湖北省政府购买服务制度的建议   82

第四章 公益创投：政府购买服务制度创新   **92**
    一、公益创投的跨国移植与本土变异   92
    二、研究设计   97
    三、武昌区公益创投大赛案例介绍   103
    四、湖北省妇联公益创投案例描述   117
    五、研究发现   132
    六、结论与讨论   138

第五章　美国政府购买服务制度研究　　142
一、美国政府购买服务的发展状况　　142
二、研究设计与案例简介　　148
三、马里兰州政府购买寄宿类儿童服务案例　　152
四、马里兰州政府购买儿童早教服务案例　　165
五、哥伦比亚特区政府购买学生餐饮服务案例　　173
六、巴尔的摩市政府购买老旧社区改造服务案例　　178
七、政府购买服务对非营利组织的影响　　183
八、美国政府购买服务经验对我国的借鉴意义　　195

第六章　政府购买服务与公共管理范式转型　　199
一、文献回顾与研究假设　　200
二、传统公共服务体系的构成　　204
三、政府购买服务对公共服务体系的影响　　205
四、政府、慈善和商业对社会组织的影响　　207
五、重新思考"诺斯悖论"：新公共治理的另类范式　　211

附录1　马里兰州寄宿型儿童照顾服务项目标准　　214
附录2　马里兰州人力资源社会服务局住宿类儿童服务招标书　　227
致谢　　286

第一章 导 论

一、选题背景与研究意义

自从 2013 年 9 月 26 日国务院办公厅印发《关于政府向社会力量购买服务的指导意见》（国办发〔2013〕96 号）以来，政府向社会组织购买服务在全国各地由探索实验阶段进入到普遍推广时期。社会组织作为一股新兴的社会力量，通过政府购买服务被纳入公共服务主体之中，社会组织代表的非营利机制成为行政机制和市场机制之外我国公共服务供给的一种新机制。新主体和新机制的加入正在给我国的公共服务体系乃至公共管理领域带来深远影响。

（一）选题背景

政府购买服务是世界各国政府在提供公共服务时普遍采取的一种方式。政府购买服务在我国的兴起既是我国公共服务体系改革的现实需要，也受到了发达国家政府购买服务潮流的影响。

1. 福利国家的失败与政府购买服务的兴起

政府购买服务并不是什么新鲜事，美国政府购买服务的传统可以追溯到殖民地时代。但各国政府大规模、制度化地向私人部门尤其是非营利部门购买公共服务不过是 20 世纪 70 年代以来的事情。20 世纪 90 年代，政府购买服务已经成为发达国家最常用的政府工具之一。[1] 第二次世界大战之后，欧洲国家普遍建立了政府主导的社会福利制度。美国在"反贫困战争"和"伟大社会"等政策指导之下，联邦政府开始全面介入社会服务领域。到 20 世纪 70 年代末，欧美各

---

[1] 莱斯特·M. 萨拉蒙. 政府工具 [M]. 肖娜，等，译. 北京：北京大学出版社，2016.

国出现经济滞胀、财政困难，欧洲福利国家模式难以为继，美国联邦政府也开始削减福利支出。在这种情况下，撒切尔夫人和里根总统大力倡导民营化改革，通过政府资助、非营利部门生产的方式合作提供公共服务。到 2007 年，政府资助已经占到美国非营利部门总收入的近四成。①

这种政府与非营利部门合作提供公共服务的改革思路得到了很多国家的响应，引起了一场所谓"全球结社革命"，对两个部门都产生了极其深远的影响。一方面，对政府而言，公私合作治理范式代替了传统的公共行政范式，到 20 世纪 90 年代末，政府购买服务已经成为发达国家最常用的一种政府工具。② 另一方面，发达国家非营利部门在政府资助下快速发展，成为政府在公共服务中的伙伴。

依靠非营利组织来提供公共服务并不意味着政府角色的弱化。③ 恰恰相反，这意味着政府对非营利部门的深度嵌入，从治理结构、独立性、绩效管理到社会创新功能等方面对非营利组织的影响越来越大。因为不论政府资金占多大比例，整个非营利组织都必须要遵守合同的要求，接受政府的规制。通过这种方式，美国传统上独立于政府的社会服务机构，如家庭与儿童服务机构，如今都纳入了政府规制的范畴。

2. 我国政府购买服务的兴起

由于我国社会组织的发展滞后于市场经济发展，现代非营利组织制度建设落后于现代企业制度建设，进入新世纪以来，人们才开始逐步认识到非营利机制在公共服务供给中具有不可替代的重要作用。改革开放以来，我国的经济建设取得了举世瞩目的成就，但是公共服务供给却相对滞后，在事业单位体制改革和社会组织快速发展的背景下启动了政府购买服务。20 世纪 50 年代初期，我国在借鉴苏联经验的基础上建立了事业单位制度。经过半个多世纪的发展演变，事业单位已经形成了一个极其庞杂的体系，其业务活动涉及从生产经营、公共服务到行政事务的广泛领域。2010 年，我国共有事业单位约 130 万家，从业人员 3000 多万。④ 然而，事业单位提供的服务覆盖面窄、供给不足，城乡之间、

---

① Lester M. Salamon, *The State of Nonprofit America* (2nd Ed.), Washington D. C.：Brookings Institution Press, 2012：42.
② 莱斯特·M. 萨拉蒙. 政府工具 [M]. 肖娜，等，译. 北京：北京大学出版社，2016.
③ 张远凤，Lester Salamon，Megan Haddock. 政府工具对美国非营利组织的影响——以 MFN、BCC 和 DCCK 为例 [J]. 中国非营利评论，2015 (1)：200 – 221.
④ 李强. 地方事业单位分类改革：缘起、方向和路径 [M]. 南京：江苏人民出版社，2017.

地区之间与单位之间存在显著不均等，越来越难以满足公众对公共服务的需求。20世纪90年代初，我国开始了公共服务社会化和市场化改革。一方面，医院和学校等事业单位开始实行服务收费，事业单位的公益性逐渐弱化。另一方面，医疗、教育、文化、社会服务等领域逐步向社会力量开放，企业和社会组织成为公共服务领域的一支新军。然而，在政府投入不足以及慈善资源稀缺的情况下，这些服务的公益性也很难得到保障。进入21世纪以来，要求政府承担更多责任、让公共服务回归公益的呼声日益高涨。在这样的背景下，政府购买服务制度走上前台。

我国政府购买服务起步于20世纪90年代初，从沿海地区逐步向内地扩散，① 最终于2013年成为中央政府的政策，进入全面推进阶段。1994年，深圳罗湖区借鉴香港经验在环境卫生领域中引入政府购买服务，这是我国政府购买服务的最早实践。1995年，上海市浦东区社会发展局通过外包方式，委托一家本地社会组织——上海基督教青年会——管理罗山市民会馆，这是我国最早的政府向社会组织购买服务的探索。② 1998年，深圳市人大常委会通过《深圳经济特区采购条例》，这是我国第一部关于政府采购（包括政府购买服务）的地方性法规。③ 进入21世纪以来，越来越多的地方开展政府购买服务的试点，并且逐步从东部沿海发达省份扩展到中西部地区，购买内容也逐渐扩大，一些地方还制定了条例来规范这项工作，购买服务日益成为政府提供公共服务的一种新型工具。2010年初，温家宝总理在省部级主要领导干部专题研讨班上强调政府购买社会组织服务的重要性，要求中央对政府购买服务提供政策引导。此后，政府购买社会组织服务开始在全国广泛试点，到2012年，广东、上海等地初步建立了政府向社会组织购买服务的制度。2013年，国务院发布《关于政府向社会力量购买服务的指导意见》（国办发〔2013〕96号），提出建立政府向社会力量购买服务（简称政府购买服务）制度，优化公共服务体系、推动事业单位改革，促进社会组织培育发展。这个文件是现阶段指导政府购买服务的纲领性文件，为了贯彻实施这个文件，国务院各部委和各级地方政府已经发布了数以百计的规范性文件。在这个政策的指导下，政府购买服务逐步在全国推开。

---

① 许芸. 从政府包办到政府购买——中国社会福利服务供给的新路径［J］. 南京社会科学, 2009 (7)；贾西津, 苏明, 韩俊魁, 等. 中国政府购买服务研究终期报告［R］. 2009: 14-15.
② 杨团. 社区公共服务设施托管的新模式——以罗山市民会馆为例［J］. 社会学研究, 2001 (3): 77-86.
③ 韩俊魁. 当前我国非政府组织参与政府购买服务的模式比较［J］. 社会经济体制比较, 2009 (6): 129-135.

政府向社会组织购买服务是对传统公共服务供给模式的一场革命。传统上，政府要增加一项服务，就会增加一项职能，增设一批机构和编制（国有企业或事业单位），安排一套人员。国有企业和事业单位都是行政体制内设机构，政府可以通过行政体系对企事业单位实施控制。政府购买服务的逻辑与此迥然不同，政府想要增加或扩大一项公共服务，不必增设机构增加编制，而是通过订立购买服务合同，委托服务机构（企业或社会组织）来提供。这些服务机构与政府之间不再是上下级关系，契约关系取代了等级关系，市场机制代替了行政机制，这对作为服务购买者和提供者都是全新的课题，不仅涉及理论和技术层面的问题，还涉及系统性制度变革。

（二）研究意义

本书着眼于对政府向社会组织购买服务的制度建设，是一项应用研究，主要目的是为当前全国各地快速发展的政府购买服务实践提供参考。政府向社会组织购买服务既是公共服务供给机制的创新，也是社会治理方式的创新，需要建立一套新的制度体系，通过一定的界面和接口嵌入到整个公共服务乃至公共管理体系之中。2013年以来，政府购买服务政策和制度建设在全国展开，目前进展如何，取得了什么成效，面临哪些困难和问题？这都要在对实践情况进行系统调查研究的基础上，借助系统性的思考加以解决。这套新制度的实施可能会对现有制度和现有主体的行为方式带来冲击，要求改革现有制度，改变原来的行为方式。

与此同时，政府向社会组织购买服务制度建设涉及大量的理论问题。什么是公共服务？什么是公益服务？什么是政府购买服务？政府应该如何向社会组织购买服务？为什么政府采取公益创投方式来购买公共服务？哪些公共服务可以采取政府购买方式提供？政府向社会组织购买服务对公共服务系统将带来什么影响？政府向社会组织购买服务将促进我国行政管理范式变革吗？本书将在实践研究的基础上对这些理论问题加以回答。

二、文献综述

本书研究参考的中文文献主要来源于中国知网（CNKI）数据库，我们对这部分文献的总体情况进行统计分析。对于论文之外其他形式文献包括著作、媒体文章和研究报告等，不做统计分析。本书参考的英文文献来源于多个渠道，一部分来源于 EBSCO 数据库，还有一部分来自于作者在国外访学期间搜集的文献。

（一）文献统计分析

我们首先对中国知网与政府向社会组织购买服务相关文献进行分析。我们对"篇名"按照"政府"+"社会组织"+"购买"+"服务"+"制度"在中国知网数据库进行检索，只找到 2 篇文献。我们对"篇名"按照"政府"+"购买服务"+"制度"进行检索，找到 25 篇文献。我们对"篇名"按照"政府"+"社会组织"+"购买"+"服务"关键词组合在中国知网数据库中进行检索，截至 2018 年 12 月 31 日，共检索到符合搜索条件的论文 420 篇，其中期刊论文 314 篇，博硕士论文 94 篇，其他类型文章 12 篇。我们对"篇名"按照"政府"+"购买"+"服务"组合关键词在该数据库中进行检索，同期发表的论文有 2944 篇，参见表 1-1。篇名中包含"政府"+"购买"+"服务"的第一篇期刊论文发表于 1999 年，而篇名中包含"政府"+"社会组织"+"购买"+"服务"的首篇期刊论文发表于 2007 年。当然，本书研究使用的文献不仅限于此，很多相关文献的篇名并不在上述检索范围之内。但是，这些按篇名搜索的文献足以描绘出国内学界对"政府向社会组织购买服务制度"这个问题的研究进展概况。

表 1-1　　　　　　　2007—2018 年相关文献发表数量

年份	2007	2008	2009	2010	2011	2012	2013	2014	2015	2016	2017	2018	合计
篇数 a	1	2	1	5	6	35	42	53	74	73	77	51	420
篇数 b	11	29	31	68	71	123	223	422	511	533	519	403	2944

篇数 a：对"篇名"按照"政府"+"社会组织"+"购买"+"服务"关键词组合在中国知网数据库中检索到的历年发表论文数量。

篇数 b：对"篇名"按照"政府"+"购买"+"服务"关键词组合在中国知网数据库中检索到的历年发表论文数量。

我们根据两次检索结果绘制出相关文献数量年度趋势曲线图，参见图 1-1。从图 1-1 来看，两条曲线的趋势基本一致，无论是对"政府购买服务"还是对

"政府向社会组织购买服务"的研究都是在2010年以后才形成气候。2012—2017年这个领域的研究出现一个高峰期，2016年期刊论文发表数量达到一个峰值。从发表文章的总数来看，政府向社会组织购买服务文献总数占到政府购买服务文献总数的14.2%，不到1/6。

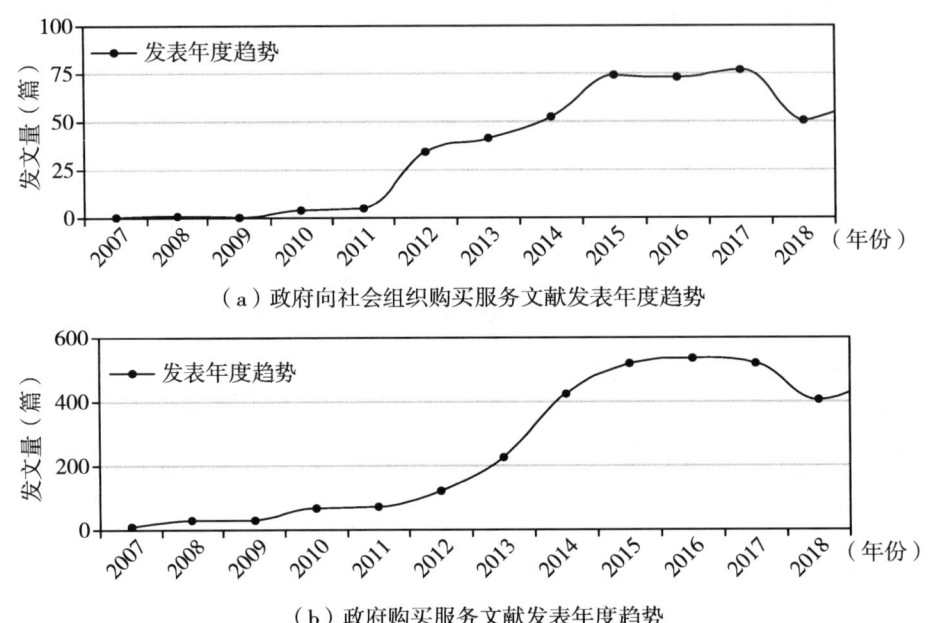

图1-1　2007—2018年中国知网发表相关文献数量

资料来源：中国知网计量可视化分析——检索结果，http：//kns.cnki.net/kns/Visualization/VisualCenter.aspx。

总体来看，这些文献主要分为理论与政策研究、管理制度研究、具体领域研究以及国外经验与比较研究等四种类型，参见表1-2。政府向社会组织购买服务制度建立在理论和政策基础之上，因此，第一类文献是理论和政策研究，包括对中外政府购买服务的理论研究，对我国政府向社会组织购买服务的法律和政策研究，以及各个相关领域的研究综述，例如政府向社会组织购买养老服务研究综述、政府向社会组织购买就业服务研究综述等。第二类管理制度研究，包括宏观管理制度和微观管理制度两个方面。宏观管理制度包括政府向社会组织购买服务的体制、机制、模式、关系和财政等等方面，微观管理制度是针对政府向社会组织购买服务整体流程的各个环节的制度，包括购买决策，购买方式、招投标管理、合同管理等方面。第三类是具体地区与领域研究。全国各个省、自治区、直辖市都有研究，对北京、上海、深圳、广州、重庆等城市和沿海经济发达地区的经验研究较多。具体研究领域主要集中于医疗卫生、养老、教育、体育、社会工作等方面。第四类是国外经验与比较研究，主要是对美国、新加波、新西兰、德国、瑞典等西方发达国家经验的研究。

表1-2　　　　　　　　　　文献研究内容一览表

一级分类	二级分类
A 理论政策研究	理论研究；法律和政策研究；研究综述
B 管理制度研究	宏观管理制度：体制；机制；模式；关系；财政
	微观管理制度：购买服务目录；购买方式；招投标管理；定价方式；合同管理；绩效管理；风险管理；评估；激励；监管；问责；公众参与
C 具体地区与领域研究*	基本公共服务：体育；养老；医疗卫生；教育；文化；残疾人福利；妇女儿童家庭服务；慈善服务；扶贫救济；就业；生态环境；社会保险；农业；公共信息；科技推广；食品安全；档案服务
	社会管理性服务：社会工作服务；社区矫正；法律援助；志愿服务
	行业管理与协调服务：行业资格认定；准入审核；行业投诉
	技术性服务：检验检疫检测
	政府履职所需辅助性服务：财务会计审计服务；咨询服务
	其他：土地整治
D 国外经验及比较研究	美国；日本；英国；新西兰；新加坡；澳大利亚；加拿大；德国；瑞典

＊此处对研究领域的分类采用《政府购买服务管理办法（暂行）》对应当纳入政府购买服务指导性目录的服务分类。

从上述文献来看，研究对象呈现出明显的随时间变化的趋势，可以称之为制度蔓延，参见表1-3。从表中可以看出，2010年以前，政府购买服务主要集中在医疗卫生、就业、教育、社工和养老等领域；2010年之后，这些领域仍然是政府购买方服务最集中的领域，但在此之外增加了体育、文化、残疾人、妇女儿童家庭等服务领域。

表1-3　　　　　　　　政府购买服务制度蔓延（2002—2018）

年份	研究对象
2002	医疗卫生；就业
2003—2006	医疗卫生
2007	教育；医疗卫生

续表

年份	研究对象
2008	医疗卫生；社会工作服务
2009	医疗卫生；养老
2010	教育；就业；社会保险；社区矫正
2011	教育；医疗卫生；养老；社会保险
2012	体育；文化；医疗卫生；养老；扶贫救济；生态环境；社会工作服务
2013	养老；体育；扶贫救济；社会工作服务
2014	体育；教育；文化；医疗卫生；养老；就业；档案服务；志愿服务；土地整治
2015	体育；文化；医疗卫生；养老；扶贫救济；社会保险；生态环境；科技推广；财务会计审计服务；土地整治
2016	体育；文化；医疗卫生；妇女儿童；养老；生态环境；公共信息；科技推广；社会工作服务；检验检疫检测；财务会计审计服务；咨询；土地整治
2017	体育；残疾人福利；就业；社会保险；生态环境；公共信息；环卫服务；农业；社会工作服务；法律援助；志愿服务；咨询
2018	养老；教育；文化；医疗卫生；残疾人福利；法律援助

除了论文之外，近年来也出版了一些与政府购买服务相关的著作。① 王浦劬与萨拉蒙合作于 2010 出版的《政府向社会组织购买服务研究——中国与全球经验分析》是较早的著作，他们对中国政府向社会组织购买服务的早期经验进行了梳理归纳和案例研究，并且介绍了英美法德等发达国家的经验。另外几部著作的主题都聚焦于政府购买服务，并非专门针对政府向社会组织购买服务。这些著作主要包括三个方面的内容：第一是理论，关于公共服务性质和决策机制的理论，主要是公共物品和公共选择理论；关于供给机制的理论，比如政府失灵、市场失灵和契约失灵理论；关于参与主体及其关系的理论，主要包括宏观视角的理论如新公共管理、新公共服务理论以及微观视角的理论如委托—代理理论、交易成本理论、嵌入性理论等。第二是对国内外的经验，主要是对西方发达国家如英、美、德等国以及亚洲先进国家如日、韩等国的经验介绍。第三

---

① 主要有以下几种（按时间顺序排列）：王浦劬，莱斯特·M.萨拉蒙，等．政府向社会组织购买服务研究——中国与全球经验分析 [M]．北京：北京大学出版社，2010；上海金融学院城市财政与公共管理研究所．中国城市财政发展报告 2014；政府购买服务：理论、实务与评估 [M]．北京：中国财政经济出版社，2015；刘波，彭瑾，李娜．公共服务外包：政府购买服务的理论与实践/公共治理创新丛书 [M]．北京：清华大学出版社，2016；金冰洁．我国政府购买服务的运行机制及创新路径研究 [M]．北京：北京理工大学出版社，2017；常晋．政府购买服务的主体行为研究 [M]．北京：中国财政经济出版社，2019。

是对国内实践经验的介绍，主要采取了案例研究的方法，对一线城市以及广东、浙江、江苏等沿海发达地区地方政府购买服务的案例进行了剖析。

下面就从理论和实践两个方面对现有文献的内容进行梳理，然后，我们将在此基础上设计本书的研究框架。

（二）理论研究综述

理论研究综述将围绕"政府向社会组织购买服务制度构建"这个题目所包含的概念以及它们之间的关系展开。

1. "政府向社会组织购买服务制度构建"的概念

"政府向社会组织购买服务制度"这个概念的界定问题，既是理论问题，也是政策问题。这个概念由"政府""社会组织""政府购买服务""公共服务"和"制度构建"等概念组成，本书将在厘清每个基本概念的基础上再来界定这个组合概念。

（1）关于"政府"的概念。在这里，"政府"是"政府购买服务的主体"。根据《国务院办公厅关于政府向社会力量购买服务的指导意见》（国办发〔2013〕96号，本节以下简称《指导意见》）和财政部、民政部、工商总局联合印发的《政府购买服务管理办法（暂行）》（财综〔2014〕96号）的规定，政府购买服务的主体有4类，即各级行政机关、具有行政管理职能的事业单位、党的机关以及纳入行政编制管理且经费由财政负担的群团组织。

（2）关于"社会组织"的概念。"社会组织"是政府购买服务的承接主体之一。《指导意见》规定，承接政府购买服务的主体包括依法在民政部门登记成立或经国务院批准免予登记的社会组织，以及依法在工商管理或行业主管部门登记成立的企业、机构等社会力量。[①] "社会组织"曾经被称为"民间组织"。1987年，民政部成立"民间组织管理局"。2006年党的十六届六中全会提出了"社会组织"概念。2016年，民政部"民间组织管理局"更名为"社会组织管理局"。至此，"社会组织"取代"民间组织"成为普遍使用的概念。在国际上，与"社会组织"相对应的是"非营利组织"或"非政府组织"等概念。然

---

① 免于在民政部门注册登记的有两类组织，一类是参加中国人民政治协商会议的八个人民团体，二是由国务院机构编制管理机关核定，并经国务院批准免于登记的团体，具体参见《民政部关于对部分团体免予社团登记有关问题的通知》（民发〔2000〕256号）。

而，由于文化传统和社会制度等方面的差异，各国对"非营利组织"的定义并不完全一致。1993年以来，美国学者萨拉蒙对全球40多个国家的非营利部门进行了比较研究，在归纳各国非营利组织共同特点的基础上，总结出非营利组织的5个基本特征，即组织性、民间性、非营利性、自治性和志愿性。① 我国的社会组织有其自身特点，并不完全具备非营利组织的上述5个基本特征。德鲁克说得好，非营利组织的共同特点不在于"非营利性"，也不在于其"非政府性"，而在于其"公益性"。②

（3）关于"政府购买服务"的概念。从现行政策来看，《政府购买服务管理办法》第二条规定，政府购买服务是指通过发挥市场机制作用，把政府直接提供的一部分公共服务事项以及政府履职所需服务事项，按照一定的方式和程序，交由具备条件的社会力量和事业单位承担，并由政府根据合同约定向其支付费用。这个定义看似很清楚，实际上，无论在文献中，还是在政策中，或是在现实中，目前仍然相当普遍地存在着概念不清和混淆混用的情况。③ 不仅政府购买服务、政府采购与PPP等概念需要澄清，服务、公共服务、社会服务等概念也有待进一步明晰。④ 原来的《中华人民共和国政府采购法》（以下简称《政府采购法》）只针对政府采购的工程和货物，并不包括服务。在修订之后，才将"服务"纳入规制范围。不过，又由于购买服务与工程和货物政府采购有很大的区别，政府采购和招投标程序并不能完全适用于政府购买服务。因此，《政府购买服务管理办法（暂行）》依据《政府采购法》和《中华人民共和国招投标法》（以下简称《招投标法》）专门规定了购买程序与购买方式。政府购买服务在程序上分为确定承接主体和签订合同两个环节，确定承接主体可以采用公开招标、邀请招标、竞争性谈判和单一来源采购等方式，购买服务合同可以采取购买、委托、租赁、特许经营、战略合作等形式。

由此可见，所谓"购买服务"其实是一个简称或代指，其内涵不仅包括"购买"在内的合同形式，而且包括确定承接主体可以采取的多种方式。有的学者侧重于承接主体的选择方式，将政府向社会组织购买服务定义为"政府将原来直接提供的公共服务事项，通过公开招标的方式，交给有资质的社会服务机构来完成，最后根据择定者或者中标者所提供的公共服务的数量和质量，来支

---

① Lester M. Salamon, America's Nonprofit Sector: A Primer, 3rd ed., Foundation Center, 2012: 14-16.
② 德鲁克. 非营利组织管理 [M]. 吴振阳, 等, 译. 北京: 机械工业出版社, 2007.
③ 句华. 政府购买服务相关术语混用现象及辨析 [J]. 中国行政管理, 2017 (1).
④ 姜春媛. 政府购买服务辨析 [J]. 今日中国论坛, 2013 (14): 8-11.

付服务费用①。"也有的学者侧重于合同形式，认为政府购买服务是通过委托、承包采购等方式把具体服务交由非营利组织、营利性组织以及事业单位生产提供。② 或者说，政府向营利、非营利组织或其他政府部门签订契约，由政府界定服务的种类及品质，向受托者支付费用以购买全部或部分公共服务。③

在现实中，人们一般没有严格区分"政府购买服务"与"政府购买公共服务"两个概念，经常被互换使用。实际上，后者只是前者的一个组成部分。《政府购买服务管理办法（暂行）》中规定了应纳入政府购买服务指导性目录的六大类服务内容，即基本公共服务、社会管理性服务、行业管理与协调性服务、技术性服务、政府履职所需辅助性事项以及其他适宜由社会力量承担的服务事项。《财政部关于推进和完善服务项目政府采购有关问题的通知（财库〔2014〕37号）》根据现行政府采购品目分类，按照服务受益对象将服务项目分为三类：第一类为保障政府部门自身正常运转需要向社会购买的服务。如公文印刷、物业管理、公车租赁、系统维护等。第二类为政府部门为履行宏观调控、市场监管等职能需要向社会购买的服务。如法规政策、发展规划、标准制定的前期研究和后期宣传、法律咨询等。第三类为增加国民福利、受益对象特定，政府向社会公众提供的公共服务。包括：以物为对象的公共服务，如公共设施管理服务、环境服务、专业技术服务等；以人为对象的公共服务，如教育、医疗卫生和社会服务等。本文所指的政府向社会组织购买的"公共服务"主要是以人为对象的公共服务，既包括为一般公众提供的普遍公共服务，也包括为弱势群体提供的特殊公共服务。④

（4）"政府向社会组织购买服务的制度构建"概念，指政府向社会组织购买服务的微观制度与宏观制度的体系构成以及建设过程。构建这一套制度体系的过程中必须回答以下理论和实践问题：什么是公共服务？应该由谁来供给公共服务？政府为什么要购买公共服务？政府为什么要向社会组织购买公共服务？政府如何向社会组织购买公共服务？政府向社会组织购买服务如何影响现行公

---

① 王浦劬，莱斯特·M. 萨拉蒙，等. 政府向社会组织购买服务研究——中国与全球经验分析 [M]. 北京：北京大学出版社，2010：287.
② 魏娜，刘昌乾. 政府购买服务的边界及实现机制研究 [J]. 中国行政管理，2015（1）：73-76.
③ 虞维华. 政府购买服务对非营利组织的冲击分析 [J]. 南京市行政学院学报，2006（4）.
④ 在美国，社会服务是指为贫困或弱势群体（包括被虐待、被忽视或有残疾的儿童和青少年，贫困老年人，精神疾病或慢性病患者等）提供的各种服务，包括日托服务、收养服务、家庭咨询、居家照顾、再就业、灾害救助、难民救助、紧急食物救助、住房或庇护所、戒毒戒酒服务等等。社会服务往往用于改变弱势群体的行为或生活环境。参见：Ralf M. Kramer, (1987) "Voluntary Agencies and the Personal Social Services," in the Non – profit Sector: A Research Handbook, ed. Walter W. Powell, New Haven: Yale University Press.

共服务制度和政社关系？如何完成公共服务体系的制度转型？下面我们从文献中去寻找这些问题的答案。

2. 公共物品的性质与供给机制

公共物品的性质理论可以回答什么是公共服务的问题，公共物品的供给机制回答谁来提供公共服务的问题。

现行政策对"公共服务"的规定只是对各种"服务"和"公共服务"进行了列举，但并没有对其进行定义，也就是说没有提出判断什么是、什么不是"服务"或"公共服务"的一般性标准。学界一直在讨论这个问题，迄今为止已经形成了一些基本共识，但这些认识在具体情境中的应用仍然需要因地制宜、因时而变。

人类的生存和发展需要各种各样的物品（包括服务）。一方面，经济学家按照排他性与竞争性（或称为消费特性）两个特性，将人类所需的各种物品分为私人物品、可收费物品、公共物品和共用资源。[①] 另一方面，为了满足人们对各种物品的需求，人类社会又发展出多种生产组织形式：家庭、氏族和部落等最基本的社会单元；各种类型的志愿团体，现代非营利组织是其高级形式；市场及运行于其中的各种经济组织；政府——最有权威的集体行动机构。[②] 如果我们能够根据每种物品的性质找到最为匹配的生产组织形式（或者说供给机制），那么这个问题就解决了。

然而，事情并没有这么简单，因为二者之间尽管一定程度上存在匹配关系，但是这种关系并非像自然规律那么明确和稳定。一般来说，私人物品和可收费物品通过市场机制来供给比较有效率，公共产品和共用资源更适合用政府行政机制来提供。然而，这并不是绝对的。实际上，几乎所有物品都可以利用志愿机制来供给，很多私人物品也可以由政府来提供。不仅如此，物品的性质并非一成不变的，技术、经济、政治等因素的变化都会影响物品的性质发生改变。战后以来，福利国家的发展过程中，越来越多的私人物品变成了公共物品，要求政府来承担供给责任。这些物品性质的改变，在很大程度上是由政治和社会过程决定的，而不是单纯由其经济属性来决定的，从食品、住房到教育、医疗莫不如此。随着经济和社会的发展，确定某个物品的性质，越来越取决于其社

---

① Vincent and Elinor Ostrom, Public Goods and Public Choices, in Alternatives for delivering Public Services, ed. E. S. Savas (Boulder, CO: Westview, 1977): 7-14.
② E. S. 萨瓦斯. 民营化与公私部门的伙伴关系 [M]. 北京：中国人民大学出版社，2002：3.

会价值，而不是其经济特性。① 正是因为越来越多的公共物品在经济特性上更接近于私人物品，在政治特性上又属于政府职责，所以才在根本上为混合供给机制，即政府利用其他组织形式来提供这些物品提供了理论基础。

政府向社会组织购买服务本质上就是政府利用非营利机制或志愿机制来供给公共服务。这种做法之所以可行，是因为这些公共服务在经济性质上本来就具有私人物品的基本属性，并非完全具有排他性和非竞争性的典型公共物品。事实上，物品的经济性质是从供给角度来界定的，而在当今公共服务不断扩张的现实情景中，公共服务的范围主要是由需求方的权利以及政府的财力来决定的。②《联合国人权宣言》第二十五条规定："人人有权享受为维持他本人和家属的健康和福利所需的生活水准，包括食物、衣着、住房、医疗和必要的社会服务"。可以说，这些可以由政府利用市场机制和非营利机制来提供的公共服务，在性质上都是"非典型性"公共物品。因此，有的学者干脆抛开物品的经济性质，立足于法学角度来定义公共服务，认为任何必须由政府加以控制和规范的、与实现社会团结密切相关的活动，即为公共服务。③ 可以说，公共服务的混合供给机制是公共服务兼具私人物品属性与社会价值属性的结果。

在我国，如何界定公共服务的范围和制定政府购买服务目录一度引起了热烈讨论。从上面的分析可以看出，这个问题不可能有一劳永逸的答案。正因如此，西方国家政府一般采取开放的态度，不会严格确定购买公共服务的边界。某项服务是否确定为公共服务，采取何种方式提供，视当时当地的具体条件而定。④ 现阶段我国政府购买服务的内容取决于多个方面的因素：①公众对公共服务的需求以及对各种需求的社会价值判断。⑤ ②人们对政府职能的认识以及政府目前的财政状况。⑥ 有学者主张结合"政府核心职能"和"公众的需求偏好"来合理界定购买服务范围。⑦ ③考虑不同机制的供给能力，比如事业单位、企业和社会组织的供给能力。⑧ 总之，某项是否属于公共服务取决于政府和公众对其

---

① E. S. 萨瓦斯. 民营化与公私部门的伙伴关系 [M]. 北京：中国人民大学出版社，2002：41 – 65.
② 孙晓莉. 中外公共服务体制比较 [M]. 北京：国家行政学院出版社，2007：9.
③ [法] 莱昂·狄骥. 公法的变迁——法律与国家 [M]. 郑戈，冷静，译. 辽海出版社，春风文艺出版社，1999：53.
④ 周宝砚，吕外. 英国政府购买服务特点及启示 [J]. 中国政府采购，2014 (11)：72 – 74.
⑤ 项显生. 我国政府购买服务边界问题研究 [J]. 中国行政管理，2015 (6)：38 – 45.
⑥ 石亚军，高红. 政府职能转移与购买公共服务关系辨析 [J]. 中国行政管理，2017 (03)：11 – 14，156.
⑦ 句华. 公共服务合同外包的适用范围：理论与实践的反差 [J]. 中国行政管理，2014 (4)；董杨，刘银喜. 政府购买服务边界界定及其对质量控制的影响 [J]. 内蒙古社会科学（汉文版），2017. 38 (06)：47 – 51.
⑧ 句华. 政府购买服务与事业单位改革衔接模式探讨 [J]. 行政管理改革，2017 (03)：34 – 39；蒋金富. 政府向社会组织购买服务的中西方模式比较研究 [J]. 湖北社会科学，2012 (4)：17.

社会价值的判断，也受制于财政支付能力和总体供给能力。

3. 三种供给机制的失灵问题

如上文所述，在现代社会中，除了家庭和个人之外，行政机制、市场机制和非营利机制是提供人类所需各种物品的三种基本机制。然而，在公共服务供给方面，这三种机制都有可能出现失灵。

（1）市场失灵。市场机制是人类的一项伟大创造，对于促进经济发展功不可没。然而，市场并不是万能的，尤其是在公共服务供给方面。市场失灵是相对于市场成功而言的。市场成功意味着市场配置资源的结果达到了帕累托最优，也就是说，如果市场配置资源的结果已经不能使其他人的福利水平至少不下降的情况下，使任何别人的福利水平有所提高。反之，就是市场失灵。市场失灵是指市场机制不能使资源配置达到最优化的状态，不能有效地供给公共产品和服务。[1] 市场失灵包括两种情况：一是市场机制无法实现资源有效配置；二是市场机制无法解决效率以外的非经济性目标。[2] 而公共服务往往以非经济性目标为优先目标，不是市场机制的优势之所在。

契约失灵是由信息不对称引起的，是市场失灵的表现形式之一。[3] 契约失灵是由于生产者和消费者之间存在信息不对称，生产者可能会利用信息优势欺骗消费者以谋求利润。[4] 在满足一定条件的情况下，可以消除信息不对称对消费者的不利影响，市场机制仍然能够实现资源有效配置。然而，在很多情况下，这些条件难以满足。比如，产品或服务的性质太复杂，需要高度的专业知识才能做出判断。比如医疗保健服务领域，医生与病人之间就存在严重的信息不对称，病人难以评价医生的业务水平高低，也难以评价医生的行为是否恰当。又比如，为弱势群体提供的服务往往存在购买者与消费者分离。比如家长很难判断幼儿园的服务质量，子女很难判断养老院的服务质量，捐赠者很难判断慈善机构的服务质量。在这些情况下，由市场机制来提供产品和服务很可能出现生产者欺骗消费者获取不当利益的情况，甚至出现逆向选择的情况。契约失灵的结果使市场无序竞争、消费者蒙受福利损失。

（2）政府失灵。公共选择理论提出了政府失灵问题，并对此进行了解释。

---

[1] 闫新明，童星. 市场失灵和政府失灵的两种表现及民间组织应对的研究[J]. 中国行政管理，2010（11）：90-93.
[2] 张成福，党秀云. 公共管理学（修订版）[M]. 北京：中国人民大学出版社，2007：54.
[3] 吴东明，董西明. 非营利组织管理[M]. 北京：中国人民大学出版社，2003：46.
[4] Hansmann, Henry B., "The Role of Nonprofit Enterprise", Yale Law Journal, Vol. 89, 1980: 835-901.

所谓公共选择就是指非市场的集体选择，布坎南（Buchanan）等人借鉴经济学的个人主义方法论，将"经济人"假设引入政治学研究之中，认为政府官员与市场主体一样符合"经济人"行为模式。① 他们对西方国家的政治结构进行了系统分析之后，发现了所谓的"政府失灵"现象，即国家或政府的决策和行为并非如人们期望的那样有效。民主国家的政府失灵归因于个人对公共产品的偏好与政府供给能力之间的矛盾。政府是一个执行公共政策的机构，其提供任何公共产品的决定都是由政治决策过程通过投票做出的。在任何政治单位中，由于个人在收入、财富、宗教、种族和教育等方面的差异，导致了其对公共产品的需求和偏好的不同。投票结果往往反映"中位选民"的需求，一部分人对公共产品的过度需求得不到满足，另一部分人对公共产品的特殊需求也得不到满足。尤其是妇女、儿童、残疾人和赤贫者等弱势群体，他们最需要帮助，但在投票过程中他们的需求却很容易被忽视，因此导致了政府失灵。②

布坎南将政府失灵的表现形式归纳为以下几种：一是公共政策的低效率，公共政策本来是用来矫正市场失灵的重要手段，但是公共政策制订过程十分复杂，具有相当程度的不确定性和制约因素，使得政府难以合理制订和有效实施公共政策，导致公共政策出现问题。二是政府机构的低效率。由于政府机构具有天然的垄断性，缺乏降低成本的有效激励，政策执行过程中往往浪费公共资源。同时，公众由于信息不对称难以对政府进行有效监督。三是政府的寻租。政府机构或官员通过各种合法或非法的努力，建立垄断地位，获取高额垄断利润。寻租结果导致政府腐败和浪费社会资源。四是政府的自我膨胀，包括政府机构和雇员的增加以及行政开支的增长。③ 那么，如何对政府失灵问题进行补救呢？公共选择理论认为可以通过完善民主选举制度、在公共部门内部建立竞争机制以及公共服务民营化等措施来防止和纠正政府失灵现象。公共选择理论为公共服务领域打破公共部门垄断，引入竞争性机制提供了理论依据。④

非营利性机制或志愿机制可以弥补政府失灵和市场失灵。非营利组织由于受到不分配约束，在提供服务时利用信息不对称侵害消费者利益的可能性比营

---

① 丁煌. 公共选择理论的政策失败论及其对我国政府管理的启示 [J]. 南京社会科学, 2000 (03): 44–49.
② Weisbrod, Burton, "Toward a Theory of the Voluntary Nonprofit Sector in Three - Sector Economy," in E. Phelps ed. *Altruism Moralty and Economic Theory*, New York: Russell Sage, 1974.
③ 布坎南. 自由、市场与国家 [M]. 平新乔, 等, 译. 上海: 上海三联书店, 1989.
④ 陈振明. 政治与经济的整合研究——公共选择理论的方法论及其启示 [J]. 厦门大学学报（哲学社会科学版）, 2003 (02): 30–39.

利性企业要小得多。所谓"不分配约束"是指按照法律的规定，非营利组织不能把经营所获的利润分配给个人，包括董事会成员、管理人员或员工，而只能将资源用于与组织使命相关的活动。这是由非营利组织特殊的所有权安排和治理结构决定的。从制度设计上来看，非营利组织是使命导向的，不是利润导向的，营利不是它们的目的，这是非营利组织与营利性组织的根本区别。非营利组织的"不分配约束"通过消除利润动机，对生产者的机会主义行为提供了一种有力的制度约束，减少出现劣质服务的可能性，在一定程度上可以避免契约失灵。①

（3）然而，值得注意的是，与市场和政府可能出现失灵一样，非营利机制也有出现失灵的风险。非营利组织的四个固有缺陷可能导致志愿失灵：首先是非营利部门的资源不足，服务覆盖面很有限；其次是非营利组织往往关注于的特定区域或特定群体，表现为慈善特殊主义，不具备提供普遍性服务的能力；再次，很多非营利组织存在家长式作风，而行政机制一般会在公共服务决策中采用更为民主化的决策程序。最后，非营利组织大量使用志愿者，优势是节约了人力资源成本，培育了社会资本，但缺点是志愿者大多是业余人士，影响服务的专业性。②

由此可见，公共服务的三种供给机制都存在失灵的可能性，三种机制各有其优势和不足。随着公共服务的范围日益扩大，越来越多的私人物品和准私人物品被纳入公共服务供给的范畴，公共服务的有效供给必然会突破行政机制的垄断地位，甚至突破各个部门之间的界限，不仅市场机制和非营利机制加入到公共服务供给之中，政府与企业和非营利部门合作提供公共服务的混合性供给机制也越来越普遍。不同供给机制的使用方式和相对低位并非一成不变。20世纪70年代以来，民营化似乎成为一股世界性的潮流。然而，近年来又在对民营化经验进行反思的基础上出现某种逆向民营化的趋势。③ 在这些变动过程中，政府要重新界定自己的角色，根据各种供给机制的绩效进行调整，既要利用不同机制之间的竞争，又要开展政府与其他部门的合作；既要避免过度放任或过度干预，又要在政府、市场和非营利部门之间不断寻找新的平衡。

4. 购买服务作为一种新的政府工具

政府购买服务在本质上是政府提供公共服务的一种新型政策工具，又称政

---

① Hansmann H., The Role of Nonprofit Enterprise, *Yale Law Journal*, vol. 89 (1980): 835-901.
② 莱斯特·M. 萨拉蒙. 公共服务中的伙伴——现在福利国家中政府与非营利组织的关系 [M]. 田凯, 译. 北京: 商务印书馆, 2008: 58.
③ 杨安华. 世界民营化发展对公共选择理论的挑战 [J]. 国家行政学院学报, 2010 (02): 113-117.

府工具（Government Tools）或治理工具（Governing Tools）。① 20世纪80年代以来，政府工具研究成为公共管理领域一个新的学科分支。② 所谓政府工具，就是可辨识的集体行动的方法，人们通过这些方法采取制度化的集体行动，解决公共问题。按照这个定义，萨拉蒙识别出了13种政府工具。除了税收优惠之外，拨款（Grants）、合同（Contracts）和凭单（Vouchers）是政府与非营利组织合作提供公共服务最常用的工具。③ 拨款与合同一般是支付给供给方，凭单直接支付给需求方。我们首先讨论购买服务这个新型政府工具的特点，然后讨论其涉及的理论问题。

（1）政府购买服务的特点。拨款是最常用的政府工具之一。拨款是政府机构对受款机构（一般是公共机构或非营利组织）或个人拨付款项，款项用于提供公共服务。在美国，所有联邦政府部门和机构都给州和地方政府拨款，就拨款项目和金额而言，健康和人类服务部是最大的拨款机构（Beam & Conlan，2002）。④ 萨拉蒙将合同方式分为合同承包（Contracting）和购买服务合同（Purchase-Of-Service Contract，POSC）。⑤ 合同承包和购买服务合同都是政府机构和私人实体（营利性组织或非营利组织）之间的契约或协议，由私人实体提供特定的产品和服务，政府向其支付款项。二者之间的区别是，合同承包主要用于政府购买自己使用的服务，类似于我国政府购买服务政策所说的"维持政府机构运转所需的服务"和"政府履职所需的服务"。政府购买服务主要用于政府为第三方购买的服务，由政府出钱指定承包者向符合法定资格的服务对象提供服务，服务范围接近于我国政府购买服务政策所说的"公共服务"。

合同承包与购买服务合同在管理流程方面具有相似性，主要都包括三大环节。第一个环节是购买决策与合同设计。购买决策确定某项服务能否购买以及是否应该购买。合同设计要考虑绩效、定价、支付以及其他方面的因素。在绩效方面，考虑采取"完工合同"还是"尽力合同"；在定价方面，确定采用固定价格还是成本偿付；在支付方面，考虑支付时间和支付手段；此外，可能还要

---

① ［美］莱斯特·M. 萨拉蒙. 政府工具［M］. 肖娜，等，译. 北京：北京大学出版社，2016.
② 陈振明. 政府工具导论［M］. 北京：北京大学出版社，2009.
③ 这13种政府工具是：直接行政、社会规制、经济规制、合同、拨款、直接贷款、贷款担保、保险、税式支出、收费及使用者付费、债务法、政府公司和凭单制。参见：［美］莱斯特·M. 萨拉蒙. 政府工具［M］. 肖娜，等，译. 北京：北京大学出版社，2016。
④ Beam, D. R. and Conlan, T. J. (2002), "Grants", in Salamon L. (ed.), *The Tools of Government – A Guide to The New Governance*, London: Oxford University Press.
⑤ ［美］莱斯特·M. 萨拉蒙. 政府工具［M］. 肖娜，等，译. 北京：北京大学出版社，2016：242，273.

如何考虑"社会经济"方面的要求以及是否采用合同激励措施。第二个环节是选择承包方，购买主体可以采用公开招标或单一来源采购等方式，采取"最低价格"或"最优价值"作为评估标准。第三个环节是合同管理，包括成本监控、绩效监督、合同修改、合同纠纷、合同终止与续约。整体方案设计的首要目标是政府要做"精明买家"，要做"划算的交易"；其次是防止政府官员腐败寻租，尤其是选择承包主体和竣工验收相关人员；最后是保证购买过程对参与各方的公平性。①

不过，购买服务合同又与合同承包存在显著区别。购买服务合同有三种形式：第一种是"竞争性合同"，采用竞争性招投标来选择承包方；第二种是"协商性合同"，政府只在有限数量的潜在承包方之中进行挑选；第三种是"合作性合同"，政府与承包商建立其长期合作关系，这种合同也被称为"关系合同"。②竞争性合同与合同承包很相似，强调购买过程的竞争性和每次采购活动的独立性。然而，购买服务合同以公共服务为主要标的，公共服务的对象往往是弱势群体，服务性质常常是劳动力密集型，服务质量往往体现在服务过程之中，很难控制成本和评估绩效。因此，一味强调竞争性对于公共服务供给来说往往并不可取。实际上，购买服务合同更加强调连续性、协调性与合作性，不一定要采取合同承包过程必须严格遵守的竞争性程序。当然，"关系合同"也有风险，可能会因为购买主体与承接主体之间的亲密关系影响购买服务过程的竞争性和客观性。

购买服务合同管理比拨款管理要更为严格。在拨款管理中，款项一旦拨付，使用责任就转移到受款机构。相关法律和拨款文件的规定一般不是十分严密，由于资源和能力的限制，拨款机构对受款机构的监管很有限。即便受款方未能履行有效使用拨款的义务，一般也不会面临法律诉讼。购买服务合同的管理则要严格得多，合同往往详细规定了服务对象、服务内容、服务标准、提供方式以及付款方式等，承包方若未能按照合同规定提供服务，可能面临司法程序。③

（2）政府购买服务的基本原理。可以从民营化理论、网络治理理论和委托—代理理论来对政府购买服务的活动过程和主体关系进行分析。

---

①② ［美］莱斯特·M. 萨拉蒙. 政府工具［M］. 肖娜，等，译. 北京：北京大学出版社，2016：242，273.
③ Gibelman, W. & Demone, H. W. (eds.) (1998), *the privatization of Human Services – Case Study in the Purchase of Services*, New York: Springer Publishing Company.

传统上，在政府独立提供公共服务的情况下，所有活动均在政府行政系统内部完成。民营化理论将公共服务供给过程分解为安排与提供（Delivery）两个环节，认为政府是公共服务的安排者，但不必是公共服务的提供者。政府可以通过购买服务的方式将公共服务的提供职责转移给企业或非营利组织。① 民营化通过对公共服务供给流程进行切分，打破了原来政府公共服务体系的完整性和封闭性，原本统一的公共服务系统被肢解了。

一旦政府购买服务达到一定规模，就会形成各种新的产业链。政府不仅把公共服务的生产和提供外包出去，而且可能把购买服务工作本身也外包出去，招投标、合同管理以及绩效评估等活动可能被分割并且外包给不同的主体。与此同时各种为承接主体提供技术、法律、会计、公关等各种专业服务的机构也逐渐加入进来，各个服务领域的非营利组织再组建起行业组织……如此一来，各种各样的主体就会重新组合，形成一个复杂的利益相关方网络。到这个时候，政府购买服务就不再仅仅是某个购买主体与某个承接主体之间的关系，而是会产生出公共服务新的生态网络系统，必须采取网络治理的思维来维持这个系统的有效运转。②

在这个由于政府购买服务形成的网络中，最核心的关系是购买主体与承接主体之间的关系，其他各种关系都是由此衍生而来。从委托—代理理论来看，购买主体是委托人，承接主体是代理人。③ 由于合同的不完全性和双方的信息不对称性，双方尤其是代理方可能存在机会主义行为。双方之间需要建立有效的沟通和监督机制来建立信任关系，确保实现公共服务的目标。正如奥斯本和盖布勒所说，政府外包的是服务过程，而不是服务责任。为了确保承接主体按照合同规定履行职责，政府必须对其进行评价监督。④

Dahl and Lindblom 曾说，是技术而不是"主义"是西方国家理性社会行动的核心。⑤ 政府购买服务的发展可以看作是西方国家工具理性主义的一个范例。在民营化大师萨瓦斯以及奥斯本、盖布勒的"箭袋"中都少不了"合同外包"

---

① E. S. 萨瓦斯. 民营化与公私部门的伙伴关系 [M]. 北京：中国人民大学出版社，2002.
② 菲利普·库珀. 合同制治理——公共管理者面临的挑战与机遇 [M]. 竺乾威，卢毅，陈卓霞，译. 上海：复旦大学出版社，2007：25.
③ Steven J. Kelman, Contracting, in the Tools of Government: A Guide to the New Governance, L. M. Salamon ed., Oxford: Oxford University Press, 2002: 282–318.
④ 戴维·奥斯本，特德·盖布勒. 改革政府——企业家精神如何改革着公共部门 [M]. 周敦仁，等，译. 上海：上海译文出版社，1996：49.
⑤ Robert E. Dahl and Charles E. Lindblom. Politics, Economics, and Welfare: Planning and Politico-Economics Systems Resolved into Social Process. New York: Harper and Brothers, 1953.

这支利箭。不过，在技术和工具的选择方面仍然逃不脱价值的影响。政府购买服务不仅改变了公共服务的供给方式，而且改变了公共部门的组织结构和行为方式，对政府和非营利部门都带来的深远影响，推动了西方国家的公共管理范式转型。①

5. 政府购买服务制度构建与公共管理范式转型

政府购买服务打破了政府在公共服务领域的垄断，在引入市场机制和非营利机制的过程中，改变着传统公共行政范式。20 世纪 80 年代以来，从民营化、新公共管理到新公共服务各种新范式你未唱罢我登场，似乎正在演变成全球公共管理制度变迁的共同趋势。

20 世纪 80 年代，在经合组织（OECD）国家的公共部门改革中，"新公共管理（New Public Management，NPM）"开始崛起成为传统公共行政的替代性范式。新公共管理是一种以强调明确的责任制、产出导向和绩效评估，以准独立的行政单位为主的分权结构，采用私人部门管理、技术、工具，引入市场机制以改善竞争为特征的公共部门管理新途径。② 其核心内容是公共问责（Accountability）和组织的最佳实践。它的很多理念来自于 20 世纪进步时代，但其采取的手段则是刚刚向市场借鉴来的。新公共管理倡导者认为市场机制胜过行政机制，私营部门优于公共部门，主张公共部门借鉴商业管理的方法和技术、引入市场竞争机制、提高公共管理水平及公共服务质量。新公共管理的核心目标是追求"3E"（Economy，Efficiency and Effectiveness，即经济、效率和效益）。③

到 20 世纪 90 年代，NPM 已经扩散到了世界很多国家。胡德很形象地说，NPM 进入了它的中年时期。不仅发达国家普遍采用了政府购买服务，而且新加入欧盟的中东欧国家也纷纷采用这个工具。④ 我国的公共服务改革也受到了这股潮流的影响，在 90 年代中期开始尝试政府向社会组织购买服务。

20 世纪 90 年代以来，随着非营利组织在公共服务中日益扮演更为重要的角色，在民营化和新公共管理的基础上出现了"新公共治理（New Public Governance，NPM）"理论。新公共治理有时也被称为新治理。萨拉蒙认为它有两个基

---

① [美] 莱斯特·M. 萨拉蒙. 政府工具 [M]. 肖娜，等，译. 北京：北京大学出版社，2016.
② C. Hood: A Public Management for All Seasons, *Public Administration*, 1991.
③ C. Hood, The "New Public Management" in the 1980s: Variations on a theme, *Accounting, Organizations and Society*, 1995, Vol. 20, No. 2/3: 93–109.
④ C. Hood, Guy Peters, The Middle Aging of New Public Management: Into the Age of Paradox? *Journal of Public Administration Research and Theory*, 2004, Vol. 14, no. 314: 267–282.

本特点：第一个特点是以"治理"代替"政府"来解决公共问题和提供公共服务。① 因为公共问题已经变得过于复杂，以至于政府不能单独应对。未来解决公共问题必须依靠合作，政府通过与第三方合作来为公民提供服务。第二个特点就是"新"，"新"强调这是一种新的合作性途径。这些工具既创造重要机遇，也带来严峻挑战。

新公共管理和新公共治理的支持者认为，政府购买服务将多样性和竞争带入了公共服务供给中，能够刺激竞争、促进规模经济、提高效率降低成本。② 并且在没有过度扩大政府行政机构的同时，增强了政府在福利方面的作用。从短期来看，利用非营利组织比创造一个新的政府机构要划算的多。③

然而，也有不少反对的声音。反对者认为私人部门参与提供公共服务缩小公共部门的活动空间，将政府与公众隔离开来，使得政府无法直接了解和回应公众的需求和意愿。④ 反对者还认为支持者夸大了政府购买服务在效率和成本方面的好处。⑤ 不仅如此，政府购买服务增加了公共服务系统的复杂性，存在腐败和寻租风险，带来控制与问责难题。⑥ 总的来看，购买服务并不适用于所有公共服务，必须谨慎地加以选择使用。

实际上，政府购买服务的支持者片面强调新制度的优势，而反对者往往着眼于新制度的风险和制度转换的交易成本。以新制度主义的视角来看，政府购买服务制度构建的过程也是公共服务供给制度的变迁过程。⑦ 技术、经济、社会、文化等外部环境的变化，导致了原来的公共服务制度发生失衡，催生对政府购买服务这类新制度的需求。当新制度安排的预期收益高于制度变迁的交易成本时，变迁就会发生。⑧ 诺斯将"制度"定义为一个社会的博弈规则，是一些人为设计的、塑造人们互动关系的约束条件。制度由三部分构成，即正式规则、非正式约束及其实施特征。制度变迁通常由对构成制度框架的规则、规范和实

---

① Chris Ansell, Alison Gash. (2008) Collaborative Governance in Theory and Practice, *Journal of Public Administration Research and Theory*, Vol. 18, no. 4: 543 – 571.
② Fitch, L. D., Increasing the Role of the Private Sector in Providing Public Service, In Improving the Quality of Urban Management, W. D. Hawley & D. Rogers. Beverly Hills: Sage Publications, 1974: 64 – 72.
③ 莱斯特·M. 萨拉蒙. 公共服务中的伙伴——现在福利国家中政府与非营利组织的关系 [M]. 田凯，译. 北京：商务印书馆，2008：85.
④ N. Flynn, *Public Sector Management*, London: Prentice – Hall, 1997: 132.
⑤ Storrs G. (2001) Labor Economist of the American Federation of State, County, and Municipal Employees, *Testimony before the GAO Commercial Activities Panel*, no. 11: 35.
⑥ Luria D. Rogers J., A New Urban Agenda, *Boston Review*, no. 2/3, 1997: 31.
⑦ 徐选国，杨君，徐永祥. 政府购买服务的理论谱系及其超越——以新制度主义为分析视角 [J]. 学习与实践，2014（10）：92 – 101.
⑧ 张贤明，崔珊珊. 制度变迁的发生机理：基于新制度主义的分析 [J]. 理论探讨，2017（3）：5 – 10.

施的复杂结构的边际调整所组成。① 我国推行政府购买服务制度的过程是一种政府主导的、有计划的人为变迁过程，政府的意愿和能力起着关键性作用，但价值观念和意识形态等因素以及知识、信息、随机因素等都可能加速或阻碍制度变革的进程。②

（三）实践研究综述

根据现行政策，我国政府购买服务制度的目的是创新公共服务提供方式，提高公共服务水平和效率，优化公共服务体系。③ 为了实现这个目标需要进行系统性的改革，包括推动政府职能转变、促进事业单位改革和培育发展社会组织。这些任务之间的影响是相互的。一方面，这些配套改革为构建政府向社会组织购买服务制度创造条件；另一方面，政府购买服务制度的建设又会推动公共管理体制的系统性变革。值得注意的是，政府购买服务在地区和城乡之间存在很大差异，现有文献研究主要是针对沿海发达地区和大城市的经验进行的，其他地区实践和研究都较为滞后。④

1. 国内实践研究

20世纪90年代中期，我国沿海地区就开始了政府向社会组织购买服务的探索实践，在2013年中央政策出台以后，进入到一个全面推进的时期。从上文对中国知网的文献检索分析可以看出，国内学界对这个领域的实践研究文献主要集中在2007年以后，大部分是对某个地区（比如北京、上海、重庆、厦门等等）或某个领域（比如公共体育服务、公共文化服务、养老服务等）。

全国各地政府购买服务政策实施情况有较大差异，一线城市和沿海发达地区走在前面。总体来看，各地政府购买服务支出规模尽管增长很快，但是占财政总支出的比例还很小，尚未成为公共服务供给的主要方式。从体制机制来看，各地在推进政府购买服务工作中，基本上都建立了领导体制和工作机制，明确

---

① North, Douglass C., 1993, "Toward a Theory of Institutional Change", in W. Barnett et al. (eds.), Political Economy, Competition and Representation, Cambridge: Cambridge University Press；诺斯. 制度、制度变迁与经济绩效 [M]. 刘守英，译. 上海：上海三联书店，1994；韦森. 再评诺斯的制度变迁理论 [J]. 经济学（季刊），2009，8（02）：743 - 768.
② 诺斯. 制度、制度变迁与经济绩效 [M]. 刘守英，译. 上海：上海三联书店，1994.
③ 《国务院办公厅关于政府向社会力量购买服务的指导意见》（国办发〔2013〕96号）.
④ 郭洪涛. 基层政府向社会组织购买服务财政政策探析——以豫东地区为例 [J]. 地方财政研究，2013（8）：21 - 27.

了购买主体和承接主体，逐步规范购买服务流程，监管机制开始发挥作用，政府购买服务制度建设已经取得了初步成效。

下面从政策与制度、运作管理、效果影响以及问题建议等方面对这些研究进行综述。

（1）法律和政策研究。2013年以来，我国进入到政府购买服务政策和制度建设高峰期，已经初步建立了政府购买服务的法律政策体系（对现行政策的详细分析参见第二章）。总的来看，现有文献主要讨论了政府购买服务合同的法律属性、合同的公法责任以及合同履行的监管等问题。①

但是政策方面还存在不少问题：①各个具体领域缺少专项立法，比如公共体育服务、公共文化服务和智库咨询服务等领域，社会组织承接政府购买服务的法律政策尚不完善；②在政策制定和实施过程中，社会组织和公众缺少制度化的参与渠道和参与方式；③评价监督体系不完善，评估主体和评估标准不明确；④社会组织登记注册门槛较高，承接主体资格要求过高。②

提供的建议主要有：完善政府购买服务政策体系，提升政府购买社会组织服务的合法性，加快对各个公共服务领域的专项立法。加强对政府购买服务的评估和监督，为加强监管提供法制保障。完善社会组织直接申请登记制度。③

（2）购买模式研究。现有文献主要用竞争性程度（竞争与非竞争）和主体间关系（独立或依赖）的角度将政府购买服务分为不同的模式：独立关系竞争性购买、独立关系非竞争性购买、依赖关系竞争性购买和依赖关系非竞争性购买。④ 在一个以上海、广州、香港为例的比较案例研究中，作者分别将三地的政

---

① 胡敏洁. 论政府购买服务合同中的公法责任［J］. 中国法学，2016（04）：143－158；朱颖俐. 政府购买助残服务合同的法律性质及争议探析［J］. 韶关学院学报，2016，37（05）：35－40；孙连福，王丛虎，曾利. 政府购买服务合同履行的监管［J］. 中国政府采购，2014（09）：72－74.
② 张恩利，张冲，马红娟，张彩红. 我国体育社会组织承接政府购买服务的法律政策［J］. 武汉体育学院学报，2018，52（06）：39－43；李山. 政府购买公共文化服务的现实困境与改革路径［J］. 湘潭大学学报（哲学社会科学版），2014，38（05）：25－29；任恒. 政府购买社会智库服务：实现机制、运行困境及其推进策略［J］. 湖北社会科学，2017（08）：40－46，123；杨成，刘潇潇. 论政府购买服务中的公众参与［J］. 行政与法，2016（10）：17－23.
③ 徐家良，武静. 政府购买社会组织服务的合法性探析——基于政策合法性视角［J］. 华南师范大学学报（社会科学版），2017（01）：113－118，191；韦纯玉. 重庆市社会组织承接政府购买服务的公共政策阻障分析［D］. 西南大学，2018；朱仁显，徐旖瑶. 地方政府购买社会组织服务的制度规范与政策优化——以厦门市为例［J］. 理论探讨，2017（03）：165－170.
④ 王名，乐园. 中国民间组织参与公共服务购买的模式分析［J］. 中共浙江省委党校学报，2008（4）；王浦劬，莱斯特·M. 萨拉蒙. 政府向社会组织购买服务研究——中国与全球经验分析［M］. 北京：北京大学出版社，2010；杨宝. 政府购买服务模式的比较及解释——一项制度转型研究［J］. 中国行政管理，2011（3）：141－145.

府购买服务的模式称之为项目制、单位制与混合制。①

在购买模式方面，公益创投（Venture Philanthropy）是一个特殊形式。公益创投也称慈善创投，20 世纪 70 年代，美国慈善家洛克菲勒三世将商业领域的风险投资理念引入慈善事业领域，开创公益创投之先河。② 近年来，公益创投随着社会创新的潮流涌入我国，被我国政府创造性地用于向社会组织购买服务，并且很快由沿海城市扩散到全国各地。③ 财政部和民政部发布的《关于通过政府购买服务支持社会组织培育发展的指导意见》（财综〔2016〕54 号）中，明确将公益创投与孵化培育、人员培训、项目指导等一起，作为进一步支持社会组织培育发展的多种途径和方式。从政府参与程度的角度来看，出现了政府直接参与、委托管理与混合发起三种公益创投模式。④

以上海、宁波、东莞等地为例，公益创投面临着不少问题，比如政策法律不完善，政府角色定位不清，主办单位盲目跟风，承办单位能力有限，经费来源单一，监管评估不完善等。⑤ 强调公益创投的民间慈善性质，将政府购买服务与公益创投区别开来，建立社会公益性金融机构；完善公益创投的运作机制。⑥

（3）运作管理制度研究。政府购买服务涉及一系列的流程，因服务性质或购买模式不同，不同的支付购买服务项目采取的流程并不完全一样。一般来讲，政府购买服务过程按照流程顺序可以分为六个步骤：确定公共服务需求；服务外包的可行性研究；准备和发布招标公告；选择服务承包商；签订合同；监管、评估和督促合同的履行。⑦

在我国，政府购买服务的范围是由政府制定的购买服务目录来确定，具体购买计划还要受到政府财力的约束。在后续流程中，在承接主体选择环节，现

---

① 管兵，夏瑛. 政府购买服务的制度选择及治理效果：项目制、单位制、混合制 [J]. 管理世界，2016 (08)：58 – 72.
② [美] 萨拉蒙. 撬动公益——慈善和社会影响力投资新前沿导论 [M]. 叶托，张远凤，译. 北京：中国社会科学文献出版社，2017.
③ 李健. 公益创投政策扩散的制度逻辑与行动策略——基于我国地方政府政策文本的分析 [J]. 南京社会科学，2017 (02)：91 – 97；邹鹰. 政府购买服务的让渡与承接——基于江西公益创投的实践逻辑 [J]. 学习与探索，2017 (05)：51 – 57；马蕾，邓敏，盛夏. 公益创投与地方政府社会管理创新——以昆山为例 [J]. 南京理工大学学报（社会科学版），2016，29 (01)：53 – 59.
④ 李健，唐娟. 政府参与公益创投：模式、机制与政策 [J]. 公共管理与政策评论，2014，3 (01)：60 – 68.
⑤ 赵宇新. 公益创投：政府模式东莞实践的思考 [J]. 中国社会组织，2016 (18)：41 – 42；郑钦. 公益创投：政府购买服务的新模式——以浙江宁波为例 [J]. 领导科学，2017 (32)：13 – 15；吴新叶. 政府主导下的大城市公益创投：运转困境及其解决 [J]. 上海行政学院学报，2017，18 (03)：38 – 45.
⑥ 张燕，许晨龙. 政府如何参与公益创投 [J]. 中国社会组织，2016 (02)：24 – 25.
⑦ E. S. 萨瓦斯. 民营化与公私部门的伙伴关系 [M]. 北京：中国人民大学出版社，2002：184 – 190；温俊萍. 政府购买公共就业服务机制研究 [J]. 中国行政管理，2010 (10)：48 – 52.

有研究主要关注了招投标这个最为常见的政府采购标准流程。① 在合同管理方面，现有文献讨论了合同治理机制的结构与要素，主张通过绩效评估和监督反馈机制推动服务过程的持续改进。② 现有研究也对风险控制和监管机制进行了初步研究，建议建立基于责任的风险防范体系，建立全面、系统、有效的监督机制，购买主体和承接主体都要加强合同管理和控制能力，保障其他利益相关方尤其是公民充分履行参与和监督权利，实现政府购买服务的目标。③

（4）效果和影响研究。政府购买服务不仅仅是引入竞争机制和志愿机制，也不仅仅是去行政化和去商业化，而且对公共服务体系的价值取向、主体结构和行为方式都产生了影响。政府向社会组织购买服务将社会组织纳入公共服务供给体系之中，改善了公共服务尤其是社会服务的供给状况，促进了社会组织的发展，推动了公共服务供给主体的多元化。通过与社会组织等主体进行协商、合作，政府提升了治理公共事务的能力。④ 行政环境、政府管理、监督评估和市场结构对政府购买服务的绩效具有显著影响。⑤

政府购买服务对国家—社会关系的影响是双重性的。一方面，传统的国家—社会关系通过"互嵌"得到强化，通过购买主体（党、政府、群团、事业单位）与承接主体（社会组织）在购买服务各个环节的互动，国家深度嵌入到社会组织之中，社会组织亦深度嵌入到政府公共服务体系之中。政府购买服务以前所未有的规模为社会组织发展注入了大量资源，承接主体通过掌握资源分配权力牢牢控制了承接主体的行为，进一步加深了社会组织对国家的依赖；⑥ 另一方面，政府购买服务在一定程度上以契约关系取代了等级制关系，以市场竞争机制取代了配置资源的行政机制，为塑造国家与社会的新型关系提供了可能性。⑦

（5）问题和建议。从现有文献来看，全国各地政府向社会组织购买服务实

---

① 王达梅. 招投标过程对政府购买社会组织服务效果的影响——以广州市为例 [J]. 城市观察, 2014（04）：176 – 183；邓金霞. 关于上海政府购买服务招投标制度的思考 [J]. 招标与投标, 2015（5）：11 – 17.
② 李珠. 政府公共服务购买的合同制治理机制探讨 [J]. 中国行政管理, 2016（02）：45 – 50；刘素仙. 政府购买服务绩效评价的价值维度与关键要素 [J]. 经济问题, 2017（1）：17 – 20.
③ 周俊. 政府购买服务的风险及其防范 [J]. 中国行政管理, 2010（6）：13 – 18；项显生. 我国政府购买服务监督机制研究 [J]. 福建论坛（人文社会科学版）, 2014（1）：167 – 175.
④ 黄晓春. 政府购买社会组织服务的实践逻辑与制度效应, 国家行政学院学报, 2017（04）.
⑤ 王春婷. 政府购买服务绩效的影响因素与传导路径分析——以深圳、南京为例 [J]. 软科学, 2015, 29（02）：1 – 5.
⑥ 管兵. 竞争性与反向嵌入性：政府购买服务与社会组织发展 [J]. 公共管理学报, 2015, 12（03）：83 – 92, 158.
⑦ 句华. 政府购买服务的方式与主体相关问题辨析 [J]. 经济社会体制比较, 2017（04）：107 – 117.

践中存在一些普遍性的问题。主要是：尽管购买服务的领域日益扩大，但是政府购买服务规模很小，资金来源渠道单一，在当地政府财政支出的比例微乎其微；需要加强依法引导，健全购买服务目录；[1] 由于符合条件的独立社会组织太少，地方政府往往承接某项服务而专门成立社会组织，这使得双方的契约关系形式化；[2] 购买流程缺乏规范，竞争性不足，公开招标尚未普及；配套措施不完善，相关部门之间的协作机制不健全；绩效评估和监管问责存在困难。这些问题导致一些项目未能充分发挥购买服务的优势，并未显示出服务效率提高、成本下降和专业化水平上升的预期目标。[3]

现有研究还提出了改进现有制度的建议，主张完善政府购买服务目录，对可以通过政府购买服务方式提供的公共服务做出明确定义。[4] 坚持"先预算后购买"的原则，加强预算约束和监管，围绕政府购买服务资金流动过程建立监管机制。[5] 改革部门预算，取而代之以公共财政，让个人和群体能够通过民主渠道有序表达对公共服务的需求，参与财政资源分配决策过程。[6] 建立多元主体构成的监管体系，推行政府购买服务信息公开透明，让购买主体、承接主体、服务对象、公众、媒体具有规范化、制度化渠道参与绩效评价与监管问责。[7]

2. 国外实践研究

如前文所说，现有文献对国外政府购买服务的研究主要集中在美国、欧洲国家、英联邦国家以及日本等发达国家。在这些国家，"政府购买服务"除了被称为"购买服务合同"（Purchase – Of – Service Contract）之外，还被称作外包（Outsourcing）和佣金合同（Missioning）等。这些国家的政府购买服务涵盖了几乎所有公共服务领域，尤其是教育、健康、文化、住房、社区建设和社会服务

---

[1] 郭春甫，周振超. 群团组织参与政府购买服务创新实践——以重庆市为例 [J]. 北京航空航天大学学报（社会科学版），2017，30（04）：18 – 22，42.
[2] 李凤琴，陈泉辛. 城市社区居家养老服务模式探索——以南京市鼓楼区政府向"心贴心老年服务中心"购买服务为例 [J]. 西北人口，2012，33（01）：46 – 50.
[3] 康晓光，冯利. 中国第三部门观察报告 [M]. 北京：社会科学文献出版社，2011：59；王达梅. 招投标过程对政府购买社会组织服务效果的影响——以广州市为例 [J]. 城市观察，2014（04）：176 – 183；邓金霞. 关于上海政府购买服务招投标制度的思考 [J]. 招标与投标，2015（05）：11 – 17.
[4] 付士成，李昂. 政府购买服务范围研究——基于规范性文件的分析与思考. 行政法学研究，2016，36（1）；朱志伟. 基于服务对象需求的政府购买服务机制研究——以制度变迁理论为分析视角 [J]. 云南行政学院学报，2017（4）：155 – 160.
[5] 黎熙元. 政府购买服务预算的效率原则与约束 [J]. 学术研究，2011（07）：81 – 87，160；张明. 强化我国政府购买服务预算管理和资金监管的建议 [J]. 财政监督，2014（09）：9 – 13.
[6] 陈旭东. 公共选择理论与中国公共财政 [J]. 理论学刊，2005（07）：65 – 66，129；李友梅，肖瑛，黄晓春. 当代中国社会建设的公共性困境及其超越 [J]. 中国社会科学，2012（4）：125 – 139.
[7] 胡艳蕾. 政府购买服务的多元主体监督机制 [J]. 山东师范大学学报（人文社会科学版），2016，61（06）：97 – 104.

等主要公共服务领域。几十年来，这些国家在政府购买服务制度建设方面积累了丰富的经验，也面临着不少问题。

（1）基本经验。发达国家在政府购买服务方面的基本经验可以概括为两个方面，一是注重法律和政策，二是注重政策实施过程的规范性。

发达国家十分注重政府行为的合法性，政府购买服务都是在立法先行和政策引导下进行的，社会政策的变化左右着政府购买服务制度的发展进程。[①] 首先是立法先行，建立政府购买服务的法律体系。比如日本政府根据公共服务的类型和特性，制定相应的购买服务制度规范，陆续建立了以定型化公共服务为对象的民间委托制度、以公共设施一揽子业务为对象的PFI制度、以公共设施管理业务为对象的指定管理者制度以及以广义公共服务为对象的市场检验制度等构成的较为完备的法律体系。[②] 发达国家针对具体服务领域或服务项目也制定了明确的规范，比如英国、加拿大政府购买公共体育服务方面，形成了专门的法律制度，对政策目标、资金保障、主体职责、购买程序、合同履行、绩效标准与监管问责都做出了明确规定。[③] 其次，注重政策引导。比如英国政府1998年发布《政府与志愿及社会部门关系之协议（简称Compact）》，确定了政府和非营利部门之间的合作伙伴关系；2011年又颁布了《开放的公共服务白皮书》，将选择、放权、多元化、公平性和责任确定为政府改进公共服务的五大关键原则。以上这些协议并不具有法律效力，而是一种互相承诺，目的主要是促进双方之间的信任。[④]

发达国家通过法律和政策对政府购买服务做了明确的规定，在实施过程中也注重不断改进和提升。在美国，不同类型的服务在购买模式、合同形式等方面都有所不同。[⑤] 购买服务合同管理过程也较为规范，无论是可行性评估，还是合同设计、签订与执行以及绩效评估和监管都必须遵守规范的流程。[⑥]

[①] Midgley, J. and Livermore, M. (Eds), Handbook of Social Policy. Thousand Oaks, CA: Sage Publications, 2009.
[②] 俞祖成. 日本政府购买服务制度及启示 [J]. 国家行政学院学报, 2016 (01): 73-77.
[③] 谢叶寿, 阿英嘎. 英国政府购买公共体育服务的实践与启示 [J]. 体育与科学, 2016, 37 (02): 66-70; 邢晓燕. 政策"趋同进化"视域下加拿大政府购买体育社会组织服务的借鉴研究 [J]. 中国体育科技, 2017, 53 (04): 3-13.
[④] 周宝砚, 吕外. 英国政府购买服务特点及启示 [J]. 中国政府采购, 2014 (11): 72-74.
[⑤] 菲利普·库珀. 合同制治理——公共管理者面临的挑战与机遇 [M]. 竺乾威, 卢毅, 陈卓霞, 译. 上海: 复旦大学出版社, 2007: 43; 常江. 美国政府购买服务制度及其启示 [J]. 政治与法律, 2014 (01): 153-160.
[⑥] Penelope J., Brook, Suzanne M. Smith, Contracting for Public Services: Out-Based Aid and Its Applications, World Bank: International Finance Corp, 2001: 92.

另外，发达国家注重公共政策的民主性与科学性，政府购买服务政策的制定和实施过程的每个环节都有利益相关方的参与，其中所涉及的各种问题都有大量研究作为参考。这些国家公共服务信息透明度比较高，为公众参与和科学研究提供了很大便利。[1]

（2）产生的效果和影响。彼得斯将政府购买服务的影响总结为四个方面：一是改变了公共部门的结构，促进了大规模的社会变革。在社会服务供给主体中支持私营部门的加入，分散政府权力，改变其对社会服务提供的绝对垄断；二是改变了政策的制定，分散了决策权力；三是改变了管理方式，分开采购方和供应方，管理中运用绩效衡量和成本预算，充分利用市场来监测政府部门的效率；四是改变了公共利益，公众既是纳税者，也是消费者，政府管理公共事务的手段日趋市场化。[2]

政府购买服务加入了市场活动的经验，促进了服务供应商之间的竞争。[3] 政府通过购买公共服务，能在以更低的成本来供给公共服务，同时而保留监督绩效以及根据服务提供者的实际绩效及时变更合同的权力。[4]

购买服务可以提高服务效率并降低服务成本，带来高质有效的服务。经济合作与发展组织发现其所有成员国政府在实施购买服务后，效率显著提高的同时提供的社会服务质量也明显提升。[5]

（3）面临的困难和问题。发达国家的政府购买服务在效率、有效性和价值评价方面都也出现了不少问题。

①政府购买服务使得非营利部门对政府的依赖性增加、独立性减弱，甚至有沦为街头官僚和利益集团的危险。由于非营利部门成为政府的工具，对政府资源形成依赖，为了维护与政府的良好关系，非营利部门的倡导和表达功能被显著削弱，不再向当年独立于政府的时候那样积极为弱势群体代言，由此导致服务不平等被忽视，最穷的人得到的服务最少。很多情况下，政府似乎并没有真正追求服务的有效性，它更像是一种象征性的、用来彰显政府淡出公共服务

---

[1] Trevor L. Brown, Mathew P., Contract—Management Capacity in Municipal and County Governments, *Public Administration Review*, vol. 63, no. 2 (2003): 56.
[2] 盖伊·彼得斯. 政府未来的治理模式［M］. 北京：中国人民大学出版社，2001：135.
[3] 世界银行. 2007年世界发展报告［M］. 北京：中国财政经济出版社，2007：11.
[4] Simon Domberger, Paul Jensen: Contracting out by the Public Sector: Theory, Evidence, Prospects, *Oxford Review of Economic Policy*. 1997, 13 (4).
[5] OECD. Contracting Out Government Services: Best Practice Guidelines and Case, OECD Publishing, 1998: 25.

领域的决心的政治秀。①

②政府购买服务并不一定能够提高效率、节省成本。即便有些项目确实节约了政府支出，但其他环节消耗的费用可能远远超过政府节省的费用。一些购买服务项目确实节省了费用，但节省费用很可能只是暂时的，并不必然伴随效率的提高和质量的提升。② 很多情况下，购买服务节约的成本主要原因不是生产率提高，是私人部门员工待遇低于政府雇员而带来的人工成本下降。③ 很多政府购买服务合同都有"挑战性条款"，合同费用不能覆盖全部成本，要求承包方自己筹款补足余额。④ 在某些环境下，购买服务可能会导致服务质量的降低，并损害员工的利益。⑤

③政府在履行监督职责方面的情况也不容乐观。政府作为购买服务合同的一方，既是合同的制定者，又是合同的遵守者，经常处在角色冲突与利益纠葛之中。⑥ 政府往往没有足够的时间、精力、资源和能力对公共服务承包商进行监督，而是将评估工作也外包给了第三方。很多外包公共服务的政府官员日常工作就是与承包商打交道，从来没有机会当面接触自己的服务对象。⑦

近年来，出现了对政府购买服务的反思，传统行政机制似乎也不再一无是处。与私人机构相比，雇员政府有就业保障，较少出现跳槽辞职等现象，因此对同样的工作而言，政府雇员比私人部门的雇员更能胜任、更有效率，而且更有经验。⑧ 在这种情况下，发达国际又出现了逆向民营化的做法。在长达几十年的民营化热潮之后，传统公共行政机制、市场机制与非营利机制的优势和弱点逐渐暴露出来，人们对公共服务的不同供给机制有了更加理性的认识之后，也许能够做出更加明智的选择。

---

① David M. Van Slyke：The Mythology of Privatization in Contracting for Social Services，*Public Administration Review*，2003，63（3）．
② Graeme A. Hodge，*Privatization：an International Review of Performance*，Boulder，CO：Westview Press，2000：213－215．
③ Quiggin J.，*Private financing of public infrastructure*，Melbourne：Dissent，2002：121－125．
④ E. T. Boris，E. de Leon etc. Human Service Nonprofits and Government Collaboration Findings from the 2010 National Survey of Nonprofit Government Contracting and Grants. Center on Nonprofits and Philanthropy，2011．
⑤ Jensen P. H. Robin E. S.，The Efficiency of Public Sector Outsourcing Contracts：A Literature Review，2004，p. 26－32．
⑥ 菲利普·库. 合同制治理——公共管理者面临的挑战与机遇［M］. 上海：复旦大学出版社，2007：79－81．
⑦ 莱斯特·M. 萨拉蒙. 政府工具［M］. 肖娜，等，译. 北京：北京大学出版社，2016．
⑧ Fisher S. R.，White M.（2000）Downsizing in a Learning Organization：Are There Hidden Costs? *Academy of Management Review*，vol. 25，no. 1：26．

（四）对现有研究的评价以及本书研究的定位

我国是一个转型国家，社会建设与体制改革处于快速变化过程之中，一方面社会科学领域的研究者带来层出不穷的新课题，另一方面也使得研究成果具有很强的时效性。与此同时，在全球化的大背景下，世界各国的经验交流变得越来越频繁，学习借鉴也越来越便利。各国公共管理领域的改革难免受到各种全球性风尚的影响，特别是发达国家主张的所谓主流范式的影响。然而，中国的历史传统和现实国情又为中国的改革实践设定了特殊的情景，为来自国外的理论移植和经验输入设置了一定的屏障，要求我们在权衡取舍国际经验的时候，进行仔细甄别与认真比较。政府向社会组织购买服务就是这样一个典型的领域。

从实践来看，以 2013 年 9 月国务院办公厅发布《政府向社会力量购买服务的指导意见》（以下简称《指导意见》）为标志，我国政府购买服务制度的发展可以分为两个阶段。《指导意见》是 2013 年 9 月底发布的，各地具体实施大多从 2014 年开始。因此，从 20 世纪 90 年代中期到 2013 年可以视为第一个阶段，即地方探索阶段。2014 年进入到第二个阶段，即全国推广阶段。相应地，我们可以将现有文献研究成果也分为两个阶段，即早期研究和近期研究。早期研究以《指导意见》发布之前的状况为研究对象，此后的研究为近期研究。一些早期研究中发现的问题，比如政府购买服务操作不规范和制度化、法治化程度不高等问题，在《指导意见》以及相关配套政策出台之后得到明显的改进。然而，政策实施需要时间，研究发表又存在较长的时滞。同时，近期研究的对象仍然以一线城市和沿海发达地区为主，这些地方实践起步较早并且保持了一定的连续性。中西部地区起步较晚，它们在制度建设方面也滞后一些，现有文献对中西部地区的研究也较少。因此，从总体上来看，2014 年以来，文献所涉及的公共服务领域确实明显扩大，研究对象所在区域也向中西部地区扩展，2014 年以来的研究发现的问题与早期研究发现的问题仍然有相当高的重复率，比如规范化、制度化以及服务标准、合同定价、绩效评价与监管问题等，仍未得到有效解决。

从理论范式来看，西方发达国家政府购买服务是在新公共管理和新公共治理范式引导下开展的，同时也是在非营利部门相当发达、非营利组织制度较为成熟的基础上进行的。在范式层面，西方发达国家普遍认为官僚机制逊色于市场机制和非营利机制，主张引入企业家精神再造政府，由公共部门与私人部门（包括非营利组织）合作来提供公共服务，实现公共行政的全面转型。①

我国政府购买服务制度是在非营利部门不发达、现代非营利组织制度尚不成熟的情况进行的。迄今为止，我国并未明确将新公共管理或新公共治理视为行政体制改革的目标范式。政府向社会力量购买服务只是创新公共服务提供方式的一种工具。在工具层面，公共管理改革只是以零碎的方式采取一些市场化的或非营利性的措施，包括政府购买服务。②按照萨拉蒙的政府工具理论，在西方国家，新型政府工具的使用推动了治理范式的变革。那么，中国政府购买服务制度建设会推动公共行政向新公共管理和新公共治理范式转型吗？

本书将弥补现有文献研究的两个不足之处，一是弥补对中西部地区经验研究之不足。本书将以湖北省为例研究进行深入系统的研究。现有文献已经有不少案例研究成果，但是这些案例基本上都是从某个角度对某个地区或某个部门购买的某个或某类服务项目的研究，极少对一个某省的情况进行较为全面系统性的研究。本书将弥补现有案例研究在这个方面的不足。二是弥补对国外经验具体研究之不足，三次借访学之机赴美国进行调查研究。同时，理论研究方面希望更进一步，试图将中国经验纳入国际理论话语体系，从公共管理范式转型的角度来讨论我国政府购买服务的理论问题，既为比较和借鉴提供参考，也试图发掘中国实践对全球公共管理改革的理论贡献。

三、研究框架

现行政策对政府向社会力量购买服务的制度设计主要是基于政府采购制度设计的。为了落实《指导意见》，在《中华人民共和国预算法》《政府采购法》和《招投标法》的框架下，2014年以来，相关部门发布了一系列政策，主要包括《财政部、民政部关于支持和规范社会组织承接政府购买服务的通知》《财政

---

① Dan S. and Pollitt C., NPM CAN WORK An optimistic review of the impact of New Public Management reforms in central and eastern Europe, *Public Management Review*, 2015 Vol. 17, No. 9, 1305 – 1332.
② Wolfgang Drechsler & Tiina Randma – Liiv (2016), In Some Central and Eastern European Countries, Some NPM Tools May Sometimes Work: A reply to Dan and Pollitt's 'NPM can work', *Public Management Review*, 18: 10, 1559 – 1565.

部关于政府购买服务有关预算管理工作的通知》《财政部关于推进和完善服务项目政府采购有关问题的通知》以及《关于印发政府采购竞争性磋商采购方式管理暂行办法的通知》等。然而，全国各地的地方政府在实践中，不仅采取了政府采购模式，而且普遍采取了公益创投模式。

（一）政府购买服务的两种常用模式

从上述文献综述中也可以看到，公益创投已经成为地方政府向社会组织购买服务的重要形式，各地的做法大同小异。公益创投的操作方式与政府采购流程有很大差异，参见表1－4。公益创投往往以大赛的形式举办，举办主体、资金来源、操作流程都与政府密切相关。可见，公益创投并不严格遵守上述政府采购制度的相关规定，是政府购买服务与公益慈善相结合的一种社会创新方式。政府采购项目一般先有标的再公开招标，然后从多个竞标者中选出中标者。公益创投往往事先并没有确定的购买标的，只是限定了项目数量、资助金额和服务领域，由竞标者自己选择服务对象、设计服务内容，可以说每个项目都不一样。

表1－4　　政府采购与公益创投的区别

	购买目的	购买者	购买程序	合同设计	资质要求	资金来源	服务方式
政府采购	公共服务	政府	政府采购程序	政府设计标准合同	高	财政资金	标准化
公益创投	公共服务创新社会组织培育	政府主办，其他主体承办、协办	公益创投大赛	政府确定范围，竞标者设计内容	低	财政资金社会资金	创新

尽管对政府主导的公益创投项目提供的服务是否属于政府购买服务仍有争议，但由于它们在实践中高度相关性，深入研究二者之间的关系，对于全面理解现阶段我国政府购买服务制度是十分必要的。因此，本书将政府公共服务采购制度和政府主导型公益创投制度作为现阶段政府向社会组织购买服务的核心制度，参见图1－2。

从根本上来说，制度变化是为了适应环境变化。政府购买服务制度是传统公共服务供给方式不能很好地适应公共服务需求变化而产生的。传统公共服务主要是由政府利用国有资产举办的事业单位来提供的。改革开放以来社会组织

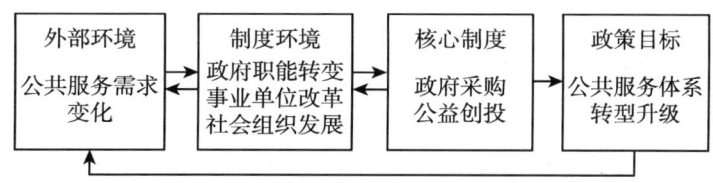

图 1-2　政府向社会组织购买服务制度逻辑模型图

的兴起，成为潜在的公共服务供给主体。政府向社会组织购买服务的建设必将对政府、事业单位和社会组织带来系统性、结构性的影响。根据现行政策，政府向社会力量购买服务的目标是创新公共服务提供方式，优化公共服务体系，简言之就是公共服务转型升级。政府向社会组织购买服务制度并不能离开制度环境而独立运转，因此，政府购买服务与制度环境之间存在着互动关系。一方面，政府购买服务制度在配套制度的支持下才能有效实施；另一方面，政府购买服务制度在实施过程中又会反过来对制度环境产生影响。最后，公共服务体系的转型升级状况又会通过反馈机制影响到公共服务外部环境。政府购买服务制度体系构建必须通过核心制度与制度环境之间的良性互动，促进政府、社会和市场三种机制的有效结合，才能真正实现公共服务体系转型升级的目标。

（二）研究内容

围绕政府向社会组织购买服务的核心制度，本书研究思路、研究方法与研究成果构成的技术路线图参见图 1-3。

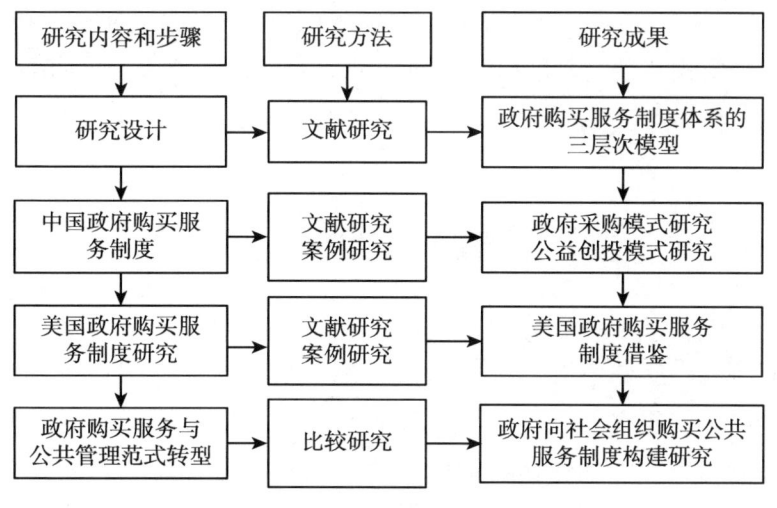

图 1-3　技术路线图

政府公共服务采购制度包括决策制度、运行制度和监管制度，购买决策是对购买目的、资金来源、购买主体、购买什么、为谁购买、购买多少、购买方式等事项做出决策的过程。运行制度是规范购买服务合同管理流程的各种制度，包括服务规划与合同设计、项目招标、项目申报与评审、合同签订、合同履行、合同更新与终止、绩效评价、监管问责制度等等。政府主导的公益创投制度也可以分为决策、运行和监管制度，只是购买目的更为强调公共服务创新和社会组织培育，参与主体更为多元化，资金来源更为多样化，运行方式往往采取公益创投大赛的形式，主办方确定购买服务的领域和资助力度，参赛的社会组织自己设计服务项目，项目评审与绩效评估也不同于政府采购模式。为了有效实施核心制度，还需要一系列配套制度改革包括政府职能转变，为社会组织发展释放空间；公共财政制度决定了政府购买服务的资金来源与分配方式；现代非营利组织制度建设，建立促进社会组织健康发展的登记管理制度、税收优惠制度、治理与管理制度、监管与问责制度。

美国经验研究的主要内容包括政府购买服务制度发展过程，绩效合同制度的形成，以及政府购买服务制度对政府与社会组织带来的影响和挑战，并探讨制度演变过程中各个制度要素之间的互动关系。美国经验对于改进我国政府购买服务制度体系的借鉴意义。

最后讨论政府购买服务对我国公共管理范式转型的影响，试图将中国政府向社会组织购买服务的经验纳入全球公共管理范式进行讨论。

创新之处：①从制度构建的角度研究政府向社会组织购买服务问题。政府购买服务的两种模式进行比较研究，构建政府向社会组织购买服务制度体系。②从公共管理范式转型的角度研究政府与社会组织合作供给公共服务制度。

四、研究方法和数据来源

本书研究属于质性研究，主要采取文献、案例研究、调查研究和比较研究等方法。国内案例研究以湖北省妇联和武汉市为主，数据来源包括调研对象提供的资料以及实地观察和访谈获得的数据。调研对象提供的资料包括政府购买服务相关规范性文件汇编、工作计划、工作总结、招标文件、合同范本、项目申报书、中期检查报告、项目结项检查报告书等。调研主要采取了座谈和访谈两种形式。一共进行9次座谈，座谈地点和座谈人员（不包括课题组成员）参见表1-5。

表1-5　　　　　　　　　　座谈会一览表

编号	调研时间	座谈地点	参加座谈人员
A01	2017.6.26	湖北省财政厅	政策研究人员等7人
A02	2017.7.18	武汉市某区城管大队	城管大队队长等3人
A03	2017.7.18	湖北省A市财政局	财政局副局长等8人
A04	2017.7.20	湖北省某开发区	开发区干部等6人
A05	2017.7.23	湖北省B市财政局	财政局干部等9人
A06	2017.7.31	湖北省C市财政局	财政局工作人员等7人
A07	2017.8.1	湖北省D市财政局	财政局工作人员等11人
A08	2017.7.25	湖北省E市财政局	财政局工作人员等10人
A09	2017.8.4	湖北省F市S街道	街道办主任等8人

课题组对20多家社会组织负责人和员工进行了访谈，访谈对象参见表1-6。

表1-6　　　　　　　　　　访谈一览表

编号	日期	访谈对象	所在单位类型
B01	2015.4.15	院长、设计师	乡村建设类社会组织
B02	2017.7.5	主任	社工服务中心
B03	2017.7.13	副处长，科长	财政局
B04	2017.7.26	街道办主任	街道办事处
B05	2019.1.15	主任及工作人员	某区民政事务管理委员会
B06	2019.1.25	主席	湖北省某市妇联
B07	2018.12.3	主任	某妇女儿童服务中心
B08	2019.1.3	主任	儿童服务类社会组织
B09	2019.1.5	社工	社会工作服务中心
B10	2019.1.10	理事长、主任	居民互助中心
B11	2019.1.16	主任	公益服务中心
B12	2019.1.16	社工	社会工作服务中心

续表

编号	日期	访谈对象	所在单位
B13	2019.1.17	主任	义工服务中心
B14	2019.1.18	主任	公益服务中心
B15	2019.1.18	主任	社区便民服务中心
B16	2019.1.19	副总干事	社区促进中心
B17	2019.2.4	副总干事	社区促进中心
B18	2019.1.22	主任及员工	社会创新中心
B19	2019.1.24	书记	残疾人服务中心
B20	2019.1.31	副总干事	义工服务中心
B21	2019.1.30	副秘书长	义工联

国外案例研究包括作者在约翰·霍普金斯大学访学期间对4个非营利组织承接政府购买服务的研究（参见表1-7）。资料来源包括这些组织的官网、网络文章以及信息平台指南星（Guidestar.org）的数据，政府网站的数据，实地调研和访谈过程中这些机构提供的资料。这4家非营利组织的具体信息参见第五章。

表1-7　　　　　　　　美国案例研究访谈

编号	时间	对象	组织	时长（分钟）
C01	2014.1	CEO	EBDI	124
C02	2013.12	CEO	BGC	88
C03	2013.12	CEO	BCC	131
C04	2013.11	CEO	MFN	119
C05	2013.11	CEO	DCCK	127

第二章 政府向社会组织购买服务政策分析

社会组织是政府向社会力量购买服务的承接主体之一,因此,政府向社会组织购买服务政策包含在政府向社会力量购买服务的政策之中。20世纪90年代中期深圳、上海等地率先尝试政府向社会组织购买服务以来,随着公共服务体制改革和配套制度改革的进展状况,我国中国政府购买服务经历了政府购买的地方探索阶段和全国推广阶段。在这个过程中,政府向社会组织购买服务逐渐从一线城市和沿海发达地区向中西部地区扩散,2014年以来在全国普遍推广。在实践发展过程中,初步形成由相关法律、各级政府行政法规规章和其他规范性文件构成的政策体系。

一、政府购买服务政策

党的十八大及十八届三中全会提出,要加强和创新社会管理,改进政府提供公共服务方式,推广政府购买服务。2013年以来,国务院及相关部委先后发布了一系列相关文件。在这些文件的引导、推动和规范之下,政府向社会组织购买服务成为全国各地改革创新的一大热点领域。

(一)政府购买服务政策框架

我国政府购买服务制度是在政府采购制度框架之内建立的。政府购买服务的政策总体框架参见表2-1。我国规范政府采购的基本法律包括《政府采购法》《预算法》和《招投标法》。原有的《政府采购法》所指"政府采购"主要是针对工程和货物。2013年《国务院办公厅关于政府向社会力量购买服务的指导意见》（以下简称《指导意见》）颁布之后，2014年全国人大对《政府采购法》进行了修正，将"服务"纳入到政府采购范围。政府购买服务来源于政府财政预算资金，接受《预算法》的约束。政府购买服务依法应该采取招投标程序的适用《招投标法》。

表2-1　　　　　　　　　政府购买服务主要政策概览表

类型	颁布时间	政策名称	相关内容
法律	2014.8.31	《中华人民共和国政府采购法》（2014年修正）及其实施条例	规范政府采购行为
	2018.12.29	《中华人民共和国预算法》（2018年修正）及其实施条例	规范政府财政收支行为
	2017.12.27	《中华人民共和国招标投标法》（2017年修正）及其实施条例	规范政府采购中的招投标活动
	2016.9.1	《中华人民共和国慈善法》	政府向慈善组织购买服务
中共中央国务院文件	2013.9.26	《国务院办公厅关于政府向社会力量购买服务的指导意见》（国办发〔2013〕96号）	政府购买服务的目的意义、总体方向、任务、购买主体、承接主体、购买内容、购买机制、资金管理、绩效管理、组织领导、工作机制、监管机制
	2014.9.26	《国务院关于深化预算管理制度改革的决定》（国发〔2014〕45号）	政府购买服务资金管理
	2013.11.12	《中共中央关于全面深化改革若干重大问题的决定》	加大政府购买公共服务力度
财政部民政部等部门发布的文件	2014.12.15	财政部　民政部　工商总局《政府购买服务管理办法（暂行）》（财综〔2014〕96号）	依据《预算法》《采购法》《招投标法》，落实《指导意见》的具体规定
	2004.8.11	《政府采购货物和服务招投标管理办法》（财政部令第18号）	公开招标和邀请招标采购方式的管理办法
	2013.12.19	《政府采购非招标采购方式管理办法》（财政部令第74号）	竞争性谈判、单一来源采购和询价采购方式的管理办法
	2013.10.29	财政部《政府采购品目分类目录》（财库〔2013〕189号）	政府采购货物、过程与服务分类目录
	2014.11.25	《财政部　民政部关于支持和规范社会组织承接政府购买服务的通知》（财综〔2014〕87号）	落实《指导意见》：重要作用、支持力度、信用管理、组织实施

续表

类型	颁布时间	政策名称	相关内容
财政部民政部等部门发布的文件	2014.1.24	《财政部关于政府购买服务有关预算管理工作的通知》（财预〔2014〕13号）	依据《预算法》落实《指导意见》：预算资金安排、预算管理体系、预算执行、预算信息公开、预算绩效评价、预算监管
	2014.4.14	《财政部关于推进和完善服务项目政府采购有关问题的通知》（财库〔2014〕37号）	落实《指导意见》：政府采购服务项目分类、需求管理、采购活动、验收管理、绩效评价
	2014.12.31	《政府采购竞争性磋商采购方式管理暂行办法》（财库〔2014〕214号）	依据《采购法》，落实《指导意见》：竞争性磋商管理规范
	2013.12.4	《财政部关于做好政府购买服务工作有关问题的通知》（财综〔2013〕111号）	动员各地各级政府组织、落实《指导意见》
	2014.3.4	《财政部办公厅关于建立政府购买服务信息报送机制的通知》（财办综〔2014〕14号）	落实《指导意见》，建立政府系统工作交流信息沟通机制
	2014.4.25	《财政部办公厅关于政府购买服务部内任务分工的通知》（财办发〔2014〕40号）	落实《指导意见》，建立财政部内部分工协调机制
	2016.11.18	《政府采购评审专家管理办法》（财库〔2016〕198号）	依据《采购法》，规范政府采购评审活动管理
	2017.5.28	《财政部关于坚决制止地方以政府购买服务名义违法违规融资的通知》（财预〔2017〕87号）	依据《采购法》《指导意见》以及PPP相关政策，禁止滥用政府购买服务

2002年6月29日，为了规范政府采购行为，全国人大通过了《中华人民共和国政府采购法》。该法规定，"政府采购是指各级国家机关、事业单位和团体组织，使用财政性资金采购依法制定的集中采购目录以内的或者采购限额标准以上的货物、工程或服务的行为"，"服务是指除货物和工程以外的其他政府采购对象"。2014年12月31日，国务院第75次常务会议通过的《中华人民共和国政府采购法实施条例》规定"服务"包括政府自身需要的服务和政府向社会公众提供的公共服务。2016年通过的《中华人民共和国慈善法》第87条首次以法律形式规定，"各级人民政府及其有关部门可以依法通过购买服务等方式，支

持符合条件的慈善组织向社会提供服务，并依照有关政府采购的法律法规向社会公开相关情况"。

然而，如第一章所述，政府购买服务与政府采购工程和货物相比有其特殊性，并不能直接完全照搬工程与货物的政府采购管理方式。因此，有必要在政府采购的基本法律框架下制订专门针对政府购买服务的政策。国务院在《指导意见》中委托财政部和有关部门负责政府购买服务的制度建设，要求"财政部要会同有关部门加强对各地开展政府向社会力量购买服务工作的指导和监督，总结推广成功经验，积极推动相关制度建设"。因此，自2014年以来，财政部会同有关部门，在政府采购制度基础上制定了一系列针对政府购买服务的专门政策。

从表2-1可以看出，国务院的《指导意见》是当前指导我国政府购买服务的"根文件"，是在政府采购的法律框架下制定的。《指导意见》对政府购买服务的定义是，"通过发挥市场机制作用，把政府直接提供的一部分公共服务事项以及政府履职所需服务事项，按照一定的方式和程序，交由具备条件的社会力量和事业单位承担，并由政府根据合同约定向其支付费用。"总体目标是"到2020年，在全国基本建立比较完善的政府向社会力量购买服务制度"。《指导意见》还对购买主体、承接主体、购买内容、购买方式、资金预算、绩效管理、组织领导和工作机制等方面做了规定。

财政部作为中央政府负责组织实施政府购买服务工作的牵头部门，牵头制定了一系列相关政策，其中财政部与民政部、工商总局了发布的《政府购买服务管理办法（暂行）》（财综〔2014〕96号）是落实《指导意见》的综合性政策。总体来看，这些文件可以分为如下几类：第一类是有关预算管理的文件，例如《关于政府购买服务有关预算管理工作的通知》对购买预算的编制、监控、管理等内容作了规定。第二类是有关政府采购目录的文件。《关于推进和完善服务项目政府采购有关问题的通知》要求服务项目实行分类采购，并按照受益对象将服务项目分为了三类。第三类是关于购买服务承接主体的政策文件。比如《关于支持和规范社会组织承接政府购买服务的通知》和《关于做好行业协会商会承接政府购买服务工作有关问题的通知（试行）》，就承接主体如何承接购买服务项目提出了指导意见。第四类是有关购买方式的文件。比如《政府采购竞争性磋商采购方式管理暂行办法》具体规定了竞争性磋商的定义、使用范围、磋商程序等。第五类是有关工作机制方面的政策文件，比如《关于有关购买服务部内任务分工的通知》和《关于建立政府购买服务信息报送机制的通知》。

（二）国务院发布的政府购买服务其他相关文件

2014年以来，为了落实《指导意见》，财政部牵头，会同其他部门制定了一系列相关规范性文件。近年来，国务院制定的各种政策中还有很多与政府购买服务相关，表2-2列举了其中一部分，这些文件都是规定某一具体公共服务领域可以采用政府购买服务方式，各种以人为对象的公共服务都可以向社会组织购买服务。主要涉及教育服务、养老服务、残疾人服务、妇女儿童服务、公共文化服务、公共体育服务等领域。

表2-2　　国务院发布的政府购买服务其他相关文件举例

发布时间	文件名称
2015.1.12	中共中央办公厅、国务院办公厅《关于加快构建现代公共文化服务体系的意见》的通知（中办发〔2015〕2号）
2014.2.21	《社会救助暂行办法》（国务院令第649号）
2015.1.20	国务院《关于加快推进残疾人小康进程的意见》（国发〔2015〕7号）
2014.11.19	国务院办公厅《关于进一步动员社会各方面力量参与扶贫开发的意见》（国办发〔2014〕58号）
2014.12.25	国务院办公厅《关于印发国家贫困地区儿童发展规划（2014—2020年）的通知》（国办发〔2014〕67号）
2014.9.12	国务院《关于进一步做好为农民工服务工作的意见》（国发〔2014〕40号）
2014.10.3	国务院《关于全面建立临时救助制度的通知》（国发〔2014〕47号）
2014.10.9	国务院《关于加快科技服务业发展的若干意见》（国发〔2014〕49号）
2014.5.2	国务院关于加快发展现代职业教育的决定（国发〔2014〕19号）

除了国务院的文件之外，财政部和其他部门的有关公共服务的文件也涉及政府向社会组织购买服务的内容，比如2014年8月26日财政部、发改委、民政部和全国老龄委办公室发布的《关于做好政府购买养老服务工作的通知》（财社〔2014〕105号）以及2014年4月23日财政部、民政部、住建部、人社部、卫

计委、残联发布的《关于做好政府购买残疾人服务试点工作的意见》（财社〔2014〕13 号）等文件规定政府可以通过向社会组织购买的方式来提供养老服务和残疾人服务。

总的来看，上述政策为各级各地政府购买服务提供了基本的规范性框架。全国各地各级政府制定的政府购买服务政策，都是为了根据当地实际情况实施上述政策而制定的，上述法律和规范性文件是地方各级人民政府制定政府购买服务相关政策的依据。不过，这个框架主要是对政府购买服务相关主体和程序方面的规定。政府购买具体公共服务项目时，还会涉及需求识别与预算分配、服务对象范围与资格、服务成本与质量标准等，需要进一步完善政策，加以规范。

二、公益创投政策

1997 年《哈佛商业评论》的一篇著名文章对基金会的传统运作模式提出挑战，认为基金会应该像风险投资家学习，可以在项目拨款中尝试创业投资模式，在帮助资助对象改善管理、提升能力方面发挥更大作用。[1] 这个建议引发了"公益创投"（Venture Philanthropy）的兴起，给慈善领域吹来一股新风。后来，一些社会创业项目采取的竞赛和众包等筹资方式也被称为"公益创投"。[2] 我国很多地方政府参与的公益创投与后者类似，采取了竞赛的形式。传统上，基金会的运作模式假设自己能够了解服务对象的需求，因此，资助项目是由专业的项目官员来设计和管理的。而公益创投颠覆了这个假设，认为存在一个社会创新的点子（Ideas）市场，基金会利用资源的最佳方式就是最大限度地开发利用这个点子市场，让各种点子通过竞争获得资助。[3] 公益创投兴起的时间并不算长，但扩散的速度很快，在欧美发达国家的慈善领域大行其道。[4]

---

[1] Christine Letts, William Ryan, and Allen Grossman, "Virtuous Capital: What Foundations Can Learn from Venture Capitalists," Harvard Business Review (March – April 1997): 36 – 46.
[2][3] ［美］莱斯特·M. 萨拉蒙. 撬动公益：慈善和社会投资新前沿导论［M］. 叶托，张远凤，译. 北京：社会科学文献出版社，2017.
[4] 刘志阳，邱舒敏. 公益创业投资的发展与运行：欧洲实践及中国启示［J］. 经济社会体制比较，2014（02）：206 – 220.

2008 年前后，我国慈善行业开始引入公益创投模式。2009 年，上海市民政局率先试水"上海社区公益创投大赛"，这是我国地方政府利用公益创投的最早案例。① 此后，公益创投大赛开始在全国"遍地开花"。② 2012 年以来，公益创投大赛进入快速扩散阶段。2013 年扩散到江西，2014 年扩散到湖北和重庆，2015 年继续扩散到浙江、广东、河南以及陕西等地。整体来看，公益创投还处于政策扩散曲线的上升阶段，在空间上显示出明显的邻近效应，从内容上看兼具跟风模仿和学习借鉴的双重特征。③

有趣的是，在国外由民间慈善主导的公益创投来到我国之后却得到了政府的普遍青睐。无论从组织管理还是从资金来源的角度看，政府主导着各级各类公益创投大赛。政府已经成为各地公益创投大赛的主导性力量，使得公益创投成为政府向社会组织购买服务的一种新模式。④

政府主导公益创投有其历史合理性。⑤ 这是因为，当前各地在推广政府购买服务的过程中，普遍面临着具备资格和能力的承接主体不足的问题。大力培育社会组织，使之尽快成长为合格的公共服务项目承接主体，就成为政府购买服务制度建设的前提条件。而社会组织的创业首先必须要解决资金和能力两大难题。在慈善事业尚不发达，民间公益创投难以形成气候的情况下，政府积极参与公益创投就成为顺理成章的事情。可以说，公益创投兼具提供公共服务和培育社会组织两大任务。一方面，鼓励社会创新，通过竞赛的方式使得公共服务的新点子脱颖而出，为公共服务增加了创新性的服务内容和服务方式；另一方面，社会组织承接小额公益创投项目，通过"干中学"快速获得成长。

我们可以以 2018 年 3 月 19 日杭州市民政局发布的《杭州市公益创投项目管理办法》（下文简称《管理办法》）为例，可以看出政府主办的公益创投活动具有两个基本特点。

第一个特点，政府举办的公益创投活动兼负提供公共服务和培育社会组织

---

① 蔡琦海. 公益创投：培育非营利组织的新模式——以"上海社区公益创投大赛"为例 [J]. 中国非营利评论，2011，7（01）：164 - 182.
②③ 李健. 公益创投政策扩散的制度逻辑与行动策略——基于我国地方政府政策文本的分析 [J]. 南京社会科学，2017（02）：91 - 97.
④ 崔光胜，耿静. 公益创投：政府购买社会服务的新载体——以湖北省公益创投实践为例 [J]. 湖北社会科学，2015（01）：57 - 62.
⑤ 何云峰，孟祥瑞. 政府对新生社会组织的催化与公共服务社会化 [J]. 上海师范大学学报（哲学社会科学版），2011，40（04）：11 - 19；李学会. 公益创投：政府购买社会组织公共服务的实践与探索 [J]. 社会工作，2013（03）：100 - 107，155.

的双重任务。《管理办法》第三条规定，"市级公益创投项目择优培育一批……公共服务项目，并培育一批……社会组织"。然而，与其他地区的公益创投政策一样，《管理办法》并未明确区分公益事业与公共服务。《管理办法》第一条指出杭州市政府开展公益创投的目的是"进一步促进公益事业发展"。第二条规定，公益创投项目是指"扶贫、济困、为老、救孤、优抚、助残、助学、助医、社会治理、社区服务、灾害救助、环境保护、社会组织培育以及其他创新性的公益服务项目"。这两条规定又将公益创投定性为"公益事业"或"公益服务"。第二十一条规定"市级公益创投项目所需要资金由相关业务处室编制，纳入预算管理，市民政局、市财政局联合发文以财政补助资金的形式下拨给通过立项评审并签订项目协议的社会组织"。因此，从资金来源看，杭州市政府公益创投的资金来源于财政预算，财政资助提供的服务当然属于公共服务。

第二个特点，政府举办的公益创投活动其操作流程有别于严格的政府采购程序。《管理办法》第一条规定，制定本办法的依据是《关于改革社会组织管理制度促进社会组织健康有序发展的意见》（中办发〔2016〕46号）、《财政部、民政部关于支持和规范社会组织承接政府购买服务的通知》（财综〔2014〕87号）和《关于进一步激发社会组织活力，推进我市社会治理创新的若干意见》（市委〔2014〕16号）等文件精神。第四条规定，制定本办法的依据还包括《中华人民共和国政府采购法》《杭州市民政局自行采购管理暂行规定》等。显然，这些依据已经超出了我国政府采购政策的范围。该办法规定的操作流程与政府采购的规范流程也有不少差异。从这个角度来看，公益创投模式确实是一种新的不同于政府采购的政府购买服务方式。

不过，学界对于政府是否应该大规模参与公益创投活动仍然存在不少疑虑。一方面是担心政府行为可能给慈善领域带来"挤出效应"；① 另一方面，政府主导的公益创投还缺乏制度规范，公益创投大赛并没有严格遵守政府采购程序，各地政府在制定了一些地方性文件，实践中也不同程度地存在各种问题。② 需要进一步自上而下完善公益创投的政策体系，促进公益创投活动规范有序发展。③

---

① 吴新叶. 政府主导下的大城市公益创投：运转困境及其解决. 上海行政学院学报，2017（03）：32-27.
② 李健，唐娟. 政府参与公益创投：模式、机制与政策［J］. 公共管理与政策评论，2014，3（1）：60-68；朱晓红. 社区公共服务合作治理的风险与制度建设——以公益创投项目为例［J］. 湖南社会科学，2016（02）：90-94.
③ 李健. 公益创投政策扩散的制度逻辑与行动策略——基于我国地方政府政策文本的分析［J］. 南京社会科学，2017（02）：91-97.

三、政府购买服务政策扩散分析

政策扩散理论是政策过程理论的一个新视角，可以用来描述和阐释中国特色的"试验—推广"式政策过程。[①] 政策扩散理论用于理解政府购买服务政策的扩散过程也是适宜的。

（一）研究设计

所谓政策扩散，是指某种创新政策经由特定的渠道，在政策主体之间传播及被采纳的过程。[②] 这里所说的政策主体包括不同层级、不同部门或不同地区的政策主体，政府购买服务政策扩散主要是指其在不同地区政策主体之间的扩散。

政策扩散一般采取 6 种机制，包括强制、诱制、学习、竞争、模仿、社会化。[③] 通过这些方式，某种政策不断传播到新的政策主体，新的政策主体在学习和采纳的过程中，又会根据自己的需求和现实条件对政策进行调整和创新，从而使得政策经受更多实践情景的检验，要么因为不可行而放弃，要么经过变异而更有生命力，更有适应性，使得该项政策不断发展和完善。所以，政策扩散过程也是政策建构过程或政策形成过程。在政策扩散过程中，地方政府采取的典型行为模式有两种：创造性学习与模仿式学习，有的学者将其称为学习借鉴与跟风模仿，并且发现政策扩散过程中往往是跟风模仿居多。[④]

作为一项仍然处于探索阶段的创新实践，我们下面将从时间和空间两个维度，对政府购买服务政策在全国范围内的扩散过程进行分析。

我们按照政策主体的行政层级，将政府购买服务政策划分为中央、部委、省级、市级四个层级，在"法律之星"网站进行相关政策文献搜索，按照时间和省份对政策文本数量进行统计分析，试图描绘出政府购买服务政策在全国按照层级、时间和空间扩散的轨迹，从而明确本书研究对象在理论和政策发展中的定位。

[①] 周望. 政策扩散理论与中国"政策试验"研究：启示与调适 [J]. 四川行政学院学报，2012（04）：43 - 46.
[②] 陈芳. 政策扩散理论的演化 [J]. 中国行政管理，2014（06）：99 - 104.
[③] 杨代福. 中国政策创新扩散：一个基本分析框架 [J]. 地方治理研究. 2016（2）：3 - 11.
[④] 刘伟. 学习借鉴与跟风模仿——基于政策扩散理论的地方政府行为辨析 [J]. 国家行政学院学报，2014（01）：34 - 38.

虽然"法律之星"网站并未囊括所有的政策文本数据，按照上述搜索方式找到的政策文本数量也不完全。因为，有些部门和地方政府的政策文本并未在网络上公布，没有进入"法律之星"数据库。另外，有些综合性的政策中涉及政府购买服务或者专门领域的政府购买服务政策，按照上述关键词可能无法检索到。不过，1986年诞生的"法律之星"是国内历史最悠久、知名度最高的法律检索软件，其法律政策文件数据是较为完整和及时的，检索到数据对于此处的研究目的来说是比较充分的。

（二）政府购买服务政策时间和层级扩散过程分析

按照"政府购买服务"—"政府向社会力量购买服务"分别结合"办法、意见、通知"等关键词分批次进行搜索，剔除重复项，截至2017年12月31日，获取有效政策文本315份，参见表2-3。

表2-3　历年各级政府购买服务政策文本数量（2002—2017年）

单位 \ 年份	2002	2003—2006	2007	2008	2009	2010	2011	2012	2013	2014	2015	2016	2017	合计
国务院	0	0	0	0	0	0	0	0	1	0	0	1	0	2
部委	0	0	0	0	0	0	1	1	8	3	5	5		23
省级	1	0	1	1	2	0	2	1	6	18	28	40	63	163
市级	0	0	5	5	2	5	5	3	7	20	23	30	22	127
合计	1	0	6	6	4	5	7	5	15	46	54	76	90	315

资料来源："法律之星"网站，截止日期2017年12月31日。

从表中可以看出，"法律之星"数据库提供的政府购买服务政策文本最早出现在2002年，2003—2006年没有数据，2007年以后逐渐政策文本数量增加，2013年以来进入政策文本数量快速增长时期。

在"法律之星"检索到的政策文本数据验证了前面对我国政府购买服务政策的分析，根据表2-3的数据，以时间为横坐标，政策文本数量为纵坐标，绘制图2-1，可以清楚地看到2002以来国务院、部委、省级（省、市、自治区、直辖市）和市级出台的政府购买服务政策数量的时间分布。总的来看，2013年以前，政府购买服务政策并非一开始就有自上而下的"顶层设计"，而是各个城市地方性探索实践过程，这个阶段出现了自发性政策扩散现象。2013年以后，国务院《指导意见》出台以后，国务院相关部门和各级政府为了实施落实《指导意见》出台了大量的政策文件，在中央政府政策指导下，政府购买服务进入到强制性政策扩散阶段。

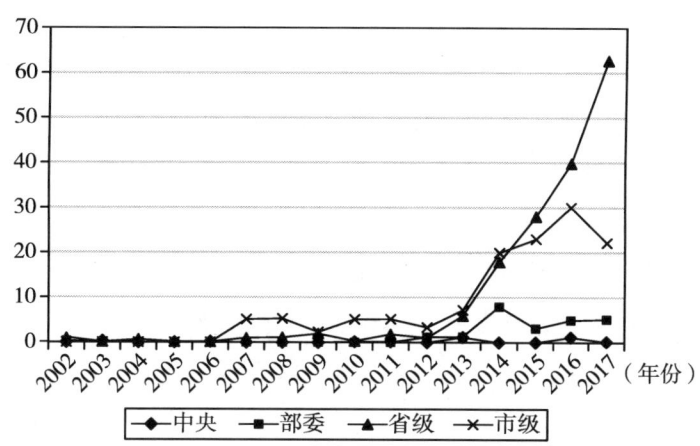

图 2-1　政府购买服务政策扩散

2002—2013 年，政府购买服务主要是各个城市自发性的探索实践。在"法律之星"检索到的第一份政府购买服务文件，是 2002 年上海市劳动和社会保障局发布的《关于在本市职业见习计划中实施政府购买社会中介机构工作成果的操作意见的通知》及其附件《关于购买社会中介机构参与"职业见习计划"实施成果的暂行标准》。2007 年政策主要是针对某个领域的购买服务，涉及社区公共卫生、城市公交服务、购买服务岗位等；2008 年的政策涉及社区公共卫生、出租车日常服务、乡镇公共服务等；2009 年除了涉及购买服务领域的政策外，还出台了政府购买社会组织服务的制度，也就是说政府购买服务的政策不再局限于某一领域，而是延伸到了其他方面，例如承接主体等。2010—2012 年政策和 2009 年涉及方面大体相似。2013 年国务院发布《指导意见》之后的两年内，转发中央及部委的文件占了各个城市出台的文件数量的很大比重，同时也增加了新的购买服务领域，如养老服务。2016 年后市级政府出台的文件数量出现下滑的趋势，因为 2013 年以后在中央政策的指导下，各地总体政策逐渐趋向规范统一，地方政府政策重点转向实施落实上级政策，依据上级政策制度具体实施措施，比如制订购买服务目录、规范合同管理和绩效管理等。

省级政府的政策逻辑似乎也可以分为两个阶段。在 2013 年以前，只有少数几个省级政府与市级政府出台了规范政府购买服务的政策，这些政策出自不同的省市，并没有看到省级政策对市级政策的指导关系，似乎省级政府与市级政府在各自独立探索过程之中。从内容来看，省级政策关注重点也与市级政策有所不同，2007年、2008年省级政策都是关于购买社区卫生服务，2009年涉及购买紧缺型高技能人才培训成果等。2013年之后，省级政府购买服务相关政策大多数是转发中央政府的政策或者是《指导意见》的实施细则。值得注意的是，"法律之星"的政策数据中，四个直辖市的政策文本数量为54份，占33.1%。

在"法律之星"检索到的中央政府出台的政府购买服务政策文件只有2份，分别为2013年颁布的《关于政府向社会力量购买服务的指导意见》和2016年颁布的《关于成立政府购买服务改革工作领导小组的通知》。2013年以前国务院各个部门只有民政部、财政部2012年共同颁布了《关于政府购买社会工作服务的指导意见》，就购买社会工作服务的意义、目标、主体、对象、范围、程序与监管等问题作了具体规定。2013年以后，国务院各个部门就不同领域出台了相关政策，除了财政部、民政部和国家工商总局之外，还包括国土资源部、交通运输部、农业部、水利部、国家林业局等。妇联、残联、共青团等群团组织也出台了购买服务相关政策。

（三）政府购买服务政策空间扩散过程分析

下面分别从省级和市级两个层面分析政府购买服务政策在全国范围内的扩散情况。

1. 省级政府间政策扩散状况

政府购买服务政策在不同省份的扩散程度存在很大差异。就目前而言，并不是所有的省级政府都出台了政府购买服务的相关政策，而即使是出台了相关政策，其政策的内容和数量也会有所不同。我们检索了"法律之星"中截至2017年12月31日省级政府出台的政府购买服务相关政策的数量，参见表2-4。由于"法律之星"中第一份相关政策文本出现在2002年，所以表2-4展示是2002—2017年全国省级政府出台有关政府购买服务政策文本的总数。

表2-4　　　　　我国省级政府购买服务政策数量分布表

地区	北京	天津	内蒙古	上海	江苏	广西	安徽	山东	浙江	河北	重庆	黑龙江	湖南	福建
数量	22	17	13	10	9	9	7	7	6	6	5	5	5	5
地区	青海	西藏	山西	贵州	陕西	云南	江西	广东	宁夏	海南	吉林	辽宁	湖北	河南
数量	4	3	3	3	3	2	2	2	1	1	1	1	1	1

资料来源："法律之星"网站，截止日期2017年12月31日。

总体来看，截至 2017 年 12 月 31 日，"法律之星"中检索到 28 个省级政府出台了政府购买服务的相关政策。其中，出台数量较多的是北京、天津、内蒙古、上海、江苏、广西、安徽、山东、河北、浙江、黑龙江、湖南、福建，都有 5 份及以上。2002 年只上海出台了相关政策。2007 年、2008 年分别只有山东省和黑龙江省出台了相关政策；2009 年云南和江苏也出台了相关政策；而 2010 年和 2012 年则处于空档期；2011 年也只有江苏出台了相关政策。到了 2013 年，出台相关政策的省份有所增加，扩散到了四个省份，包括山东、安徽、江苏、宁夏；2014 年有 10 个省级政府、2015 年增加到 16 个省份；2016 年增加到 19 个省份；2017 年增加到 24 个省级政府。可见，随着时间的推移，参与政府购买服务相关政策的省份在不断地扩大。也就是说，越来越多的省份重视到了政府购买服务，并且也在采取措施推进政府购买服务。

从不同省份出台的政策来看，北京、天津出台的政策数量最多。这些政策大多是转发上级的政策。内蒙古出台的数量也较多，但是其出台时间都是在 2015 年及以后，而且内容主要是政府各部门购买服务的目录以及指导意见之类的政策；江苏省出台的政策也主要集中于 2013 年以后，政策内容包括购买服务领域方面的，例如养老服务、棚改服务等。当然也有购买服务目录以及其他方面的政策；广西出台的政策也主要是在 2015 年以后，政策内容种类较为多样化，包括政府购买服务流程方面的政策。例如合同管理、信息公开、承接主体等方面。显然不同省份其政府出台政策的时间而内容还是有所区别的，也就是说存在地域差异。

2. 市级政府间政策扩散状况

我们将"法律之星"中检索到的市级政策文本数据按照省份进行分类，得到了各省市级政府出台政府购买服务政策数量，见表 2-5。

表 2-5　　市级政府购买服务政策出台数量情况表

地区	北京	天津	山东	安徽	浙江	江苏	上海	广东	福建	广西	辽宁	河南	山西	四川	重庆
数量	22	17	16	16	11	11	10	9	7	7	6	6	6	5	5
地区	黑龙江	内蒙古	陕西	湖南省	云南	江西	海南	湖北	河北	青海	西藏	吉林	甘肃	宁夏	新疆
数量	4	4	4	3	3	3	2	2	2	2	1	1	1	1	1

资料来源："法律之星"网站，截止日期 2017 年 12 月 31 日。

市级政府出台的文件数量与省级政府出台的文件数量相比有明显差异。市级政府的文件数据看起来与区域经济发展水平关联更加紧密。市级政府出台政策数量最多的省份集中在四大直辖市和沿海省份如山东、安徽、浙江、江苏等省，每个省级区域市级政府出台的政策数量都在10份以上。从时间来看，2013年之后，出台政府购买服务政府的城市数量也明显增加，参见图2-2。

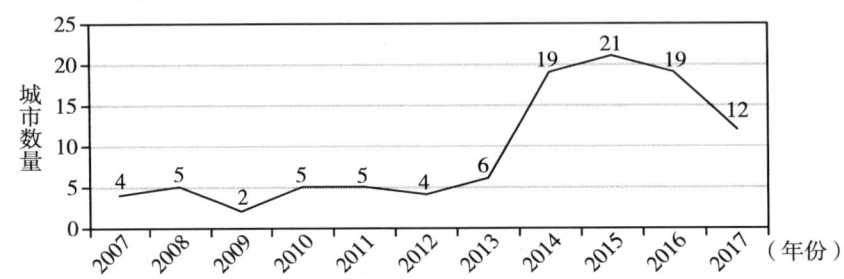

图2-2 历年出台政府购买服务政策的城市数量

资料来源："法律之星"网站，截止日期2017年12月31日。

从上述分析来看，以2013年国务院出台《指导意见》为界，我国政府购买服务政策的形成和扩散过程，可以分为两个阶段。2013年以前，是全国各地以城市为主分散探索的阶段，地区之间政策扩散处于自发阶段，主要集中在几个一线城市和部分沿海城市。2013年之后，在中央政策指导下，政府购买服务进入到"自上而下"的政策推广阶段。仅从"法律之星"检索到的数据来看，政府购买服务在全国各地的政策扩散是不均匀的。早期先行者和探索者无论在实践经验方面还是政策发展方面一直处于领先地位，中西部地区处于学习和模仿的地位。在2013年以后，中西部地区在政策上快速跟进，但实际上很多地区省市级政府起初不过充当了中央政府文件的中转站，在具体实践方面仍然需要向先进地区学习。那么，这种扩散过程在现实情境中究竟是如何发生的呢，哪些主体参与了这个过程，他们在其中发挥了何种作用，又是如何发挥作用的，本地实际情况如何影响这个政策过程呢？下面两章将以湖北省尤其是武汉市的经验为例，来对这些问题进行较为深入的解析。

第三章 政府购买服务制度建设现状——以湖北省为例

政府购买服务机制就是在购买服务过程中各个主体的角色分工与互动机制。政府向社会组织购买服务的相关主体包括购买主体（政府）、承接主体（社会组织）和服务对象。政府扮演决策者、规制者、购买者、监管者的角色，承接主体提供服务，服务对象既是受益者也是监督者。购买服务过程包括制定政策与目录、服务购买流程、监管与问责等几个环节。从购买服务过程来看，制定政策与目录的过程属于决策过程，是政府通过一定方式确定政策目标与原则、识别公共服务服务需求以及优先顺序、确定购买主体、承接主体与受益对象资格与范围、确定资金来源、确定购买方式、确定合同管理原则等，也就是回答是否购买、为谁购买、购买什么、购买多少、谁来购买、向谁购买、如何购买等问题。购买服务流程的核心环节包括标书设计与发布、承接主体选择、合同签订与履行、合同终止与续约、绩效评价与反馈等。监管与问责机制包括确定监管主体和监管职责、监管标准、监管手段、信息公开等。

2017年7—12月，我们承担了湖北省财政厅委托的"湖北省政府购买服务制度建设"的研究课题，有机会较为全面研究湖北省政府购买服务的情况。我们在调研期间获得的数据包括：湖北省财政厅提供的政府购买服务文件汇编、湖北省各县市上报的政府购买服务数据和案例，我们于7月15日至10月31日在武汉、黄石、襄阳、荆州、钟祥、仙桃6个城市的调研数据。本章以此次调研数据为基础，介绍湖北省政府向社会组织购买服务的情况，分析存在的问题，并提出对策建议。

一、湖北省政府购买服务政策

湖北省是中部省份，在第二章中对政府购买服务政策扩散分析中可以看出,湖北省不是政府购买服务的先行者,但在 2013 年国务院《指导意见》颁布之后,开始积极向发达地区学习,近年来制度建设和实施方面取得了显著的进展。

(一) 湖北省政府的购买服务政策

2014 年 1 月 27 日,为了贯彻落 2013 年 9 月 26 日实国务院颁布的《关于政府向社会力量购买服务的指导意见》,湖北省人民政府办公厅出台了《关于政府向社会力量购买服务实施意见(试行)》(鄂政办发〔2014〕1 号)。根据国务院和省政府的文件精神,湖北省财政厅制定了一系列文件。湖北省政府出台政府购买服务的主要文件参见表 3-1。

表 3-1　　　　　　　湖北省政府购买服务主要政策文件

编号	发文主体	文件名
1	省人民政府办公厅	《关于政府向社会力量购买服务实施意见(试行)》(鄂政办发〔2014〕1 号)
2	省财政厅	《湖北省政府向社会力量购买服务工作实施方案》(鄂财综发〔2015〕26 号)
3	省委办公厅 省政府办公厅	关于印发《关于广泛动员社会力量参与扶贫开发的意见》的通知(鄂办发〔2015〕28 号)
4	省财政厅	关于印发《省级政府购买服务工作规程》和《政府购买服务宣传纲要》的通知(鄂财综发〔2014〕5 号)
5	省财政厅	《湖北省第三方机构参与预算绩效管理工作暂行办法》(鄂财绩规〔2014〕3 号)
6	省财政厅	关于印发《关于建立政府购买服务信息报送机制的通知》的通知(鄂财办综〔2014〕88 号)
7	省民政厅 省财政厅	《关于深入推进社会组织反腐倡廉工作的意见》(鄂民政发〔2015〕1 号)
8	省民政厅	《省级培育引导社会组织项目资金管理办法》(鄂民政规〔2015〕9 号)
9	省民政厅、发改委等部门	关于支持社会力量发展养老服务业的实施意见(鄂民政发〔2015〕16 号)

续表

编号	发文主体	文件名
10	省财政厅	《关于做好2016年政府购买服务工作的通知》（鄂财综发〔2016〕5号）
11	省财政厅	《关于公布湖北省2016年政府购买服务指导性目录的通知》（鄂财综发〔2016〕12号）
12	省财政厅	《关于进一步规范财政社会保障资金分配管理工作的通知》（鄂财社发〔2013〕130号）

从表3-1来看，湖北省政府有关政府购买服务的政策主要出自省人民政府以及财政厅和民政厅。在政府采购模式下，政府向社会组织购买服务政策包涵在政府购买服务的政策之中。湖北省人民政府办公厅《关于政府向社会力量购买服务实施意见（试行）》（鄂政办发〔2014〕1号）和湖北省财政厅《湖北省政府向社会力量购买服务工作实施方案》（鄂财综发〔2015〕26号）是湖北省范围内政府购买服务的核心政策文件。前者是依据国务院发布的《指导意见》，后者是依据财政部制定的《实施方案》。湖北省财政厅《省级政府购买服务工作规程》和《政府购买服务宣传纲要》的通知（鄂财综发〔2014〕5号）明确购买公共服务的目的，指出各职能部门在购买公共服务中的职责。依据上述文件，湖北省政府相关部门还制定了购买某一具体领域公共服务的政策文件，比如《关于支持社会力量发展养老服务业的实施意见》（鄂民政发〔2015〕16号）的目的就是推进养老领域政府购买服务，鼓励民办养老机构引入社会工作人才。

湖北省民政厅《省级培育引导社会组织项目资金管理办法》（鄂民政规〔2015〕9号）专门规定了针对社会组织的资助管理办法。该文件并未采用"政府购买服务"的概念，而是称为"培育引导资金"根据《湖北省财政厅关于进一步规范财政社会保障资金分配管理工作的通知》（鄂财社发〔2013〕130号）的规定，财政社会保障资金可以用于社会组织"培育引导资金"。在实际操作中，"培育引导资金"分配方式更接近于公益创投方式，而不是政府采购方式。这也再次证明了现阶段政府向社会组织购买服务确实具有其不同于其他政府购买服务项目的特殊性。这种特殊性一方面是由于社会组织这种新型供给主体还处于早期发展阶段，另一方面是由于社会组织提供的服务主要是以人为对象的服务。这类服务在西方国家一般被称为社会服务或人类服务，这类服务的对象往往是特殊群体或弱势群体，服务内容很多都健康、教育、看护、照顾等无形服务,服务成本中人力成本占较大比重,服务绩效难以测量和评价。

(二) 湖北省各市县政府出台购买服务政策的情况

湖北省各个市县在政府购买政策制定存在较大差异。有的市县出台了20多份文件,也有的市县只是转发了国办和省办的文件,具体情况参见表3-2。从调研情况来看,地方政府文件出台的情况基本反映了地方政府推进购买公共服务的力度大小。C市出台的文件涉及棚改、水利设施管护、中介服务、交通运输、文化、司法、民政、城建、水务、行政审批等10个领域,涉及10多个相应职能部门。大多数市县在转发中央和省的购买服务文件或者根据中央和省的文件制定本地的购买服务文件外,只出台了棚户区改造、公共文化服务等领域的文件,大多数职能部门还没有参与政府购买服务的文件制定之中。

表3-2 地方政府出台的购买服务相关文件和目录数量及领域

市县	出台文件数	涉及领域	购买服务目录
武汉市	9	指导意见、指导目录、实施细则、信息报送机制、行业协会、社工服务	2
A市	8	管理办法、指导目录、预算、棚改、公共文化	2
B市	2	指导目录、预算	1
C市	20	操作规程、指导目录、棚改、水利设施管护、中介服务、交通运输、文化、司法、民政、城建、水务、行政审批、负面清单	3
D市	9	操作流程、棚改、部门职责、公共文化、负面清单、指导目录	2
E县	7	指导性文件、指导目录、部门职能分工、PPP采购办法、服务流程	2
F市	4	指导性文件、棚改、指导目录、养老	1
G县	2	以钱养事	1
H县	4	管理办法、棚改、职能分工、指导目录	2

续表

市县	出台文件数	涉及领域	购买服务目录
K市	5	管理办法、指导目录、法律顾问制度实施方案、网格化考核办法	2
M市	6	实施意见、社工服务、棚户区改造、第三方服务机构	1
N市	7	政购管理办法、指导目录、棚改、事业单位购买服务、信号灯系统运维服务管理办法	3

资料来源：调研中各地政府提供的资料。

政府购买服务指导目录是政府购买服务政策的重要内容。根据上级政府购买服务指导目录，制定符合本地实际情况的购买服务目录是地方政府贯彻落实中央推进购买公共服务工作的一项基础性工作。截至2017年10月31日，大部分市县都只出台了第一批购买服务目录，这些目录往往只是转发或者把中央和省的购买公共服务目录换个标题，改为地方目录，而没有根据本地实际需求制定购买服务目录。只有少数地方，如C市和N市，已经三次更新购买服务目录。购买服务目录的细化与职能部门的参与有直接关系，职能部门参与较多的，目录更细化、更具体，具有更强的可操作性。也有一些购买服务项目并没有出台具体文件，比如很多市县都在购买环卫和绿化服务，但是并没有看到相应的配套文件。

（三）政府购买服务政策实施情况

下面以在13个市县对50多个部门的调研数据为基础，从购买服务财政支出、购买服务领域、购买服务的方式以及事业单位改革进展来说明湖北省各个县市落实政府购买服务的基本情况。鉴于各地政府对于购买服务的概念还缺乏统一的认识，尚未形成统一的统计口径和统计标准，因此各个市县政府购买服务统计数据不完全具备可比性。尽管如此，这些数据还是可以说明一些问题。

1. 市县政府购买服务财政支出状况

我国政府向社会力量购买服务所需资金在既有财政预算安排中统筹考虑，并不是新增一块预算资金专门用于购买服务。比如，2014年，中央财政从民政部预算中拿出2亿元左右的专项补助资金，来补贴给社会组织，以支持它们参与社会公共事务和提供社会公共服务。

武汉市财政局《武汉市政府购买服务实施细则（试行）》的通知》（武财综〔2015〕333）第十四至十八条对政府采购服务预算程序作了规定，财政部门在组织编报年度部门预算和财政专项资金预算时，同步研究布置政府购买服务预算编制工作。购买主体应该按照先有预算、后有购买和"养事不养人"原则，在编制年度部门预算和专项资金预算时，参照政府购买服务指导目录，按要求同步编制政府购买服务预算，其中按规定纳入政府购买服务目录的服务项目，应同时编制政策采购预算。购买主体应按规定将政府购买服务预算随同部门预算和专项资金预算一并报送同级财政部门审核。财政部门按规定程序将审定的政府购买服务预算，随同部门预算和转型资金预算批复一并下达给购买主体。购买主体应根据批复的政府购买服务预算编制购买服务实施计划，报送市财政局备案后组织实施购买服务。政府购买服务预算原则上应当年执行完毕。

我们收集了12个市县政府购买服务项目数量、本级购买服务支出金额及其占本级财政支出比例的信息（参见表3-3），各市县按照购买服务支出规模排序。由于各地对政府购买服务概念和范围理解不同，预算和项目统计口径也不一致，各地提供的数据并不完整，也不完全具有可比性。不过，从这些数据还是能够反映各地政府购买服务财政支出力度的差异。

表3-3　2016年各市县政府购买服务项目数量和财政支出情况

序号	市县	购买服务项目数（个）	购买服务支出（亿元）	本级一般预算支出（亿元）	购买服务/本级预算支出（%）	转移支付/购买服务总支出（%）
1	武汉市	459	9.3	2145	0.43	—
2	N市	—	8.7	215.2	4.06	3.49
3	F市	275	2.96	206	1.40	
4	C市	187	1.9	38	4.90	89
5	D县	94	0.78	30	2.60	
6	B市	8	0.3	51.6	0.58	
7	M市	—	0.28	64.5	0.44	
8	A市	115	0.24	75.7	0.30	

续表

序号	市县	购买服务项目数（个）	购买服务支出（亿元）	本级一般预算支出（亿元）	购买服务/本级预算支出（%）	转移支付/购买服务总支出（%）
9	E 县	10	0.23	41	0.56	—
10	G 县	4	0.14	14	1.00	36
11	D 市	5	0.02	55	0.04	—
12	K 市	—	—	45.45	—	—

注：本表中的购买服务支出都剔除掉了棚户区改造项目。

从各地政府购买服务支出规模来看，武汉市政府购买服务支出达到 9.3 亿元，毫无悬念地名列前茅，紧随其后的 N 市达到 8.7 亿元。F 市和 C 市以 2.96 亿元和 1.9 亿元排在第三和第四名。其余市县政府购买服务支出都小于 1 亿元。从各地政府购买服务支出占本级财政预算支出的比例来看，排在最前面的两个城市的支出比例超过 4%，C 市以 4.9% 排在第一名，N 市以 4.09% 紧随其后。H 县是国家级贫困县，购买服务支出占本级预算支出比例达到 2.6%，名列第三。F 市和 G 县超过 1%，其他市县都不到 1%。由于武汉市总预算规模太大，其购买服务支出占预算总支出比重只有 0.43%。不过，由于上面提到的原因，这些排名只有参考意义。比如，N 市提供的购买服务支出中包括了社会治安视频监控系统建设支出，但这是个 PPP 项目，并不属于政府购买服务项目。

一些市县购买服务支出主要来自上级转移支付。比如，2016 年 C 市市直部门购买公共服务的预算执行数为 18737 万元，同期一般公共预算支出为 38 亿元，购买服务支出占当年一般预算支出的比重 4.9%。当年 C 市本级财政用于购买服务的支出为 2121 万元，其余 16616 万元来自上级政府转移支付，转移支付占 C 市 2016 年政府购买服务支出的 89%。出现这种情况可能是因为上级转移支付资金有规定的用途和方向，用来购买公共服务既完成了任务也减轻了资金审计压力。不过，由于数据有限，不能全面反映这个方面的情况。

表 3-3 还提供了调研对象政府购买服务项目的数量。基本上购买服务支出规模比较大的，项目数会比较多。A 市的情况比较特殊，其购买服务支出排在第 8 位，但购买服务数量有 115 项，排在第四位。将表 3-2 和表 3-3 中的数据进行对比可以发现，地方政府出台文件较多的地方，购买服务项目数比较高，这说明项目数在一定程度上反映了地方职能部门的参与程度。

2. 市县政府购买服务涉及的领域

我们通过调研以及各地上报案例一共收集全省各地52个购买服务项目的实例信息，在参考湖北省及各地购买服务目录的基础上，将这些项目分为16个大类25个小类，参见表3-4。其中，有一些项目尚未列入地方政府购买服务目录中，包括道路保洁、市容管理、公园/体育馆运维、农村技术服务、社工、企业服务等。从表3-4可以看出，52个项目中，排在首位的是"以钱养事"和"棚改"项目，分别有6个市县购买这两类服务。有5个市县购买道路清扫保洁服务，排在第二位。园林绿化、安保、公园和体育馆保洁、社工服务并列第三，各自有3个市县购买这些服务。

表3-4　　　　　　市县政府购买服务项目涉及的领域

项目类别	项目名称	市县数量	武汉市	L县	F市	H县	G县	C市	E县	A市	B市	M市	N市	K市	D市
1. 城市道路保洁*	道路清扫	5		√		√			√		√			√	
2. 公园/体育馆维护*	园林绿化	3			√	√		√							
	安保	3			√		√	√							
	保洁	3			√			√						√	
3. 垃圾处理	垃圾填埋场渗滤液处理	2						√						√	
	垃圾转运	2			√									√	
4. 市容管理*	市容环境协调管理	1					√								
5. 农业社会化服务	农业生产全程社会化服务	1							√						
6. 农村技术服务*	农村土地确权	2												√	√
7. 农村公益性服务	"以钱养事"农村公共服务	6					√		√		√	√		√	√

续表

项目类别	项目名称	市县数量	武汉市	L县	F市	H县	G县	C市	E县	A市	B市	M市	N市	K市	D市
8. 医疗保障	大病医疗保险	2						√		√					
	医联体	1	√												
9. 居家养老	居家养老服务券	1			√										
	安老服务	1											√		
10. 未成年人教育、保护*	中小学生暑期免费游泳项目	1	√												
	社会参与未成年人保护与服务行动	1										√			
11. 社工服务*	社工服务	3	√									√	√		
12. 信息采集、安保、辅助人员*	网格员	1			√										
	聘请临时员工	1			√										
13. 法律援助	法律援助	1												√	
14. 企业服务*	工业企业审批前中介服务	2						√							√
	小微企业服务券	1	√												
15. 交通设备维护	信号灯维护	1											√		
	监控系统维护	1											√		

续表

项目类别	项目名称	市县数量	武汉市	L县	F市	H县	G县	C市	E县	A市	B市	M市	N市	K市	D市
16. 棚改和公租房	棚户区改造项目	6			√			√		√			√	√	√
合计	25	52	4	1	8	2	4	7	3	2	2	4	4	7	4

资料来源：基于地方政府提供的典型案例。

说明：带 * 号的项目不在当地政府发布的购买服务指导目录之中。

表 3-4 所列示的政府购买服务的 16 个领域中，只有农村公益服务、居家养老服务、未成年人教育保护服务、社工服务以及法律援助服务 5 个领域适合由社会组织来提供服务。这也说明，政府购买服务在政府采购中只占很小的比重，而社会组织承接的服务项目在政府购买服务中又只占很小部分。

3. 市县政府购买服务的方式

各地在承接主体的选择上，根据各种服务市场的发育程度，分别采取竞争性与非竞争性的购买方式。按照《政府采购货物和服务招标投标管理办法》（财政部令第 18 号）的规定，单项购买服务达到 20 万元以上的项目应当采用公开招标的方式进行采购；未达到 20 万元的服务项目以及经批准采用非招标方式采购的项目，应按照《政府采购非招标采购方式管理办法》（财政部令第 74 号）等规定执行；对于不适宜或暂时不具备竞争性条件项目，经市财政部门批准后，由各采购主体分散组织采购，可通过委托、承包等方式选择承接主体。实际上，大多数政府向社会组织购买的服务项目并没有成为普遍的公共服务，项目金额一般达不到 20 万元，因此并不需要采用公开招标采购的流程，而是采取了非招标采购或公益创投等方式。

上述 52 个购买服务的实例中有 27 个项目提供了购买主体、承接主体和购买方式的完整信息，参见表 3-5。其中，有 17 个项目采取了公开招标方式，选择的承接主体以本地机构为主，其中，有 4 个城市选择了外地机构作为承接主体。有 4 个项目采取了单一来源采购，采取竞争性磋商、竞争性谈判、公开招考和委托方式的各自有 1 个项目，有 2 个项目采取了公益创投方式。表 3-5 中加星号的 7 个项目属于政府向社会组织购买服务项目，其中 5 个项目采取了政府采购公开招标的方式，有 2 个项目采取了公益创投的方式。

表3-5　　　　　　市县政府购买服务的方式一览表

序号	项目名称	购买方式
1	公安局交警支队交通信号灯系统运维服务项目	公开招标
2	城区环卫作业服务项目（二标段）	公开招标
3	城区环卫作业服务项目（三标段）	公开招标
4	工业园区环卫作业服务采购项目	公开招标
5	城市道路清扫保洁项目	公开招标
6	基础设施维修维护项目	公开招标
7	公园绿化环卫安保作业外包项目	公开招标
8	第三方服务机构备选库项目	公开招标
9	环卫服务项目	公开招标
10*	安老服务项目	公开招标
11*	居家养老服务券项目	公开招标
12*	社会工作服务项目	公开招标
13*	街道公益创投项目	公开招标
14*	社会创新服务中运维与管理项目	公开招标
15	农村土地承包经营权确权登记颁证项目	公开招标
16	城乡居民大病保险项目（一期）	公开招标
17	农业生产全程社会化服务项目	公开招标
18	网格管理员项目	公开招考
19	棚户区改造项目（第一批）	单一来源
20	城乡居民大病保险项目（二期）	单一来源
21	垃圾无害化处理厂渗滤液处理站运维项目	单一来源
22	社区卫生服务中心委托管理项目	单一来源
23	棚户区改造项目	竞争性磋商
24	绿化养护项目	竞争性谈判
25	农业技术推广服务项目	委托
26*	妇女儿童服务项目	公益创投
27*	孤残青少年社会融入项目	公益创投

资料来源：湖北省各市县提供的典型案例。

*政府向社会组织购买服务项目。

4. 事业单位的服务能力与培育社会组织的必要性

传统上，我国主要依靠事业单位提供公共服务。在事业单位分类改革之后，公益一类事业单位可以作为购买服务主体，公益二类事业单位可以作为承接主体，通过购买服务的方式，使之参与公共服务市场竞争。从调研情况来看，各市县基本完成了事业单位分类改革任务，目前还处于财政资金供给方式改革的过渡期。在调研过程中，由于这个问题的敏感性，我们只获得了5个市县的数据，参见表3-6。

表3-6　　　　　2016年5个市县事业单位类型与数量

市县	事业单位总数	公益一类数量及占比	公益二类数量及占比
A市	176	127（72%）	49（28%）
B市	574	533（93%）	41（7%）
N市	—	—	97
C市	237	163（69%）	74（31%）
M市	226	145（64%）	81（36%）

资料来源：根据5个市县提供的数据整理。

在5个市县中，B市两类事业单位数量对比最为悬殊，公益一类事业单位占到90%以上。在公益二类事业单位中，大多数是学校和医院。B市41家公益二类事业单位中有17家医院、7所学校和4个水库管理处，C市的公益二类事业单位中有10所学校和7家医院，其他单位承接公共服务的能力也很有限。可见，政府购买的公共服务并不能指望事业单位提供，而必须依靠社会组织来提供。

二、湖北省政府向社会组织购买服务制度建设现状

2013年以来，湖北省在政府购买服务领域已经积累了一定的经验。下文将从领导机制和工作机制、购买主体和承接主体、购买服务流程以及监管机制等方面介绍湖北省政府购买服务制度建设的发展现状。

（一）领导机制和工作机制

与其他任何工作一样，政府购买服务的推进力度首先取决于领导重视程度和工作机制是否有力。一些市县购买服务做得比较好，根本原因在于领导重视、

协调机制健全。C 市是一个典型例子。C 市成立了政府购买服务改革工作领导小组，由市委常委、副市长任组长，以财政局和编办作为牵头单位，办公室设在财政局，负责统筹协调各项工作，建立政府购买服务工作副组长负责制和相关单位协调推进工作机制，指导各相关职能部门编制各自的购买服务清单，推动购买社会组织服务工作向制度化、规范化方向发展。

各部门所在服务领域不同，实施购买服务的条件也不相同，往往要通过探索创新，引入新的理念、新的主体和新的模式，形成多方合作的工作机制。湖北省妇联的经验具有典型性。湖北省妇联领导将购买服务工作视为妇联改革的抓手，成立了湖北省妇女儿童服务中心来实施购买服务工作，建立了妇女儿童社会组织孵化基地作为服务平台，创建了"公益木兰"公益品牌，聘请专业社工机构"乐仁乐助社会创新机构"提供管理和技术支持，通过湖北省妇女儿童基金会动员社会资源，与财政资金整合用于购买妇女儿童服务。

政府通过购买服务将公共服务的供给外包给了社会组织，但是并不能做甩手掌柜，而是在服务供给的整个流程中都要与社会组织密切合作。比如，武汉市从 2014 年起试点开展政府购买社区社会工作服务，区民政局是购买主体，社工机构是承接主体，社会工作者被派驻到街道和社区开展服务，通过"三社联动"（即社区、社工和社会组织联合采取行动）在社区层面整合资源，提供各项服务。比如，武昌区 2016 年"三社联动"社会工作服务试点项目服务协议，甲方是武汉市武昌区民政事务管理委员会，乙方是武汉楚馨社会工作服务中心，丙方是水果湖街道办事处。

（二）政府购买服务指导目录的制定和调整

政府购买服务指导目录确定了可以采用政府购买方式提供的服务的范围，赋予各类服务采用政府购买方式提供的合法性。不过，制定指导目录并不能一劳永逸，而是要根据需求和供给的变化及时进行调整和修改。

1. 需求识别

政府购买服务指导目录只是提供了一个范围，并没有明确规定具体的服务项目、服务对象和服务内容，识别需求是政策实施过程首先要考虑的问题。

需求识别是一个需要多方广泛参与的过程，仅靠上级指导目录和专家意见是不够的，应该采取调研、访谈、会议、电话、媒体、网络等多种方式，广泛听取上级领导和部门、基层干部员工、服务对象、专家学者、服务供给机构、媒体和社会公众等利益相关方的意见和建议。不过，这些方法尚未成为各个市县的普遍做法，只有少数部门、少数地方采取了这些方法。

湖北省妇联和武汉市的做法具有典型性。2014年，湖北省妇联通过调研、访谈、咨询专家等方式对湖北省妇女儿童的需求进行识别，问需于妇女，求计于基层，求教于专家，征求建议150多条。武汉市民政局会同各区民政局开展项目课题调研，根据本地经济社会发展水平和财力状况，协调有关部门和群团组织做好人民群众尤其是困难群体、特殊人群社会服务需求的摸底调查与分析评估，确定该年社工服务项目整体方向和领域，核算服务成本。武昌区南湖街社会创新中心会通过问卷调查、点赞网等方式来收集社区居民对项目内容的认可程度，识别居民的真实需求，从而设计具有针对性的服务项目。

2. 制定和更新购买服务指导目录

所有政府部门都希望能够承接政府的公共服务职能，将自身的服务职能纳入政府购买服务目录之中，获得购买服务的合法性，在政府资源配置方式发生变化的过程中不至于"掉队"。各市县基本都是以财政部门作为牵头单位来制定政府购买服务的政策和目录。大多数市县都是上级政府购买服务目录的"搬运工"，只有少数市县根据本地具体需求制定了目录，并且根据情况变化相应调整目录。

D市和省妇联的做法值得借鉴。D市2014年以来每年编制政府购买服务指导性目录，2016年还制定了《C市政府购买服务负面清单》。省妇联2014年制定了购买服务目录，此后逐年调整购买服务目录。在省妇联积极推动下，2017年4月10日，湖北省财政厅《关于公布湖北省2017年政府购买服务指导性目录的通知》中纳入了针对留守儿童、残疾儿童等困境儿童、留守妇女、育龄妇女等的服务领域。

（三）购买主体和承接主体

从购买主体来看，根据现行政策的规定，党和政府机构、群团组织以及公益一类事业单位都可以作为政府购买服务的主体。在湖北省的实践中，民政部门和妇联、残联、共青团等群团组织是主要购买主体。从供给主体来看，公益二类事业单位、社会组织和企业是政府购买服务的承接主体。企业主要是以物为对象的服务项目的承接主体，公益事业单位和社会组织主要是公共服务项目的承接主体。

由于现有事业单位主要集中在医疗、教育等几个传统服务领域，新的公共服务需求往往需要依靠社会组织来提供。政府购买服务的新思维逐渐开始代替增编设岗的旧观念。在鼓励政府购买服务、严格控制增设事业单位的情况下，一些市县在提供新增服务时，直接采取政府购买服务的方式，不再增设事业单位。各地政府积极采取各种措施，着力培育社会组织，尤其是社工机构，成为公共服务的供给主体。

近年来，各地民政部门和群团组织通过建立社会组织孵化器等措施来培育社会组织，采取公益创投的方式来购买服务，取得了显著进展。武汉市各区民政局都建立了社会组织孵化器，甚至有的街道还创办了自己的孵化器，比如湖北省妇联建立了妇女儿童社会组织孵化基地，武昌区南湖街创办了社会创新中心。各地民政部门往往依托社会组织孵化器通过公益创投的方式来征集、挑选、培育优秀的服务项目和有潜力的社会组织种子。武昌区政府利用惠民资金向社会组织购买公益服务，承接主体不仅包括已经注册成立社会组织，而且包括处于培育阶段社区备案社会组织。

不过，社会组织的培育和发展存在地区差异和城乡差异。比如，从财政厅提供的数据来看，2017年承接政府购买服务项目的社工机构武汉市有32家，M、N等市只有1家，其他市县未提及。湖北省农村社会组织发展还有一个特殊的历史背景。2003年以来，湖北省通过"以钱养事"改革，将全省1000多家农村公益服务性事业单位（即俗称的"七站八所"）改制为社会组织，成为农村公益服务的主要承接主体。但是，这些社会组织目前普遍面临着资金不足、人员老化等问题，基本不具备承接政府购买服务项目的能力。[①]

（四）政府购买服务的流程规范

流程规范是政府购买服务制度的核心内容。制定流程规范有三项基本目标：首先是使政府做一笔划算的交易，即政府从卖方得到好的价格和服务；其次是防止政府官员腐败、促进廉洁，特别是对那些负责确定承接主体和评价验收的

---

① 湖北省民间组织管理局，关于湖北省乡镇"七站八所"改制后运行情况的调研报告，中国社会组织年鉴 2015：717-727。

相关人员；最后是确保购买过程的公开、公正和公平。从湖北省各市县的实践来看，政府购买维持自身运转所需的服务（物业管理服务、交通服务等等）和以物为对象的服务（环卫服务、公园养护服务等）一般采取了政府采购方式，在购买以人为对象的服务（社会服务）时，一般采取补助、凭券和公益创投等方式。每种购买方式都有相应的流程规范。此处先介绍政府采购、购买岗位、服务券和补助的操作流程。公益创投操作流程参见第四章。

1. 政府采购操作流程

D市的购买服务流程具有代表性，可以视为政府采购模式的典型操作流程，参见图3-1。

政府向社会力量购买服务操作流程图

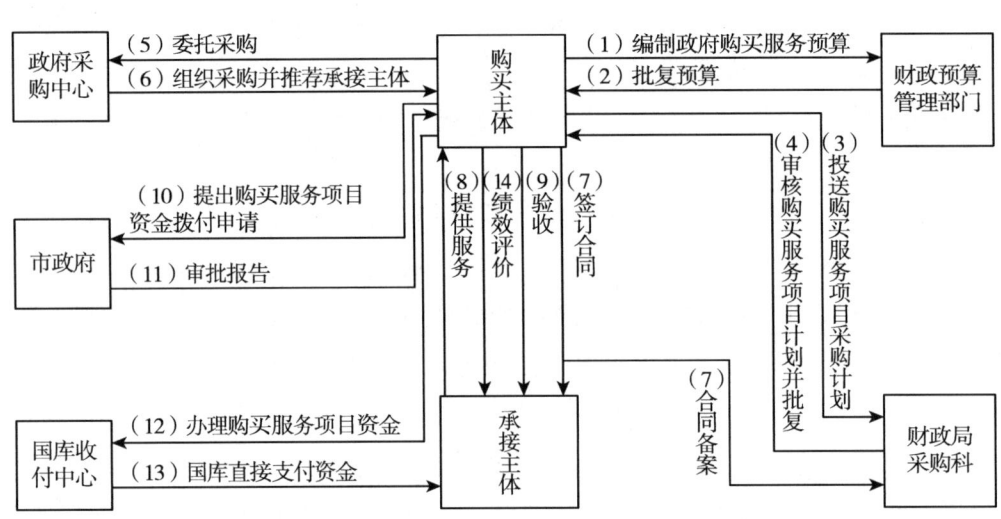

图3-1 政府采购模式操作流程图

资料来源：D市财政局提供。

这个流程图包括了五大子流程。第一个子流程是项目审核及预算编制流程。项目审核内容包括项目合规性、绩效指标合理性、资金需求及来源。审核同意之后纳入部门预算，所有部门预算汇总为年度预算报人代会审批，预算经过人大批复即获得合法性。第二个子流程是购买流程。预算单位申报购买服务计划，财政采购部门审核，确定承接主体的方式，采取委托、战略合作、特许经营等形式，签订采购合同，履约验收及付款。第三子流程是招投标及合同管理流程，包括准备招标书、宣传招标书、标书审查与合同发包、合同管理与监督、合同续约或终止。第四个子流程是评价验收流程。包括承接主体自评、购买主体评价、第三方评价、评价反馈和评价结果使用。第五个子流程是监管流程，包括承接主体自我监督，包括跟踪记录、自检报告、审计报告；购买主体日常监督，合同履行情况，承接主体履责情况；财政部门专项检查，购买主体履责情况，合同履行情况，购买过程规范性，资金使用情况等。

2. 政府购买岗位操作流程

政府购买岗位是一种很普遍的购买服务方式，一些政府机构由于人员编制不足而采取购买岗位的方式提供公共服务。购买岗位有两种情况：一是政府向社会招聘合同制员工，另一种是政府向社会组织购买服务岗位。前一种购买岗位采用人才招聘的程序，后一种与政府向社会组织购买服务有关。

我们调研了4个政府购买岗位的案例。第一个案例是某开发区社会发展局购买公共卫生服务岗位，配备给1家社区公共卫生服务中心；第二个案例是某区城管大队向光谷人才市场公司购买协管岗位；第三个案例是F市购买网格管理员岗位；第四个案例是武昌区民政局向社工机构购买社工岗位，配备给街道和社区使用。前三个案例都是采取招聘流程，第四个案例采取政府向社会组织购买服务流程。下面以武昌区民政局向社工机构购买社工岗位为例展示政府购买服务岗位的操作流程，见图3-2。

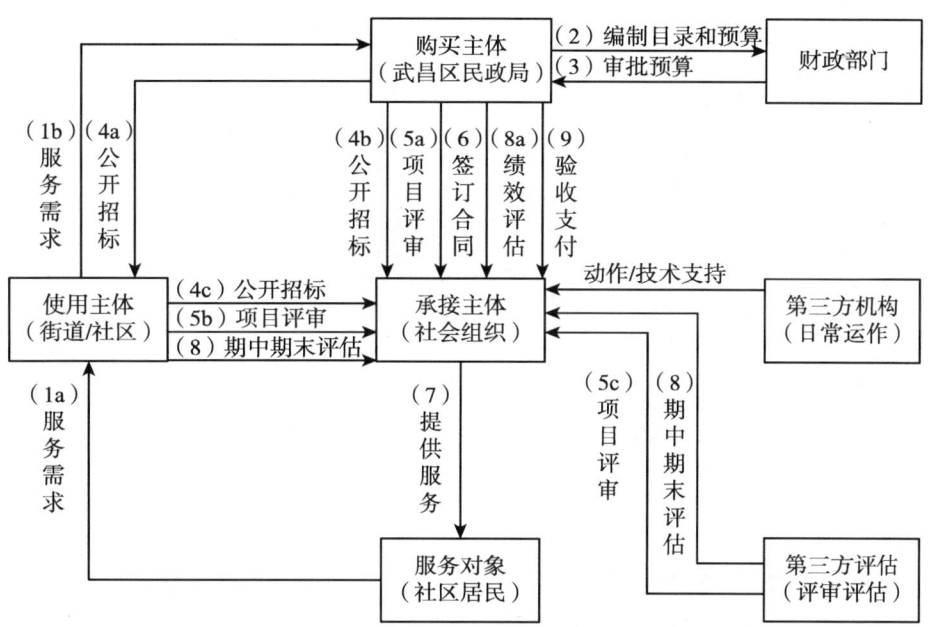

图3-2 政府购买社工岗位操作流程图

这种政府购买服务合同不是常见的买卖双方合同，而是三方合同，除了购买主体和承接主体之外，还有使用主体。武昌区民政局购买社工服务合同就是典型的三方合同。武昌区民政局作为购买主体是甲方，社工服务机构作为承接主体是乙方，街道办事处作为社工服务使用主体是丙方。丙方街道办事处既是社工服务的安排和使用者，也是重要的评价和监督主体。这种项目实施过程中往往采取社区、社工和社会组织"三社联动"的方式。

3. 服务券操作流程

服务券（也称凭单、凭券、补贴券、消费券）是一种补贴服务对象（需求方）的政府购买服务方式。与常见的向供给方购买服务的理念不同，服务券是一种有价票券，购买主体将服务券发放给服务对象，服务对象在购买服务时将服务券支付给（指定）生产者，生产者再向购买主体兑付货币。一般来说，服务券赋予服务对象更大选择权，是一种市场化程度较高的政策工具。服务券可以用于购买教育、培训、医疗、养老和住房等服务。

图 3-3 以武汉市政府购买中小企业服务为例说明了服务券购买服务的操作流程。

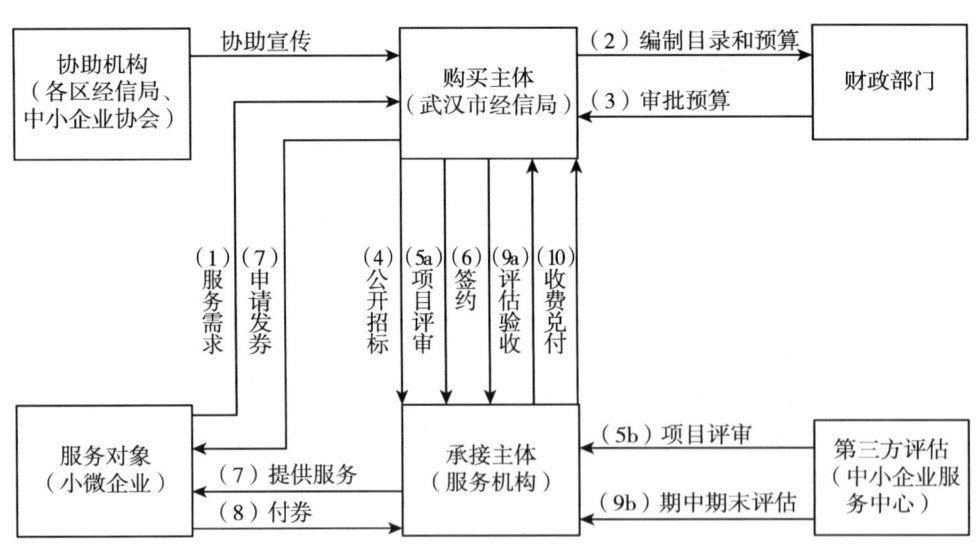

图 3-3 服务券操作流程图

4. 政府补助操作流程

政府补助是政府资助公共服务的常见方式，可一种广义的政府购买服务。比如湖北省民政厅对社会组织的一项资助就采取了补助方式。《省级培育引导社会组织项目资金管理办法》（鄂民政规〔2015〕9号）所称培育引导资金，是指省级财政预算安排,用于扶持和引导社会组织提供基本公共服务、技术性服务、辅助性服务、事务性管理服务项目的专项资金。专项资金资助的服务项目类型及其资助标准分别是:①社会服务试点项目,每个项目补助 15 万—20 万元;②社会工作服务示范项目,每个项目补助 5 万—10 万元;③社会组织培育发展示范项目,每个项目补助 10 万—15 万元;④人员培训示范项目,每个项目 5 万—10 万元。这些项目的承接主体是在民政部门登记注册的全省各级社会组织。

武汉市民政局、财政局《武汉市 2015 年支持社会组织参与社会服务项目实施方案》(武民政〔2015〕104 号),2015 年度武汉市支持社会组织参与社会服务项目补助共计 290 万元,其中单项补助标准为 20 万的项目共 6 个,单项补助标准为 10 万元的项目共 17 个。经费分两次拨付,2015 年项目评审合格时支付 70%,2016 年项目完成通过验收之后支付 30%。所有经费列入政府收支分类科目"用于社会福利的福利彩票公益金支出"。

补助项目的操作流程是:①信息发布。省民间组织管理局发布项目招标信息。②申报。符合条件的社会组织自愿申报,各市、州、县(市、区)民政局分别受理所属社会组织的申报,并对申报材料的真实性、合规性、可行性进行初审后,报送省民间组织管理局项目办公室。③评审。专家团队综合评审,通过公平竞争择优选择方式确定承接主体。④立项公告。获得评审委员会通过的项目由项目办公室批准立项,确定项目名单和立项资金,并向社会公告。⑤项目实施,评估验收。

(五)政府购买服务的过程管理制度

各市县政府购买服务过程中,在承接主体选择、成本核算与定价、支付方式、项目评审和绩效考核等方面做了很多探索和创新。

1. 承接主体的选择

确定承接主体的选择方式要综合考虑服务性质、项目金额以及供给主体等因素,还受到服务市场准入与公平竞争环境的影响。

从调研情况来看,保障政府自身运转的服务(物业管理、公车租赁等)以及以物为对象的公共服务(如公共设施运维、环卫保洁等)由于项目金额较大,一般采取公开招标与单一来源采购等形式确定承接主体。为政府履职提供支持的服务(如发展规划、政策研究等)一般金额不大,往往采取竞争性谈判或竞争性磋商等方式确定承接主体；对于以人为对象的服务（如教育、卫生、社会服务等），也就是人类服务，政府购买服务采取的方式较为多样，公益创投主要集中在社会服务领域。人类服务项目最初通过公开招标的方式选择承接主体，在合同续约或者再次发包时往往采取协商模式。

2. 成本与价格的确定

确定成本和价格是政府购买服务合同设计的关键环节。不同的购买方式采取了不同的定价模式。下面以购买服务岗位和购买服务项目两种典型方式为例加以说明。

购买岗位是指根据服务对象或用人单位的需求确定岗位需求数量，按照该岗位的薪酬指导价标准来测算价格。一般而言，各类岗位薪酬的市场价格水平是比较容易了解到的，而确定工作量定额和岗位数的标准往往不易明确，有可能出现购买主体把自己份内的工作外包出去的情况，也就是财政部门十分担心出现的"养事又养人"的情况。2016年4月18日，湖北省民政厅一位领导在"社会组织反腐倡廉座谈会"上提出了一个问题：政府转移职能购买服务之后，政府自己做什么呢？理论上，政府自己由公共服务的生产者变成了组织管理者。但是在实践中也有可能增加了不必要的岗位，导致成本上升、效率降低。

购买服务岗位，比如购买社工服务和社区卫生服务等，一般参考当地同类岗位平均工资确定购买岗位的价格。购买服务项目往往需要根据服务对象数量以及服务过程各项活动开支成本来确定价格。购买项目尤其是以人为对象的"软性"服务项目，定价的最大困难在于服务的差异化程度过大，标准化程度太低，难以明确每一项服务的成本构成以及每个成本要素的价格标准。

购买服务岗位成本涉及岗位数量和岗位价格。岗位数量需要编办根据所买服务的总工作量和劳动定额标准来确定，岗位单价往往以当地该岗位所处行业的人均年收入为依据来确定。比如，2015年，武汉市民政局会同财政局协商提高区级政府购买社会工作服务项目的经费标准，每个社区项目经费不少于7万元，每个街道项目经费不少于35万元。

购买服务则需要依据市场价格或者内部成本测算来确定预算价格。购买服务项目单价一般优先参考市场价格，在没有市场价格的情况下，再采取内部测算的方式定价。

3. 费用支付方式选择

支付费用是购买服务的一个重要环节，合理的支付方式不仅可以鼓励合同双方履行规定的义务，而且对承接主体可以起到激励和约束的作用。将费用支付与项目进度和绩效挂钩是最常见的方式，根据绩效评估结果确定合同资金的支付比例。按照考核的时机和频率，有分两期、分三期、按季或按月支付等几种情况。

支付方式的一个重要考虑因素就是支付给服务生产者（供方）还是服务对象（需方）。大多数购买主体都是直接向社会组织支付合同款项，也有一些购买主体直接补贴服务对象或发放服务券，再通过服务对象向生产者支付服务费用。

为什么不直接提供现金补贴而采取服务券呢？尽管直接向服务对象提供补助或货币补贴是一种相对简便的操作方式，但是在很多情况下，政府很难确定受益人是否将补贴用于消费特定的服务。服务券可以避免这种情况。

F市在购买居家养老服务项目时就使用了服务券。从2017年8月份开始，F市采用居家养老服务券的方式与承接主体结算所购买服务。按照该市的补贴标准，四类居家养老补贴对象的补贴标准分别为220元/月、150元/月、150元/月、80元/月，服务券分为40元和50元两种面额，背面列明服务机构、服务内容（清洁卫生、洗衣、做饭、代购物品、理发、陪同就医、康复护理、精神慰藉、法律维权及其他服务）、服务时间（不得低于2.5小时/次）、服务对象等。

4. 项目绩效评估

合同实施过程中，购买主体一般会安排人员或委托第三方持续跟进项目的进展情况，一般还会进行中期和期末绩效评估。公共服务服务项目绩效评估是一个难题，评估以人为对象的服务项目绩效又比评估比以物为对象的服务项目绩效更为困难。各地政府购买主体一般都制定了项目绩效评估办法，采取自行评估或第三方评估，或者二者结合的评估方式，努力将购买主体对承接主体的绩效评估与承接主体内部绩效考核统一起来，确保合同绩效目标的实现。

以人为对象的服务项目绩效评价是一个普遍性的难题，一些部门初步建立了一套项目评审和绩效评价体系，还在继续摸索完善之中。比如，湖北省妇联按照"以评促建"的原则，建立起由第三方评估主导的绩效评价机制，通过绩效评价促进了社会组织的发展。再比如，武昌区民政局针对购买社工服务制定了《武昌区2016年政府购买社会工作服务项目评估方案（试行）》，该评估方案规定购买主体可以采取自行评估或第三方评估，分中期和末期对社工服务进行评估和验收评估，并根据评估结果拨付项目经费。

(六) 政府购买服务激励与监管制度

在原来的事业单位管理体制下,政府通过行政手段来实现对事业单位的激励与约束。政府购买服务过程中,政府作为购买主体与承接主体之间通过合同关系,购买主体主要必须通过经济和法律手段来激励和约束承接主体。目前,购买主体采取的主要方式是将经费支付与绩效挂钩,还有的建立信用档案或引入其他主体共同监督承接主体的行为与绩效。

1. 经费支付与项目进度和绩效挂钩

将经费支付与项目进度和绩效挂钩是最常见的约束方式。按照考核的时机和频率,有分两期、分三期、按季或按月等几种情况。

M 市民政局购买未成年人保护与服务行动服务是分两期支付的典型例子。该项目合同金额为 21 万元,分两期支付,第一期在合同生效之日起 10 个工作日内,支付 15 万元,第二期在项目中期验收合格后的 15 个工作日内,支付 6 万元。截至 2014 年 9 月 30 日,由于项目未按照合同规定的期限完成服务,因此除项目已经开支的 13.22 万元之外,其余资金不予拨付。

武汉市购买社工服务项目时经费分三期或按季支付的方式。在分三期支付的情况下,甲方于协议签字生效后 5 个工作日内向乙方拨付经费总额的 50%,项目运行半年后向乙方拨付经费总额的 40%,项目验收后,根据人员到位情况、指标完成情况和评估结果等进行综合考核,考核合格之后向乙方拨付 10% 的余额。在按季支付时,甲方按季评价乙方的服务绩效并根据评价结果支付费用。

2. 建立承接主体信用档案

将承接主体的履约情况纳入信用档案也是一种有效的约束手段。C 市文体新广局在政府购买公共文化服务时建立信用档案,在购买服务实施过程中凡是发现承接主体不符合资质要求的,或者歪曲服务主旨弄虚作假的,或者冒领财政资金等违法违规情况的,要记入信用档案,取消承接购买服务项目的资格。

总的来看,尽管全省各地都在推进政府购买服务工作,但是各个市县之间存在明显差距。尽管已经初步建立了政府购买服务制度,但这个制度还很幼稚,迫切需要进一步完善和提高。尽管各市县在政府购买服务工作已经取得了显著的进展,找到了一些行之有效的方法,取得了一定的成绩,但是作为一项新生事物,仍然面临很多困难、问题和不足之处。

三、湖北省政府购买服务制度建设的问题与原因分析

从调研情况来看，目前政府购买服务面临的问题主要表现为政府认识不足，资金保障机制有待建立，购买服务目录难以确定，服务承接主体弱小，市场竞争不足，合同管理粗放，绩效评价困难以及监管问责乏力等几个方面。

（一）地方政府推进购买服务工作的动力不足

从调研情况来看，各市县都在推动政府购买服务，但是普遍存在动力不足的问题。如前文所述，各市县政府购买服务支出只是财政预算总支出的一个零头，最高占比也不到5%，大部分市县都不到1%。有限的购买服务支出主要用于棚改、环卫、公共设施维护等服务，购买社会服务支出占比微乎其微。比如，大冶市2017年政府购买服务支出占总支出预算的1.1%，而购买环卫服务占比达到62%。推进乏力的背后既有地方财力有限的客观原因，也有地方政府的认识不足和畏难情绪。

地方财力有限、购买服务缺乏资金保障是一个制约因素。尽管很多项目列入了政府购买服务目录，但实际能够用于购买服务的预算资金很少。比如，到2015年民政部门购买社工服务普遍未列入财政预算，主要由民政部门使用福利彩票公益金进行资助。其他一些社会服务项目也有类似困难。一些市县目前购买公共服务的资金主要来源于上级转移支付。由于上级转移支付资金存在不确定性和临时性，影响了地方政府的预算规划。为了节约财政资金，只能在弱势部门如环卫和园林绿化等部门推行购买服务。这些部门在财政经费不足和人员过多的压力下，自身也有动力采取购买服务的方式缓解资金压力。

按相关政策的规定，属于政府购买服务的项目要编制政府采购预算。但是由于部分政府购买服务项目预算安排滞后，加之少数采购单位对政府采购预算和政府购买服务预算编制工作落实不到位，预算编制不规范、不完整，造成有一些政府购买服务项目没有编制政府采购预算。

另外，通过政府购买服务推动事业单位分类改革方面，市县政府普遍畏难

情绪。购买服务改革涉及打破既有的财政供养模式,打破事业单位行政化和机关化管理模式,打破主管部门现有的事权和利益分配格局,影响到相关事业单位人员的工作稳定,容易引起社会矛盾和冲突,甚至可能影响社会稳定。因此,各级政府、各单位、各部门实际上都缺乏改革动力,基本上在等着自然减员,很难通过竞争性购买服务实现优胜劣汰、提高效率。一些事业单位通过购买服务或购买岗位的方式,由合同工来充实一线服务队伍,原来的一线工作人员转变为管理人员,财政部门十分担心其中出现"养人养事两头占"的情况。

由于当前政策没有对服务、公共服务、政府采购、政府购买服务、政府与社会资本合作(PPP)等概念之间的区别做出严格区分,加上相关主体对政府购买服务这一新事物缺乏理论认识和实践经验,因此普遍存在着对政府购买服务政策理解不透彻、不准确的问题。

一是对政府购买服务的内容和方式认识不清。一些部门单位将购买服务与政府采购混为一谈,将货物、工程等也纳入政府购买服务预算中,在确定是否纳入集中采购时仅以采购金额为标准,基本套用现行政府采购的操作流程。还有一些部门将政府购买服务与PPP相混淆,将一些PPP项目也纳入购买服务范围。

二是不同部门对政府购买服务指导目录的理解存在差异。比方说襄阳市政府购买服务目录中有"教育类的公共基础设施管理与维护",教育局与学校的理解就不一致,到底该不该编预算,到最后连财政局也无法确定。又比如,钟祥市财政局制定了详细的指导性目录,但是部分预算单位还是不清楚哪些属于购买服务,哪些不属于购买服务。

三是对政府购买服务采购主体范围认识不清。在编制政府购买服务预算时,部分单位将不具有购买主体资格的事业单位纳入到采购主体中编列政府购买服务预算。

四是对政府购买服务资金来源认识不清。按照政策规定,政府购买服务资金从部门预算或经批准的专项资金等既有预算中列支,一些部门单位片面认为是增加预算的机会,要求财政部门另行追加预算经费。

由于对基本概念认识不清,不知如何下手制定本地化的政府购买服务目录,只好暂且照抄照搬上级政府购买服务目录。更为严重的情况是,少数部门和单位以此为借口,在政策实施过程中采取投机行为,以政府购买服务作为增加财政经费的理由，违反规定扩大范围采购工程项目建设，利用政府购买服务进行举债融资，加大财政压力和风险。

（二）购买服务目录范围和资源分配优先性问题

从现行政策来看，优化公共服务供给体系是推行政府购买服务的首要目标。为了实现这个目标，公共服务必须最大限度满足服务对象的需求。然而，各地在细化政府购买服务目录和确定需求优先性方面都存在问题。尽管已经出台了省级市级政府购买服务指导目录，很多地方政府部门不清楚具体可以够买哪些服务，要求上级部门出台更加详细的购买服务目录。

首先是细化政府购买服务目录的问题。政府在购买服务时要在购买服务指导目录的范围内设计具体的可操作的购买服务项目。但是，现行政府购买服务指导目录并未就如何设计购买服务项目提供明确指导。地方财政部门和各主管部门在目录制定工作中的职能定位不明。省级财政部门制定的指导目录对基层实际指导作用不强，部门间协调机制尚未建立。一些项目是否可以纳入政府购买服务范围界限不清。

其次，政府购买服务还存在社区和公民参与不足的问题，造成供需错位、越俎代庖的情况。一些部门没有充分了解服务对象的需求，购买项目的行政化现象严重。一些市州团委设计的购买服务项目并没有很好地考虑服务对象的需求，但要求社会组织必须按照所设计的项目进行申报。一些地方政府购买社工服务项目没有很好地赋权赋能于当地社区和居民，很多社区公益项目的常规性事务都是由社工承担，社区和居民成为被动的"配合者"，主动性和积极性都没有发挥出来，社区工作者的专业能力、社区居民的自治能力、社会组织的自我发展能力都没有明显的提升。

即便是根据本地实际情况制定了政府购买服务的三级目录，在实际操作过程中，如何确定优先购买哪些服务项目仍然是一个问题。在政府购买服务的实际操作中，这个问题还没有引起足够的重视。比如，某市的公益创投大赛招标文件只是限定了购买服务的种类，并未规定每一类服务项目的数量。在项目评审过程中，民政部门的一位领导提出，儿童是每个家庭的关注焦点，得到的关爱最多，老人得到的关爱比儿童少得多，应该更多考虑养老服务项目。于是，资金分配的优先性就这样确定了。

（三）承接主体的问题

承接主体相关的普遍性问题有两个，一是承接主体的选择缺乏竞争性，二是承接主体专业性不足。

湖北省相关政策要求政府购买服务采用竞争性方式选择承接主体。政府采购原则上应该是面向所有合格的承接主体公开招标，不应另外设置各种限制条件。从调研情况来看，大多数购买服务项目尽管表面上采取了公开招标的做法，但实际上中标的大都是本地机构。地方保护主义和本地承接主体不足是缺乏竞争性的主要原因。在政府购买服务项目中，为了事业单位改革的平稳过渡，相关部门采取了保护性政策措施，本地事业单位得到优先照顾。在社会创新领域，政府希望通过公益创投方式鼓励社会组织之间的竞争。然而按条例规定，社会组织必须在登记注册机关所辖区域范围内开展活动，并且全国各地都有扶持引导本地社会组织的政策任务，因此，各地政府更倾向于购买本地社会组织的服务，促进本地社会组织培育和发展。①

社会组织规模小、资源少、能力弱，对政府的依赖性高。截至 2018 年末，湖北省社会组织数量达到 3 万多家，其中以提供服务为主的民办非企业单位大约占到一半。社会组织人员流动性大，收入不稳定，缺乏可持续性。经济发展水平相对较低的地区，社会组织机构数量很少，承接公共服务的能力明显不足，存在"没人卖"的问题。使得政府在购买服务时，选择面不够宽，参加竞标的社会组织通常数量很有限，一些项目只能采用单一来源方式采购，竞争难以充分展开，直接影响服务质量。比如，H 县的就业培训项目、基本公共卫生服务项目就存在符合资质的培训机构有限的问题。另外值得一提的是，2005 年，在"以钱养事"政策指导下，1000 多家为农村服务的基层事业单位转制为社会组织，这些机构在改制之后资金投入不足、服务设施得不到维护、农技人员老化等问题十分突出，普遍存在组织衰败和服务能力下降的问题。

现行政府购买服务政策对于社会组织的专业化发展具有不利影响。政府购买服务项目政策性很强，每年政策关注重点都会有变化，这就造成具体领域的服务项目如同"离离原上草，一岁一枯荣"，社会组织难以形成明确的战略定位

---

① 2017 年 8 月 15 日，武汉市民政局访谈。

和专业分工。比如，湖北省的社工机构主要是近两年成立的，自身没有造血能力，全部资金基本上都是来源于政府购买服务项目，一旦项目经费停止了，机构就没有办法维持生存。由于单个社会服务项目的购买金额往往很小，社会组织需要承接多个项目才能支撑机构运转。因此，社会组织为了获得资源，往往什么项目都接，服务专业性难以得到提升。M市一家社工服务中心现有全职社工15人，服务领域包括：社区服务、社会福利与救助、青少年服务、医疗卫生、劳动就业、养老服务、残疾人服务、社区矫治矫正服务、人口计生、婚姻家庭服务等领域。难以想象一个创立不久的小型机构在如此多样化的服务领域如何能够积累专业服务能力。某个社工机构的负责人说，"目前没有哪个社工机构能够坚持自己的战略方向，做到专注于某个服务范围，发展某个领域的专业能力，而是普遍采取全面开花的策略，有什么项目就揽什么项目。为什么呢？因为我们没有固定的甲方。比如说我今年做社会救助服务项目，救助站也好民政局也好如果每年保证都可以资助这类项目，那我就可以坚持做。但（它们）保证不了。明年购买的重点可能是养老项目，而不是救助项目，我的机构要生存，如果坚持只搞社会救助，那就要断粮了"。[①]

（四）项目招标与定价问题

目前，各地方政府购买服务正处于探索阶段，基本是按照政府采购流程来操作购买服务项目，尚无统一明确的政府购买服务规程可以遵循。

招标文件设计与信息发布方面都存在问题。目前，湖北省政府购买服务项目的招标文件基本沿用了政府采购项目招标文件的格式和内容，没有充分考虑公共服务项目的特点。在招标信息发布也有问题，除了公开招标通过湖北省政府采购网统一发布信息外，采用其他方式购买服务的项目缺乏统一的信息发布渠道和平台，各个购买主体一般在媒体和自己的网站发布购买服务项目信息，不方便承接主体及时获取相关投标信息。

合同设计的主要问题是服务与价格标准的确定。总体来看，购买服务项目定价缺乏统一的服务与成本标准，议价机制不够完善，一般只能通过招投标和谈判方式来控制成本和质量。价格标准的缺失对预算安排和绩效评价也造成了

---

① 2017年8月10日，J市SYC社工服务中心访谈。

困难。目前来看，只有住建部门和卫计部门等少数几个部门制定服务和价格标准。比较而言，社会服务标准的制定最为困难。从调研情况来看，湖北省政府购买主要有购买岗位和购买项目两种形式，它们的定价方式不一样，遇到的问题也不尽相同。

购买岗位是指根据服务对象或用人单位的实际需求，确定岗位数量，然后按照该岗位的薪酬指导价标准来测算价格。一般而言，各类岗位薪酬的市场价格水平是比较容易了解到的，而确定工作量和岗位数的标准往往不明确。比如，某开发区社会发展局每年向一家社区卫生服务中心购买50个岗位，每个岗位的价格按照当地医疗卫生系统人员平均收入水平确定，50个岗位是按照平均每个医生团队负责约3000人的基本公共卫生服务来确定。该服务中心的负责人说，上海的一个医生团队一般负责1600到2000人的基本公共卫生服务，我们中心工作量标准几乎是上海的2倍。为了保证服务质量，我们实际聘用员工80多人，因此出现政策性亏损。

购买项目尤其是以人为对象的"软性"服务项目，定价的最大困难在于服务的差异化程度过大，标准化程度太低，难以明确每一项服务的成本构成以及每个成本要素的价格标准。这种情况在所有公共服务领域都很普遍，迫切需要工作量和劳动定额标准作为确定合同金额的依据。政府购买社工服务项目就是典型例子。目前还没有一个针对不同服务对象和服务项目的社会工作服务项目成本构成标准，调研中看到的项目支出明细中主要包括需求评估、直接服务、照顾者支持服务、志愿者服务、人员的薪酬、办公费和水电费的补贴、项目评估和媒体宣传及其他支出，这些支出的计算大多也没有一个通用标准，只有培训费用按照培训老师的职称确定了一个标准，社工的薪酬按照职称和资历有一个粗略标准。

有些情况下，即便存在费用标准，由于费用调整机制问题，这些标准并不完全符合实际情况，在实际执行中也有因地制宜的问题。比如说，某开发区政府每年支付社区卫生服务中心的运行费用是按照2013年的标准制定的，执行过程中增加了工作量却没有相应调整标准，导致运行经费严重不足。由于地区差异，国家标准不一定符合当地情况。比如2016年基本公共卫生的全国补助标准是45元/人，武汉市的标准是每人55元/人。如果完全覆盖所有的基本公共卫生服务项目，55元/人的标准都是不够的。又比如，D市农村土地承包经营权确权登记颁证项目的价格大致为每亩16元、17元和19元，远远低于35元/亩的国家标准。

由于合同双方地位不平等，政府作为购买主体单方定价，尚未形成合理的议价机制。采购方往往单方定价，缺乏与服务供给方的沟通协商，项目资金不足时存在财务变通处理分隐患，在项目资金过多时又造成资源浪费乃至腐败问题。比如，很多政府购买社会服务项目，都对"人员经费"有着严格限制，以及对其他费用比例的原则性要求，在实际项目运作中并未被社会组织严格执行。湖北省社会组织发展与北、上、广、深等城市相比还有一定差距，慈善事业较为落后，很多社会组织资金来源主要依靠政府购买服务。一些政府购买服务项目仅仅包括服务经费，而不包括社会组织的积累和发展，社会组织如果严格按照预算支出，几乎无法生存。如果单纯按照低价中标原则选择承接主体，企业的服务能力也会受到影响，比如一些环卫服务承接公司采取压缩工人工资的方法来维持运行。为了避免这种情况，购买主体往往在合同中增加保护职工权益的条款。但是，若承接项目不能弥补成本或者无利可图，承接主体以后就不会再参与政府购买服务。

除了上述这些问题之外，绩效评价和监管问责也是购买服务流程的两个重要环节，由于这两个问题比较复杂，下面专门讨论。

（五）项目绩效评价问题

绩效评价也是政府购买服务面临的主要难题之一。目前，购买服务项目绩效评价体系尚不完善，评价标准不明确，评价主体能力不足，绩效评价缺乏科学性与合理性。

首先是绩效评价的责任主体不明确。《财政部 民政部 工商总局关于印发政府购买服务管理办法（暂行）（财综〔2014〕96号）》文第三十一条规定，财政部门应当按照建立全过程预算绩效管理机制的要求，加强成本效益分析，推进政府购买服务绩效评价工作。财政部门应当推动建立由购买主体、服务对象及专业机构组成的综合性评价机制，推进第三方评价，对购买服务项目数量、质量和资金使用绩效进行考核评价。财政部门和购买主体同为绩效评价主体，然而二者分工并不是十分明确。目前，有能力、有资质的第三方评估机构大多是大专院校挂牌的社会组织。总的来看，"经费使用"绩效评估相对成熟，而"整体效果"绩效评估十分困难，工作量大、成本高，评价结果可信度还有问题。

一些市县项目绩效评估第三方评估有人情关系的问题，武汉市这样的大城市相对比较客观一些。①

其次是缺乏科学合理的评价标准。看起来财政部门负责预算绩效评价，购买主体负责服务绩效（包括服务数量、质量和资金使用绩效）的评价，但两类评价具体标准尚不清楚，如何操作还有待探索。当前，很多市县涉及购买服务主体部门的绩效评价都是由财政部门负责的，财政部门的评价重点往往在于防范财政风险，而不是提高服务水平和服务质量。购买主体的绩效评价主体责任有待强化。评价标准需要多个部门包括财政部门、购买主体、服务对象和第三方评估机构合作来制定，通过反馈来不断优化和调整指标体系。另外，评价标准与服务标准密切相关。行业协会等行业组织在制定本行业的服务标准方面没有充分发挥作用。

其三，评价能力还有待提高。虽然一些市县已经建立了第三方评价机制，但是第三方机构的评价能力还不能满足需要。比如，一些购买主体请会计师事务所做绩效评价报告，结果往往做成了一个审计报告或者是财务报表，得出的结论是财务方面有哪些不合规的地方。而对于购买主体关注的重点，即项目水平、质量和效果如何，服务对象是否满意，却没有提供什么有价值的信息。妇联和民政部门尝试将项目绩效评价委托给社工机构来做，但是又发现这些社工机构评估人员稳定性差、专业水平参差不齐、评估标准不全面、评估主观性过多，评价停留在对投入、活动等情况的浅层次评价，而缺乏对服务水平、质量、效果和服务对象满意度的评价。比如，文化部门虽然在购买服务上走在前面，但是有的项目效果不太符合实际需求，如农家书屋的使用效率就不高。

除了这些问题之外，评价主体和评价机构的顾虑也是影响这项工作的重要原因。一个公共服务项目评价结果不好，不仅对承接主体带来负面影响，购买主体也面临着财政部门、上级部门和其他部门的监管问责压力以及社会公众的舆论压力。这个因素和上面这些因素一起，一定程度上影响了绩效评估充分发挥对改进和提高购买服务工作的积极作用。

由于存在这些问题，购买服务的评价工作往往还停留在表面，对服务质量以及服务对象的满意度等缺少科学客观的评价。

---

① 2017年8月20日G县民政局访谈。

（六）监管、问责与信息披露问题

监管与问责是当前我国政府购买服务的一个薄弱环节。政府通过购买服务将公共服务的生产和提供转移给了第三方机构，但是政府仍然是公共服务的责任主体，承担着确保公共服务公平、便利、优质、高效提供的责任。但财政部门和预算单位往往注重预算的编制，但对项目的跟踪、合同履行、绩效目标实施的监控方面监督尚缺位。与此同时，服务对象监督、媒体和公众监督机制尚不完善。

监管问责的前提条件是信息披露。法律规定了政府有关部门、购买主体、承接主体和业务主管单位在购买服务方面的信息披露责任，但由于多种因素的阻碍，尚未得到有效实行，不利于公共服务市场竞争机制的形成，也不利于公众参与和媒体监督。

《关于坚决制止地方以政府购买服务名义违法违规融资的通知（财预〔2017〕87号）》规定，"各地应当将年度预算中政府购买服务总金额、纳入中期财政规划的政府购买服务总金额以及政府购买服务项目有关预算信息，按规定及时向社会公开，提高预算透明度。购买主体应当依法在中国政府采购网及其地方分网及时公开政府购买服务项目相关信息，包括政府购买服务内容、购买方式、承接主体、合同金额、分年财政资金安排、合同期限、绩效评价等，确保政府购买服务项目信息真实准确，可查询、可追溯。"2016年9月1日施行的《中华人民共和国慈善法》第七十八条规定，"慈善组织应当向受益人告知其资助标准、工作流程和工作规范等信息"。2016年湖北省财政厅省编办《湖北省事业单位政府购买服务改革实施方案》规定，"凡通过单一来源采购方式实施的政府向事业单位购买服务项目，要严格履行审批程序，需要事前公示的要按要求做好公示。积极推进政府向事业单位购买服务绩效信息公开。"

但这些信息公开政策在实际执行中还存在很多困难。其一，这些政策大多是原则性的规定，具体实施还需要明确的标准、渠道、方式和资源等。其二，相关主体对公开信息的意愿不足。各个部门将政府购买服务作为一种权利，不愿意向社会公布，造成信息不对称。其三，没有建立统一的购买服务信息平台。公开招标的信息通过湖北省政府采购网发布，但是通过其他方式购买的项目信息却没有统一的信息平台，很多机构不知道哪些部门什么时候有购买服务项目。

其四，信息质量有待提高。另外，政府购买服务统计工作跟不上，数据标准和口径不统一，统计信息质量成问题，也是影响信息公开的重要原因。

上述这些问题相互交织、错综复杂，严重影响了湖北省政府购买服务工作的推进。

四、完善湖北省政府购买服务制度的建议

针对上述这些问题，需要从继续完善政府购买服务政策、健全工作机制、建立购买服务清单、规范服务购买流程、完善购买服务合同管理、加强监管与问责以及推进配套改革等方面完善湖北省政府购买服务机制。这些措施既有直接针对上述问题的治标之法，也有针对深层次原因的治本之策，要全盘考虑、系统施策，才能更加有效地推动政府购买服务机制建设。

（一）完善政府购买服务政策

政府购买服务必须遵守"依法治国"的基本原则，无论是识别需求、制定目录、编制预算、分配资源，还是选择主体、管理合同、考核绩效、监管问责，都必须依法依规进行。尽管我国已经颁布了很多有关政府购买服务的政策，但还需要从政府购买服务概念的界定、需求识别与表达以及分类指导等方面继续完善。

（1）进一步明确政府购买服务的定义和范围。相关法律应该对"公共服务"予以明确定义和分类，现有文件大多采取列举的方式来对服务进行界定，而没有提供一般性的判定标准。如果政府采购法对"服务"和"公共服务"给出了明确的定义，各级政府就有了一个标准来判定某个项目是否属于购买服务的范畴。

（2）明确规定需求表达与需求识别的方式以及确定需求优先性的标准和程序。购买服务应该以服务对象的需求为导向。购买服务目录的制定过程应该是自下而上的需求表达与自上而下的需求识别相结合的过程。从现行政策来看，服务对象包括政府、企业和居民，政策应该明确规定这三类服务对象的需求表

达和识别方式。经济学假设资源是稀缺的，永远不可能满足所有需求。同样，政府用于购买服务的财政资金永远不能满足对服务的需求。一般来讲，现有财政预算框架内的支出范围是已经确定的，购买服务只是改变资金给付方式，与需求识别关系不大。但是，随着政府财力的增长，政府用于购买服务的增量资金规模越来越大，购买服务就必须考虑需求的优先顺序，确定需求优先性必须要有政策依据。

（3）还要制订分类指导政策。购买服务政策要更加细化，更加具有操作性，要规订购买服务的组织领导机制与协调沟通机制，要规定各个部门职责和义务，要制订针对不同类型服务尤其是公共服务的基本规范，包括该类提供服务的责任主体及其分工、购买服务的资金来源、各类各项服务的服务绩效和价格标准等等。对政府购买服务监管和问责也要做出更加具体的规定。

（二）健全政府购买服务工作机制

《国务院办公厅关于政府向社会力量购买服务的指导意见》（国办发〔2013〕96号）要求建立"政府统一领导，财政部门牵头，各行业主管部门协同，职能部门履职，监督部门保障"的工作机制，这个机制由领导协调机制、运作机制与监管保障机制三大子系统构成。各地已经初步建立了购买服务工作机制，但需要进一步健全和完善。

健全组织领导机制就是落实政府统一领导，建立协调机制。建议各地建立由党政领导任组长的政府购买服务改革工作领导小组，在领导小组之下，设立政府购买服务重大项目审核委员会，由财政、编办、发改委等部门人员担任委员，一定金额以上的购买服务项目由该委员会审核。

另外设立专项服务指导委员会，由与该服务领域相关的各部门人员组成。因为在目前行政体制下，服务职能分散在各个部门，需要一个机制来沟通协调、整合资源、形成合力。比如妇女儿童家庭服务针对的对象是共同的，但服务职能和服务项目分散在民政、妇联、共青团、卫健等多个部门，迫切需要一个信息共享和工作协同机制。建议设立社会服务协调委员会，负责发布社会服务领域政府购买服务相关信息，制订社会服务相关标准，指导相关部门购买社会服务工作。

领导小组和委员会都不是常设机构，不设专职人员，统一由领导小组办公室负责日常工作。

健全运作机制就是落实"财政部门牵头，各行业主管部门协同"。政府购买服务不仅仅是财政部门和编制部门的工作，而是所有政府部门都要共同参与的工作。因此，运作机制实际上就是所有相关部门的分工协作机制。

作为牵头部门，财政部门要负责制度建设，指导各部门开展工作。主要任务是健全政府购买服务制度，建立专门科目、落实预算资金，制订政府购买服务目录，强化政府购买服务全过程预算管理。

财政部门要理顺内部工作机制，综合部门负责总体制度设计、目录制定、宣传等等，掌握政府购买服务工作整体进度；预算部门要单列政府购买服务；采购部门以及预算绩效管理部门等均发挥各自作用，齐抓共管。目前，湖北省财政厅由综合科负责政府购买服务，而市县财政部门有的是采购科（股）有的是综合科（股）负责政府购买服务，由此出现上下部门间的沟通不畅的问题，甚至导致一些重要文件未能及时收发。因此，最好统一由综合科负责购买公共服务事务，建立本级财政部门各科室、部门之间的信息共享机制以及财政系统内部上下级部门之间的沟通协作机制。

财政部门应当牢牢抓住购买服务全过程预算管理这个抓手，努力实现管理的科学化、标准化和精细化，在政府购买服务工作中，严格按照"先预算，后购买，无预算，不采购"的要求执行，监督购买服务单位认真编制和执行政府采购预算，强化政府采购预算的刚性约束。各部门在编制政府购买服务预算时，应将列入集中采购目录或者采购限额标准以上的政府购买服务项目同时反应在政府采购预算中，与部门预算一并报财政部门审核。财政部门在审核中注意购买服务预算和政府采购预算的衔接，经审核后的购买服务预算项目表应随同部门预算批复一并下达给购买主体，购买主体按照财政部门下达的购买服务项目表组织实施。财政局有必要将各预算单位购买公共服务预算资金单列，有利于监管与审计。可以探索政府购买服务财政专户统筹管理模式。由各职能部门根据核定职能，就本部门应转移的公共职能、服务标准和成本核算向有关机构进行申报，并经核定后，统一纳入财政预算，按项目实施进度划拨采购经费，确保服务资金及时到位。

建议加大省级财政指导督办力度。将中央、省安排的专项资金，在政府购买服务目录内的，由省级财政明文实行购买服务并跟踪项目的具体实施、资金拨付和绩效评价，以此推进政府购买服务工作。

政府要加强社会组织培育和监管，编制发布承接服务的社会组织名单，制定本部门购买服务目录，制定本部门相关服务资格、服务质量、服务绩效和定价标准等等。各行业主管部门对各类组织提供的公共服务进行监督和验收。其他各个行业主管部门都要制定本部门购买服务目录，与行业协会合作制定服务资格、服务质量、服务绩效和定价标准。要健全各部门内部沟通协调机制和部门之间沟通协调机制。

财政部门作为牵头部门，加强交流和培训，加强沟通宣传，指导各个部门和承接主体开展购买服务工作。香港社会福利署每年编写《整笔拨款手册》，为非政府机构提供一套购买服务的指南，使各机构在运用公共资金提供福利服务时，能提高资金效率、服务效果以及问责性。财政部门也可以借鉴这个做法，编写政府购买服务手册，搜集整理国内外政府购买服务的经验，为各个部门和市县政府提供培训和咨询，推动政府购买服务工作的深入开展。

此外，各部门尤其是财政部门要培养政府购买服务专业人才队伍，设置购买服务专业岗位，实现购买服务管理的职业化与专业化。

强化监管保障机制落实"职能部门履职，监督部门保障"。通过向社会力量购买服务，政府的职能发生了转变，从服务的直接提供者变为购买者和监督者。为了提高政府购买服务资金的使用效率、改善服务绩效、预防惩处腐败，需要建立一套相关部门分工协作的监管保障机制。

"职能部门履职"是有效监管的基础，职能部门包括作为购买主体的所有部门。购买主体要加强购买服务项目合同管理，建立全过程、动态性的项目管理系统，对购买服务项目的招标、申请、评审、立项以及合同的订立、实施、变更、终止、结项、评估和反馈等所有环节实行精细化管理，确保购买服务过程的公平、公正和公开，防止贪污腐败和失职渎职现象的发生。不断提高服务效率、提升服务质量，提高财政资金的使用效率和效果。

"监督部门"包括财政、审计以及其他相关部门。及时、准确、完整的信息是有效监管的前提条件。监管部门要加强信息统计管理，开发利用好多个渠道和来源的信息。统计工作是信息管理的源头和基础性工作，财政部门要统一统计标准和口径，及时、准确地提供政府购买服务相关信息，利用统计信息和其他信息建立起购买服务项目数据库，为立法机构、决策机构、购买主体、服务供应商、媒体和公众等利益相关方及时提供相关信息。各个部门的管理者也要在工作中充分运用官网、网上信息平台、合同管理信息系统、微信公众号、热线电话等信息网络技术来收集和发布信息。推广第三方评估，建立购买服务项目绩效信息库。提高政府购买信息的透明度，建立服务投诉和违法违规举报制度、发挥服务对象、媒体和公众的监督作用。同时，还要引导行业协会建立行业规范和行业标准，促进行业互律，强化承接主体的内部治理责任，促进内部自律。

（三）制定与维护购买服务指导目录

由于各个地方经济社会发展水平与人们的生活方式不同，公共服务需求具有本地化特点，存在显著的地域差别与城乡差别。因此，不可能制定全国统一或者全省统一的标准化的政府购买服务目录，建议省级政府制定指导性目录，地方政府对本地居民的服务需求进行调查和论证，建立操作性的政府购买服务目录以及动态调整机制。

建立公共服务需求表达与识别机制。了解公众需要什么服务是一个科学过程，但对需求按照轻重缓急确定分配资源的优先顺序则是一个政治过程。首先，可将公众服务需求调查与评估纳入政府购买服务的固定流程，作为购买服务的先决环节，提前收集最普遍、最重要、最迫切的公共服务需求信息，根据服务需求的轻重缓急确定优先购买的服务项目。其次，可结合行风评议等渠道反馈的信息，重点针对群众不满意、问题突出、打分不高、人手不足的公共服务领域开展政府购买服务。再次，在基本信息缺乏或失真情形下，可综合采用多种方式，例如设计问卷调查、委托专业调查机构或科研院所调查，或将公众需求作为专项课题予以系统梳理和阶梯处理。最后，调查获得的备选项目必须经过专家和群众的充分论证，确保"雪中送炭"而非"锦上添花"。

建立与维护"三大清单"。目前，各地政府一般只制定购买服务目录，这个目录只是确定了需求范围，目录本身也不够细化不够完善，建议制定政府购买服务的"三大目录清单"，即正面清单、负面清单和供给主体清单。省、市、县政府在调研了解人民群众对公共服务的实际需求的基础上，制定购买服务目录（正面清单）。根据相关法律法规和政策规定，制定禁止购买的服务目录（负面清单）。财政部87号文件明确指出了不属于购买服务范围的领域，严禁把这些领域纳入购买服务目录。正面清单和负面清单一起规定了购买服务的范围。供给主体清单要由编办和民政部门共同制定。编办在对事业单位服务领域和服务项目能力进行摸底的基础上，制定事业单位提供服务的清单。民政部门根据社会组织登记管理、年检信息和社会组织评估结果编制具备服务承接能力的社会组织清单。目前，一些地方已经建立了社会组织数据库。比如，武汉市社会组织等级评估达到 3A 以上的社会组织就有 200 家左右。同时，武汉市还根据社会组织的行为表现，形成了"异常目录"（未年检或年检不合格）和"黑名单"。政府购买服务项目可以对评价良好的社会组织和进入不良名单的社会组织分别采取适当的激励和惩罚措施。

负面清单的制定可以借鉴 C 市的做法。第一，明确政府职能，理清政府、市场和社会的关系，不属于政府职能的不能纳入购买服务范围；第二，应该由政府直接提供的不应纳入购买服务范围，比如政府的行政职能是政府的本职工作，不能通过购买服务来"卸包袱"。第三，讲求效益原则，如果政府提供效益和效率更高，不应该通过购买服务提供，购买服务是希望通过市场机制提供更高效的服务；第四，货物和工程类项目不能纳入购买服务范畴。

各个部门都应该积极参与制定购买服务清单，各个部门每年都应该根据购买服务的改革方向出一个目录清单，明确项目哪些是可以采取政府购买服务的方式来提供。财政部门汇总各个部门的清单，加以协调整合，形成最终购买服务清单。各个部门还应该负责制定各类服务的质量标准和价格标准等。

"三大清单"并非一成不变，应该定期或不定期进行动态调整。动态调整的基本原则是：一是适应群众不断变化的需求，依群众所需适时增减；二是与政府不断推动的机构改革、职能转变相结合，以购买服务促简政放权；三是与地方经济发展进程匹配，依财政能力变化扩大或缩小购买范围；四是与社会组织、企业、机构等服务供应主体的发展水平相适应；五是根据服务项目可操作的难易程度进行取舍或选择。

建立从目录到项目的转化机制。即便是细化到三级目录，政府购买服务清单也只是提供了"可以通过购买服务方式提供的公共服务类别"，而不是购买服务的具体项目清单。在实际购买和编制预算时，还要在三级目录基础上，设计具体的购买服务项目。

项目可以分为两种类型，一种是常规性的服务项目，另一种是创新型的服务项目。随着购买服务的继续推进，逐渐会形成一批相对稳定的常规性标准化服务项目，这类项目将会是购买服务的主体部分，可以按照标准化的流程操作。为了满足新出现的服务需求，必定需要不断推出创新的服务项目，这类服务项目往往由民间通过社会创新发起，在条件成熟时成为政府购买服务项目。贫困中小学生"免费午餐"项目就是一个典型的例子。2011年4月，凤凰周刊记者邓飞发起"免费午餐"行动。2011年10月，国务院启动实施农村义务教育学生营养改善计划，由中央政府每年拨款160多亿元，按照每生每天3元的标准为农村义务教育阶段学生提供营养膳食补助，普惠680个县市约2600万在校学生。

一些基本服务项目（如教育服务、公共卫生服务、养老服务、儿童家庭服务、社区服务、环卫服务等）往往会持续提供很长时间，创新性服务项目一旦发展成熟就可能成为常规性项目，这是一个不断替代的过程。

（四）进一步规范购买方式

按照《政府采购法》和《国务院办公厅关于政府向社会力量购买服务的指导意见（国办发〔2013〕96号）》等法律和政策的规定，承接主体的确定与合同形式选择是两个相互独立的环节，在确定承接主体之后再确定合同形式。上述政策特别强调利用竞争机制，这对于公共服务行业的健康发展是十分必要的。不过，国内外的经验都表明，公共服务领域的竞争往往不充分，既要优先利用竞争机制，也要合理利用合作机制。

优先利用竞争机制。公共服务供给体系改革的重要任务是建立起公共服务市场，鼓励服务机构之间的竞争，通过竞争来激励服务机构不断增强服务能力，提高服务水平，提升服务质量。因此，政府购买服务要优先利用竞争机制，打破地方保护主义，在更大范围引入竞争者来投标，积极营造公共服务行业的竞争格局，对于质量标准明晰的"硬"服务优先采取竞争性方式采购，通过公开招标来选择承接主体是最具有竞争性的方式。

适当利用合作机制。政府在缺乏提供某项服务的经验时，常常希望与具有相应资源和经验的承接主体密切合作。合作对象的选择有多种方式，通过邀请招标、竞争性谈判、询价等来选择承接主体属于协商方式，单一来源采购也是一种合作方式，特许经营和战略合作形式可以用来建立较为长期的合作关系。

针对公共服务的不同特点，可以采取不同的购买方式。对于采购量大、频繁的服务内容，可以实行集中采购，形成规模效应。采购频次不多，但采购内容、标准明确的服务，采购人可以委托集中采购机构或社会代理机构按照法定的政府采购方式购买。对于内容明确的"软"服务如养老、护理、职业培训等，如市场上有足够数量的服务提供者，可以采用服务券方式直接补贴消费者。有一些些服务，市场上服务供应商数量很少，政府通过单一来源的方式直接定向购买。对于供给不足，还处于市场培育阶段的服务，可以创新型采购方式，通过项目征集、公益创投等方式，找出有潜力的承接主体，通过购买服务的方式促进这些机构发展重大，最终形成竞争性的服务市场。不论采取哪种方式，只要程序规范、信息公开、管理得当都能够实现购买服务的政策目标。

（五）进一步规范购买流程

购买主体在决定了使用何种购买服务流程之后，就要考虑与招标与合同管理问题了。招标是购买主体选择承接主体的基本方式，不论采取公开招标还是其他购买方式，都要发布招标信息，吸引服务供应商来投标，中标机构就成为承接主体。招标与合同管理是两个密切联系的环节，也是购买服务的核心步骤。

改进招标管理。湖北省的政府购买服务招标文书和招标过程基本上照搬了政府采购的做法。这对于为政府运转和履职提供支持的服务以及以物为对象的公共服务来说，还可以勉强应付。但是对于社会服务这类以人为对象的公共服务来说，这种做法就不太适宜。以政府购买社会服务为例，借鉴国内外的经验，湖北省可从以下几个方面改进招标管理工作。

首先是按照服务领域和项目类型依法分类制作招标文件。目前湖北省很多地方政府在购买服务过程中基本上都是使用工程和货物采购项目招标的通用模板，而没有根据公共服务项目的特点来设计专门的招标文件。建议购买主体针对具体服务领域设计招标文件，招标文件应该包括法律依据、招标程序、项目资格要求、技术标准、绩效标准、定价标准、支付方式与合同管理办法。标书作为合同的附件。马里兰州政府购买儿童服务的招标文件要求投标人分别提供技术标书和财务标书，并且优先评审技术标书的做法很值得借鉴。

其次是注重招标过程的信息沟通。建议借鉴马里兰州的做法，设立专业采购官制度，建立统一的电子信息平台，由专业的采购官负责招标全过程的信息沟通工作。招标文件对沟通对象、沟通内容、沟通渠道、沟通媒介、沟通时间、沟通程序、信息公开和保密要求都做出详细规定。

另外是保障招标过程的公正、公平、公开，建议设置质疑、质询、投诉等程序，做好信息记录、保管和使用工作，提高透明度，利用多人决策机制，防止违法违规行为的发生。

完善合同管理。在确定了承接主体之后就进入到合同管理环节。合同管理过程包括设计与签订合同、合同执行过程管理、项目评估与资金支付等环节。

合同管理过程是承接主体履行合同（包括合同、招标书和投标书）的过程，也是购买主体实行合同监管的过程。在这个过程中，购买主体和承接主体存在委托—代理关系。委托—代理关系的最大特点就是委托方（购买主体）与代理方（承接主体）之间的信息不对称，完善合同管理就是要努力克服双方的信息不对称问题，在充分信息的基础上，进行合同日常监管、中期监管以及期末评估验收工作。

承接主体自合同开始履行之时，就要应该按照合同规定，做好信息记录和报告工作，及时向购买主体提供准确、完整的信息。购买主体依据合同中规定的技术和财务标准对承接主体的履约情况做出评价，可以自己来做这些工作，也可以委托给第三方来做，比如省妇联和武昌区民政局就引入了专业机构来协助进行合同管理工作。合同管理不仅是控制过程，也是一个持续改进的过程。购买主体也要根据合同规定向承接主体反馈这些信息，帮助他们利用这些信息正确决策，不断改进工作、提高绩效。

当然，依据这些信息对承接主体实施激励和处罚也是十分必要的。实际上，通过合同管理，能够逐步建立政府购买服务项目的大数据，为持续改进购买服务工作提供科学依据。

注重成本负担与规范管理之间的平衡。所有的管理活动都是要花费成本的。在改进管理的过程中有一种日趋繁琐的倾向，购买主体几乎不由自主地不断推高招标与合同管理成本并且把成本转嫁给承接主体。因此，购买主体和监管部门一定要尽力防止或阻止这种情形愈演愈烈。基本的原则是分类管理、抓大放小，给予承接主体必要的自由裁量权。可以按照常用的 ABC 分类法，将所有购买服务项目按照标的金额大小进行排序，前 10% 列为 A 类项目，接下来的 20% 列 B 类项目，余下的 70% 列为 C 类项目。对于 A 类项目，可以采取最为严格也是成本最高的管理程序，即便如此，仍然要考虑成本效益与规范管理之间的平衡。B 类项目采取较为简易的管理程序，C 类项目采取必要的管理程序。

在保障有效监管的同时，一定要考虑给予承接主体必要的自主性，这种自主性是承接主体根据服务对象具体情况采取最佳方案所必需的。否则，购买服务也难免走上行政化、官僚化的老路。

（六）继续加强配套制度改革

政府购买服务是一项牵一发而动全身的系统性改革，这项改革的推进不仅要求政府转变职能和工作方式，而且还有赖于其他方面配套改革的深化以及社会组织的培育发展情况。

建议地方政府继续大力培育发展社会组织，使它们成为事业单位的有力挑战者，与事业单位同台竞技、平等竞争。积极鼓励同一行业的企业、事业单位和社会组织共同成立行业协会，由行业协会和行业主管部门共同制定行业服务标准、评价标准和收费参考标准，为行业自律提供规范，也为政府购买服务的预算管理、绩效评价、履约验收提供依据。

此外，还应该认识到，政府购买服务只是众多政府工具中的一种，补贴、拨款、税收优惠等都是政府资助第三方提供公共服务的有效手段，要根据实际情况合理使用。

总之，建立政府购买服务制度涉及政府、市场、事业单位与社会组织关系的系统性改革，将对政府机构的观念和运作方式都带来革命性变化。政府购买服务是一个循序渐进的过程，必须遵循先易后难、积极稳妥的原则，依据当地公共服务市场化水平，依据政府职能转变的程度、事业单位改革的进展、社会服务组织发育状况等条件逐步推进。上级部门应多加强对下级部门的业务指导，帮助下级部门推进这项改革工作，同时也要注重发挥下级部门和其他相关主体的主动性与积极性，多方协力一起推动政府购买服务改革工作。只有通过进一步深化改革，促进事业单位、社会组织与企业同台竞技，公共服务行业才会大发展，公共服务体系才会充满生机和活力，公共服务的水平和质量才能稳步提高，实现服务型政府建设的目标。

第四章 公益创投：政府购买服务制度创新

在全球化的背景下，公共管理领域的很多概念从发达国家传播到世界各地。这些概念在本土化过程中往往会发生变异，以适应本国的具体环境。最终可能出现的情形是，尽管各个国家使用同样的概念，但实际上这些概念背后是迥然不同的目的和做法。典型的例子比如民营化、非营利部门、公私伙伴关系和新公共治理等。近年来兴起的公益创投是又一个代表性的例子。20世纪90年代，美国的一些慈善基金会为了改革传统的资助方式，借鉴商业创投的理念，通过慈善金融工具创新，发明了公益创投。21世纪初，公益创投的概念漂洋过海来到中国，落地之后却演变成为政府向社会组织购买服务的一种方式。

一、公益创投的跨国移植与本土变异

在欧美发达国家，非营利部门也被称为独立部门，它们传统上与政府和市场之间保持着相对独立的地位。在很长时间里，政府主导公共服务、企业主导市场经济、非营利部门主导公益慈善，三个部门自成体系，相对独立运转，相互之间保持着较为明确的边界。然而，近半个世纪以来，福利国家失败，非营利部门迅速崛起，三大部门之间的传统边界逐渐被打破。以美国为例，70%以上的非营利组织都是70年代以后成立的。[①] 非营利部门的扩张机会首先来自于参与公共服务。20世纪70年代，由于福利国家的失败，政府转而求助于非营利部门，通过政府购买服务等方式利用非营利部门来提供公共服务，从而促进了

---

① Lester M. Salamon (ed.), The State of Nonprofit America, Washington, DC: Brookings Institution Press, 2002.

非营利部门的快速增长。① 到 20 世纪 90 年代，在政府资助增长放缓的情况下，非营利部门继续保持了增长的势头。这一次，增长的动力主要来源于市场尤其是慈善资本市场的创新。近年来，世界各国在慈善和社会影响力投资领域的创新日新月异，公益创投就站在这个新潮流的最前沿。商业领域的创新浪潮扩展到社会领域，公益创投等社会影响力投资工具的兴起，激发了社会创新的热潮，为公益慈善注入了新的资源，使得公益与商业之间的界限日益模糊。②

（一）公益创投在西方国家的兴起和发展

1969 年，在美国国会举行的有关税收政策改革的一次听证会上，洛克菲勒三世第一次提出了"Venture Philanthropy"（公益创投，也译为风险慈善），他用这个概念表达的想法是，可以采取类似于风险投资的形式来资助一些解决特殊社会问题的创新思路。③ 不过，这个想法并未马上付诸实施。直到 1997 年，洛克菲勒基金会为了改革传统的拨款式资助方式，开始尝试公益创投。④ 1984 年，"半岛社区基金会"首次用"公益创投"表示在慈善资助活动中借鉴风险投资模式。在 20 世纪 80 年代末和 90 年代初，旧金山的"无家可归者经济发展基金"（Homeless Economic Development Fund）和纽约的"罗宾汉基金会"（Robin Hood Foundation）也提出可以在慈善活动中模仿商业风投。⑤ 1999 年，克林顿夫妇在白宫举行慈善会议，专题讨论了公益创投问题。2000 年，"公益风险投资伙伴"考察了 42 家美国公益创投机构，发现其中四家基金在 1998 年以前就已经开始尝试公益创投活动。⑥

这一创新很快在欧美国家扩散开来。2002 年，英国建立了第一个正式公益创投基金——推动力信托（Impetus Trust），资助具有发展潜质的慈善机构进行能力建设。⑦ 2003 年，欧洲公益创投协会（European Venture Philanthropy Associa-

---

① ［美］莱斯特·M. 萨拉蒙. 政府工具［M］. 肖娜，等，译. 北京：北京大学出版社，2016.
②④ 萨拉蒙. 撬动公益——慈善和社会影响力投资新前沿导论［M］. 叶托，张远凤，译. 北京：中国社会科学文献出版社，2017.
③⑥ 赵萌. 慈善金融：欧美公益风险投资的含义、历史与现状［J］. 经济社会体制比较，2010（4）：117-127.
⑤ Emerson J and Twersky F. New Social Entrepreneurs: The Success, Challenge and Lessons of Non–profit Enterprise Creation. San Francisco: The Roberts Foundation. 1996. Robin hood Foundation 现已更名为 Roberts Enterprise Development Fund 或 REDF.
⑦ 赵萌. 慈善金融：欧美公益风险投资的含义、历史与现状［J］. 经济社会体制比较，2010（4）：117-127；施从美. 公益创投：来自欧洲的社会组织管理创新及启示［J］. 国外社会科学，2016（6）：104-112.

tion，EVPA）成立。EVPA 致力于推动该领域的学术研究，建立行业标准和规范，进行政策倡导，为公益创投机构提供知识、资金和技术支持，全面推动欧洲公益创投事业的发展。[①]

就这样，公益创投逐渐演变成为一种最为常见的社会影响力投资方式，吸引了其他金融机构不断加入进来，政府作为规制者和支持者也参与到其中。英国政府通过立法释放民间资本，鼓励基金会和其他金融机构参与社会影响力投融资。法国国有银行设立了社会创新投资基金，为社会企业提供融资。一些欧洲国家政府建立了孵化器，向社会企业和非营利组织提供资金和能力支持。欧盟委员会也大力推动"社会创新金融市场建设"。2012 年，奥巴马总统设立白宫社会创新基金（Social Innovation Fund），给慈善基金会拨款，以促进社会创新。[②]

总的来看，公益创投在欧美国家属于公益慈善领域的一项金融创新，是公益价值和商业逻辑相结合的产物，按照社会影响力投资逻辑进行运作。无论实施主体是谁，公益创投在本质上都被视为一种促进社会创新的工具。[③] 尽管政府也参与其中，但主要是以规制者和支持者的角色出现，通过税收和金融政策进行宏观引导，或者通过银行和基金会等机构为社会企业和非营利组织提供间接资助，政府机构很少直接参与公益创投的具体运作。

（二）公益创投在我国的演变

2006 年，我国内地慈善界就开始了公益创投的试验。当年 11 月，麦肯锡咨询公司资深顾问陈宇廷发起成立了内地第一家公益创投组织——新公益伙伴（New Philanthropy Partners，NPP）。一年后，它与中国红十字基金会合作设立中国首个公益创投基金——"NPP 公益创投基金"。[④] 这一时期，南都公益基金会也尝试采取公益创投的模式改造新公民学校。随后，广东省政府联合香港李嘉诚基金会共同开展"集思公益幸福广东——支持妇女计划"，友成基金会联合气

[①] 施从美. 公益创投：来自欧洲的社会组织管理创新及启示 [J]. 国外社会科学，2016（6）：104－112.
[②] 陈静雅. 欧美公益创投的演变及实操 [J]. 中国非营利评论，2015，16（02）：32－48.
[③] 施从美. 公益创投：来自欧洲的社会组织管理创新及启示 [J]. 国外社会科学，2016（6）：104－112；赵宇新. 公益创投的欧美经验 [N]. 中国社会科学报，2017－01－09（006）；朱照南，马季. 公益创投的美国经验 [J]. 中国社会组织，2016（02）：19－21.
[④] 黄杨. NPP 公益创投：游走于企业和 NGO 之间 [N]. 中国经济时报，2008－1－25；中国红十字基金会官网：https://new.crcf.org.cn/html/2012－08/16393969.html，NPP 已经退出公益创投。

候组织——绿色创新实验室设立了社会价值投资基金,这些也可以看做公益创投的早期试验。根据亚洲公益创投网络(AVPN)的统计,截至2018年6月,我国内地民间公益创投组织已经达到31家。①

在全国各地的实践中,出现了政府主导、企业主导和慈善基金会主导等多种模式。不过,很多地方都是以政府主导模式为主。一些由基金会或企业主导的公益创投采取了类似于欧美国家的操作模式,由政府主导的公益创投则被视为提供公共服务的一种途径。② 近年来,各地民政部门以及妇联、残联、共青团等群团组织越来越多地采取公益创投来向社会组织购买服务。服务项目主要集中在老年服务、青少年服务、妇女儿童和家庭服务、就业服务、助残服务和社会救助服务等领域。公益创投逐渐与政府购买服务相结合,成为政府提供公共服务的创新方式。很多地方的公益创投政策以及大量研究国内公益创投经验和案例的文章都将政府主导的公益创投视为提供公共服务的一种创新方式。③

公益创投的操作方式与典型的政府采购公共服务有很大不同。公共服务一般采取政府采购程序,政府采购是在服务项目确定的情况下通过竞争选择承接主体,其目的是利用社会力量提供公共服务。公益创投更适于用来支持社会创新,公益创投是通过竞争选择创新性服务项目及其供给主体,其目的是鼓励服务内容和服务方式的创新,同时引导扶持社会组织发展。

政府成为公益创投的主导者,有历史和现实两方面的原因。从历史的角度来看,欧美发达国家公益慈善事业高度发达,形成了较为成熟的要素市场与服务市场之间的分工协作体系。基金会和其他投资主体构成了公益慈善领域的资金供给者,具有强大的资源动员能力,发挥着筹集与分配慈善资源的功能,引领着公益慈善市场的创新发展。它们作为公益创投主体,既能为服务型社会组织提供资金和能力支持,还能影响资本市场和公共政策,甚至影响学术界和公众舆论,为社会创新和创业营造有利的环境条件。我国的社会组织制度是改革开放以来从西方引进的舶来品。由于缺乏历史根基和制度原型,完全凭借民间力量很难在短期内培育出大量的社会组织,必须通过政府的强力推动才能做到。

---

① 亚洲公益创投网,https://avpn.asia/,访问日期:2018年6月5日。
② 刘志阳,李斌. 公益创投运行机制研究——兼论与商业创投的异同[J]. 经济社会体制比较,2018(03):181-191;刘维. 何谓公益创投[J]. 中国社会工作,2017(07):18;叶绍聪. 政府公益创投与社会组织能力建设[J]. 中国社会组织,2017(09):54-55。
③ 周如南,王蓝,伍碧怡,丘铭然,梅叶清. 公益创投的本土实践与模式创新——基于广州、佛山和中山三地的比较研究[J]. 经济社会体制比较,2017(05):126-135。

从现实情况来看，地方政府将公益创投与购买服务相结合有 4 个方面的具体原因：①公共服务与慈善公益服务的基本出发点是一致的，都是为公共利益和公共福祉服务。公益创投既为社区提供了公共服务，同时又培育一批供给主体——社会组织。① ②公益创投的操作程序相对简便，由于公益创投项目的单项资助金额一般较小，因此不必严格遵循政府采购程序来选择承接主体。资助方主要考虑公平原则，在服务区域和服务对象相对平衡的基础上，从竞标者中选择既定数量的中标项目。③公益创投利用多种渠道筹集资金，比如民政部门可以通过慈善总会筹款，妇联可以通过妇女儿童基金会筹款，一定程度上弥补了财政资金的不足。④公益创投项目评审往往采取路演等生动新颖的形式，吸引媒体宣传，花少量资金就可以引起公众的广泛关注，产生较大的社会影响。

（三）政府主导型公益创投的性质问题

来自欧美国家的公益创投移植到我国之后，从一种社会影响力投资工具摇身变为政府向社会组织购买服务的手段，成为一项直接应用于公共服务的政府工具。政府为了转移部分社会服务职能，通过公益创投这种制度性安排，以市场竞争方式向社会组织购买公共服务。②

政府购买服务与政府购买公益服务存在差异。③ 在欧美国家，公益创投遵循创业投资逻辑，具有显著的民间性和慈善性，是公益与商业相结合的产物；在我国，公益创投遵循政府购买服务逻辑，具有很强的公共性和行政性，成为公益服务行政化的结果。有人担心，我国的政府主导型公益创投在增加公共服务供给和培育一批社会组织的同时，可能会给慈善事业带来"挤出效应"，破坏慈善市场正在形成的公平竞争机制，加深社会组织对行政体制的依附，使社会组织变得日益官僚化。④ 然而，现有研究并没有对政府主导型公益创投的性质作进一步分析，而且忽略了一些更关键的问题，就是公益创投与公共服务的关系问题，一个慈善公益领域的创业投资工具如何能够被政府用于购买公共服务呢？

---

① 陈伟东. 赋权社区：居民自治的一种可行性路径——以湖北省公益创投大赛为个案 [J]. 社会科学家，2015（06）：8-14.
② 邹鹰. 政府购买服务的让渡与承接——基于江西公益创投的实践逻辑 [J]. 学习与探索，2017（5）：51-57.
③ 张海，范斌. 我国政府购买公益服务偏好问题分析 [J]. 华东理工大学学报（社会科学版），2014，29（1）：47-55，88.
④ 李响. 政府购买慈善服务若干问题研究 [J]. 兰州学刊，2017（02）：118-129.

中国式公益创投究竟是公共服务还是公益服务呢？我们将以武汉市和湖北省妇联为例，分析中国式政府主导型公益创投的性质，并讨论产生的原因及其带来的影响。

二、研究设计

本书从武昌区政府和湖北省妇联主办的公益创投活动的操作流程以及所提供的服务的特点来判断政府主导型公益创投的性质和特征，在此基础上讨论这种现象产生的原因及其可能带来的影响。

（一）研究框架

本书首先以欧美国家公益创投的典型流程为参照，将我国政府主导型公益创投的操作流程与之进行对比，分析公益创投在本土化过程中发生的变异。然后，构建公共服务与公益服务的基本特征比较分析框架，将我国政府主导型公益创投的服务特点与之相比较，鉴定其服务性质。最后，对政府公益创投在操作流程和服务属性上的现实合理性进行解释和评价。

1. 欧美公益创投的基本特征

在欧美国家，公益创投是一种公益慈善领域的金融工具创新，它将具有风险投资性质的资助与投资者对资助对象运营管理的深度参与结合了起来。公益创投的创新之核在于其操作流程。① 欧洲公益创投协会归纳了公益创投的七个关键特征。② 结合其他研究结果，公益创投具有以下几个基本特征。③

（1）公益创投一般由基金会和其他民间金融机构主导，这些机构自主筹集资金，确定投资对象，亲自参与投资对象的运营管理。

（2）公益创投是一种新型投资工具，主要投资于初创期的社会目的机构，包括非营利组织和社会企业，按照社会影响力优先的标准进行投资，兼顾经济

---

① 陈静雅. 欧美公益创投的演变及实操［J］. 中国非营利评论, 2015, 16（02）: 32-48.
②③ 莱斯特. 萨拉蒙. 撬动公益：慈善和社会投资新前沿导论［M］. 叶托, 张远凤, 译. 北京：中国社会科学文献出版社, 2017: 38, 65. 原文出自 European Venture Philanthropy Association 官网, http://www.evpa.eu.com.

回报。

（3）资助核心运营成本而非个别项目来提升投资对象的运营能力，强调成果导向，重视绩效评估，重视良好的业务规划、项目过程管理、透明度及问责。对潜在投资对象进行尽职调查，通常包括审核商业计划书、评估管理团队、市场状况和潜在风险，以确定投资价值。

（4）投资组合个性化。公益创投往往根据投资对象的需求设计量身定做的投资方案。可能采取担保或无担保贷款社会影响债券（Social Impact Bond，SIB）、夹层融资、准股权投资等方式或多种投资工具的组合。双方事先商定成果标准和评估方法，资金拨付与绩效进展挂钩。

（5）提供非资金支持，投资机构安排人员在投资对象机构的董事会任职，注入知识资本和社会资本，直接参与管理决策和团队建设，提供咨询和培训服务，监督执行过程，并链接外部资源。

（6）资助期限较长。向投资对象提供3—10年的支持，资助金额通常大于基金会的短期项目拨款，在资助对象具备可持续发展能力时退出。

（7）投资回报与退出机制。投资方案采用的不同金融工具决定了不同的退出方式。贷款和债券需要偿还，也可以转为准股权投资，准股权投资可以采取交易方式退出，为了给股权和准股权投资提供退出机制，世界各地还出现了社会证券交易所，新加坡2013年在证券市场开设了"影响力交易"板块。

本书归纳总结我国政府主导型公益创投的基本流程，并与上述特征进行对照比较。

2. 公共服务与公益慈善的区别

随着经济社会发展，公共服务的范围日益扩大，已经成为人们获得很多基本服务的主要渠道。与此同时，公益慈善事业也获得了前所未有的发展，非营利机制成为服务供给的一条新途径，并且呈现出与政府和市场相互渗透的趋势。一方面，非营利部门成为政府在公共服务领域的合作伙伴；另一方面，非营利部门又与慈善和市场相结合，推动公益领域的创新。我们把政府提供的公益服务称为公共服务，民间提供的公益服务称为公益慈善。对于普通人来说，无需区分这两种服务的性质。但是，二者的使命价值和角色定位显著不同，二者遵循的规则和运行的方式迥然相异。对于公共服务和公益慈善的发展来说，对二者进行严格区分是十分必要的。一方面，这种区分有利于明确政府在公共服务方面的职责，便于对政府公共服务绩效的客观评价以及监督和问责；另一方面，这种区分也有利于明确公益慈善事业的主体身份和自治空间，促进公益慈善事业健康发展，便于政府对这个领域的支持和规制，同时防止政府的过度干预。

提供公共服务是政府的法定职责。公共服务是指政府为了公众利益，利用公共资源为公众提供的服务。公共服务的供给主体是以政府为主的公共部门，以财政支出作为主要资金来源。[①] 公共服务有广义与狭义之分。最广义的公共服务不仅包括为满足个人需要而提供的公共产品和服务，还包括为建立和维护社会秩序而提供的法律、政策和制度等公共物品。[②] 狭义的公共服务只包括前者。本书讨论的是狭义的公共服务。

公共物品理论、公共福利理论和公民权利理论是确定某项服务是否属于公共服务的三个基本视角。[③] 公共经济学从竞争性和排他性的角度来界定物品的属性，将公共服务定义为具有非竞争性和非排他性的物品。[④] 然而，随着经济社会的发展，今天世界各国政府提供的公共服务的范围，早已不再单纯由物品的经济属性来决定，而是越来越多地由各项服务的社会属性和政治属性来决定。[⑤]

从社会属性的角度来讲，政府提供公共服务的目的是追求公共福利最大化，因此是否能够增进整体公共福利，就成为确定某项物品是否应该成为公共服务的重要依据。比如医疗、教育等服务，单纯从经济属性来看更具有私人物品属性，由市场提供更有效率。但是这些服务除了内在的经济价值之外，还具有巨大的外部效应，这些服务的缺乏和不平等是造成很多社会问题的根源，也是从根本上解决这些社会问题的条件。因此，各国政府在能力许可的情况下，都会最大限度地提供此类公共服务。

从政治权利的角度来讲，第二次世界大战结束至今，经济的持续增长为缓解和消除贫困创造了前所未有的条件，减小贫富差距、共享发展成果日益成为每个人的基本权利，成为人类社会可持续发展的基本前提条件。联合国《人权宣言》第二十五条规定："人人有权享受为维持他本人和家属的健康和福利所需的生活水准，包括食物、衣着、住房、医疗和必要的社会服务"。联合国千年发展目标和可持续发展目标也明确规定了成员国在社会、经济和环境等方面的发

---

① 张菀洺. 政府公共服务供给的责任边界与制度安排 [J]. 学术研究，2008（5）：50 - 54.
② 赵立波. 中国特色公益服务体系研究 [M]. 北京：人民出版社，2015：26.
③ 姜晓萍. 建设服务型政府与完善地方公共服务体系 [M]. 北京：中央编译出版社，2015.
④ 张立荣，李军超，樊慧玲. 基于收入差别的农村公共服务需求偏好与满意度研究 [J]. 中国行政管理，2011（10）：118 - 122.
⑤ 韩小威，尹栾玉. 基本公共服务概念辨析 [J]. 江汉论坛，2010（9）：42 - 44.

展任务。联合国提出的这些目标所涉及的领域和内容,越来越多地成为各个政府提供公共服务的指南。①

公益慈善不同于公共服务。"公益"也有广义和狭义之分。②《辞源》中说"公益为公共之利益,相对于个人之私利、私益而言"。广义的公益指所有以实现公共福利为目标的活动,既包括政府、事业单位和群团组织提供的公共服务,也包括民间机构提供的公益慈善服务。在最基本的含义上,"慈善"就是利用民间资源服务于社会或环境目标,③ 广义的"公益"常与"慈善"一起并称为"公益慈善"。

狭义的公共服务与公益慈善存在显著区别。④ 公共服务属于公共领域,而公益慈善属于私人领域。公共服务是政府的法定职责,是一种执法活动,而公益慈善是民间的道义责任,是一种非强制性的志愿行为。本文讨论的"公益"采取狭义概念,专指民间机构利用社会资源提供的非营利性服务。可以看出,政府主导的公益创投活动之"公益"是广义的公益,而非狭义的公益。本文采用狭义的"公益"概念,将其与公共服务概念严格区分开来,以便于讨论政府和民间在公共服务和公益慈善中的角色。

本书从供给主体、基本价值、决策依据、资金来源、服务对象、服务内容和供给方式6个维度来描述公共服务和公益慈善的特点,参见表4-1。公共服务是由政府按照法律政策的规定,利用财政预算资金采取行政机制或与社会力量合作为具备法律规定资格的对象提供的标准化服务。公益慈善则是由民间机构根据使命自主决策、自筹资源采取非营利机制或市场机制为自主选择的服务对象提供的个性化服务。

表 4-1   公共服务与公益慈善的特点

比较维度	公共服务	公益慈善
供给主体	政府	社会力量
价值导向	权利、公平、平等	志愿精神、社会责任
决策依据	法律政策	自主决策

---

① 林闽钢. 中国适度普惠型社会福利体系发展战略 [J]. 中共天津市委党校学报, 2011, 13 (04): 82-85.
② 彭小兵. 公益慈善事业管理 [M]. 南京: 南京大学出版社, 2012 (06): 9-11.
③ 莱斯特. 萨拉蒙. 撬动公益: 慈善和社会投资新前沿导论 [M]. 叶托, 张远凤, 译. 北京: 中国社会科学文献出版社, 2017: 13.
④ 赵立波. 公益服务: 政策演进与概念辨析 [J]. 中国行政管理, 2016 (1): 35-40.

续表

比较维度	公共服务	公益慈善
资金来源	财政预算	捐赠、资本市场等
服务对象	具有法定资格的对象	自主选择的对象
服务内容	标准化服务	差异化服务
供给方式	行政机制、公私合作	非营利机制、市场机制

从供给主体来看，政府是公共服务的供给主体，社会力量是公益服务的供给主体。在我国，作为公共服务的供给主体的政府是广义的政府，除了政府行政部门之外，还包括党的机构、群团组织和事业单位。作为公益服务供给主体的社会力量则包括社会组织、企业和个人。

从基本价值观来看，公共服务应体现权利、公平、平等的价值观，享受公共服务是公民的权利，公共服务的分配要体现社会公平正义，不同群体应该平等享受公共服务。公益服务也是民间自觉自愿的行动，受到志愿精神和社会责任感的驱动。公益服务对象是公益机构自主选择的，不必受到公平与均等等原则的约束。

从决策依据来看，每一项公共服务的供给都要通过政治程序形成为法律和政策，然后由相关政府机构来负责实施。提供哪些服务、谁有资格享受服务、服务标准、服务所需的资源、由哪些政府机构负责实施等等都是由法律和政策规定的。公益服务则不然，这些决策都是由民间机构自主决定的，法律只对民间机构的行为做了一般性的规定，它们只要在注册登记的业务范围内开展活动就是合法的。

从资金来源来看，提供公共服务所需的资金主要来自于财政预算，而公益服务的资源往往来自多种渠道，包括捐赠、收费和资本市场，乃至政府资助。

从服务对象来看，公共服务的服务对象是由法律和政策确定，但凡符合法律规定的资格条件的人就被赋予了获得此项公共服务的权利，所有服务对象应该具有同等的服务可获得性，平等地享受服务。公益服务的服务对象则是民间机构根据自己的战略、资源和能力状况，自主决定的，它们没有法定义务保证服务的覆盖面，也没有法定义务保证服务对象平等地获得服务。

从服务内容来看，公益服务往往是特定对象提供差异化、个性化的，这种现象被称为"慈善特殊主义"，比如多个慈善机构都按照自己的计划为贫困学童提供食物，免费午餐基金公募计划为一些贫困地区的学生提供免费午餐，上海联劝公益基金会则为贫困学童每天提供一个鸡蛋。公共服务则是标准化的、普遍主义的。比如，2011年国务院启动实施农村义务教育学生营养改善计划，中央每年拨款160多亿元，按照每生每天3元的标准为农村义务教育阶段学生提供营养膳食补助，普惠680个县市、约2600万在校学生。

从供给方式来看，公共服务的供给是行政化的，各级各地政府部门都只服务于所辖范围内的对象，事业单位往往也有行政级别。尽管现在越来越多的政府机构通过购买服务等方式与社会力量合作提供公共服务，但服务范围和运行机制仍然服从科层制原则。公益服务可以采取非营利性机制、志愿机制或市场机制来提供，这些民间主体的活动往往可以突破行政管辖范围的限制，按照市场竞争的原则行事。尽管现行法律规定了社会组织应该在登记管理机关管辖范围内开展活动，但实际上，这个规定并未严格执行。广东的社会组织到云南扶贫，江苏的社会组织到湖北参与社区建设都是很常见的事情。

除了上述区别之外，公共服务由于具有政策和资源保障，一般是相对持续地提供的。公益服务则不一定，公益机构的资源来源往往不稳定，从而影响公益服务供给的持续性。

本书将从上面6个维度来分析政府主导型公益创投的特点，辨析政府和民间在其中扮演的角色，对其合理性做出解释，对其影响进行评价。

（二）研究对象选择与数据来源

本书选择武汉市武昌区和湖北省妇联为研究对象。前者是政府购买服务的代表性案例，后者是群团购买服务的代表性案例。地方政府职能部门举办的公益创投服务对象为所辖区域居民，群团组织举办的公益创投大赛服务对象为特定群体。

武汉市是全国超大城市之一，经济社会发展水平在华中地区位居前列。2018年末，武汉市常住人口1108万人，当年GDP近1.5万亿元。武汉市还是全国高等教育中心之一，拥有82所高校，在校大学生人数全国第一。武昌区是武汉市的7个核心城区之一，位于武汉市东南部，地处长江南岸，与汉阳、汉口隔江相望，是武汉三镇中历史最悠久的城区，也是湖北省委省政府所在地。武昌区下辖14个行政街道，141个社区。武昌区常住人口126万人，在12个行政区和5个功能区中，是常住人口最多的区。2018年创造GDP 1102亿元，位居各区第二，略低于江汉区的 1142 亿元。财政收入 128 亿元，略低于江汉区 131 亿元。① 北京赛迪顾问股份有限公司发布的《2018 年中国百强区发展白皮书》中，武昌区是中国百强区之一。

群团组织尤其是妇联、残联和共青团积极参与了政府购买服务，普遍采取了公益创投大赛的形式来提供公共服务。湖北省妇联从 2014 年开始每年举办"公益木兰"公益创投大赛，已经连续举办了 6 年，建立了"公益木兰"的品牌，形成了妇联组织与社会组织合作的"1+1"运行模式，在妇联职责范围所属的妇女儿童家庭服务领域逐渐扩大公共服务的覆盖面。湖北省妇联的做法具有一定的代表性，代表了群团组织开展公益创投的特点，在公共服务与公益慈善的结合方面也与地方政府比如民政部门有所不同。

武昌区民政局提供了 2014—2018 年连续五届公益创投大赛的资料，包括招标公告，项目申报书，评审标准，尽职调查报告，中期和期末评价文件等等。湖北省妇联提供了连续 4 年"公益木兰公益创投大赛"的资料，妇联改革相关文件。笔者参加了武昌区 2017、2018 年公益创投大赛项目评审，湖北省妇联 2018、2019 年公益创投大赛项目评审，还对参与湖北省妇联和武昌区公益创投大赛的 20 多家社会组织负责人和资深员工进行了访谈。

三、武昌区公益创投大赛案例介绍

2014 年以来，湖北省各级政府广泛开展了公益创投大赛，将其视为政府购买服务的一种手段。武汉市由于各方面条件较好，在政府购买服务方面走在全省前面，市、各区政府都开展了公益创投实践。武昌区较早开展公益创投大赛，并且在 2014—2019 年连续开展了六届，在武汉市各级公益创投大赛中具有典型性和示范性。

（一）武昌区公益创投大赛的背景

近年来，湖北省和武汉市陆续出台了一些鼓励各级政府甚至社区开展公益

---

① 武汉市统计局.《武汉统计年鉴 2018》. http://103.95.217.71/tjj.wuhan.gov.cn/Attachment/201901/201901041649116279.pdf.

创投活动的政策，比如湖北省民政厅出台的《关于做好 2017 年社区公益创投活动的通知》（鄂民办函〔2017〕32 号）和《关于开展 2019 年社区公益创投活动培育发展社区社会组织的通知》，在这些政策指导下，湖北省民政厅 2014 年以来连续每年举办社区公益创投大赛。武汉市的各种公益创投大赛 2013 年以来渐成气候，很多大赛都打出了自己的品牌。表 4-2 列举了近年来武汉市几个典型的公益创投大赛方案的基本内容，这些大赛的主办者以民政局、妇联、残联、共青团为主。其中几个最有影响力的大赛都能坚持每年举办一届，比如武汉社会组织公益创投大赛、武昌区公益创投和武汉市妇联的公益创投大赛都是如此。武汉市民政局主办的社会组织公益创投大赛开展得最早，自 2013 年以来，每年举办一次，到 2018 年已经连续举办了六届。

表 4-2　　　　武汉市各类典型公益创投大赛方案

名称	主办单位	申报主体	项目分类	项目周期	项目资金
2016 武汉社会组织公益创投大赛	武汉市民政局、武汉市社会组织发展基金会、长江日报社、武汉电视台	已登记的社会组织以及在社区备案的社会组织	1. 扶贫帮困类 2. 助残服务类 3. 为老服务类 4. 环境保护类 5. 医疗救助类 6. 就业服务类 7. 经济促进类 8. 青少年服务类	6 个月	10 个项目，每项资助 15 万元
2019 武汉市第三届"家·公益"服务项目大赛	武汉市妇联	依法登记的社会组织	1. "她·成长"项目类别 2. "童·智趣"项目类别 3. "家·文明"项目类别	6 个月	项目补贴为 28.6 万元，共资助 13 个项目
2017 年武昌区第四届公益创投大赛	武昌区民政委、武汉融侨置业有限公司、武昌区慈善总会	实践类项目申报主体为实践类项目要求登记注册的社会组织；创意类项目申报主体为大学生社团，其他学生组织或个人	1. 为老服务类 2. 助残服务类 3. 济困服务类 4. 青少年服务类 5. 其他公益类	1 年	实践类项目预设资金 100 万元，A 类项目 8 个，每项 7 万元；B 类项目 10 个，每项 4 万元 创意类项目共资助 5 万元：C 类项目 15 个，每项 0.2 万元；D 类项目 20 个，每项 0.1 万元

续表

名称	主办单位	申报主体	项目分类	项目周期	项目资金
2018年洪山区社会组织公益项目创投	洪山区民政局	已登记的全市各类社会组织（以洪山区登记为主）	A类：社会组织和社工引领项目 B类：社会服务创新项目 C类：公益创新创意项目	7个月	A类：示范项目（4个，每项6万元） B类：创新项目（28个，每项1万—3万元） C类：公益创新创意（6个，每项1万元）
2017年东西湖区社会组织公益创投大赛	东西湖区民政局	2016年6月30日以前在东西湖区注册登记，2017年1月1日前在街道（社区）备案	1. 为老服务 2. 助残服务 3. 济困服务 4. 青少年服务 5. 其他公益类		支持16项。第一类2个，每项5万元；第二类4个，每项3万元；第三类10个，每项1万元
2018"江夏微光"公益服务活动大赛（不算严格意义上的购买服务）	共青团江夏区委员会	江夏区各高校在校大学生	1. 青春引领 2. 青春建功 3. 青春护绿 4. 青春筑爱 5. 青春和谐	6个月以上	给予一定的经费支持（未明确）

资料来源：根据各类公益创投大赛主办方在网上发布的方案整理。

从表4-2来看，这些公益创投大赛的资助领域都与主办方的职能分工范围相一致，民政部门关注社区建设和社会组织发展，妇联关注妇女儿童家庭服务，共青团关注儿童青少年服务，残联关注残疾人服务。资助力度都不大，单项资助从15万元到1千元。项目周期长则1年，短则数月。资助对象的资格条件与资助力度有关，资助力度比较大项目要求的资质高一些，资助力度小的项目，资质要求就比较低。从区级政府部门举办的公益创投大赛来看，武昌区的项目分类和资助力度等方面都比较有代表性。

武汉市社会组织公益创投大赛是武汉市最有影响力也是资助力度最大的一个政府主导型公益创投活动。表4-3列示了这个大赛2014—2018年连续六届的基本情况。武汉市民政局和武汉市社会组织发展基金会是这个大赛的两个最主要的两个举办主体。2018 年武汉市委组织部和市文明办加入主办单位，主要目的是要求此届大赛以"服务军运会"为主题。

表 4-3 2014—2018 年武汉市社会组织公益创投大赛情况介绍

	第一届（2013）	第二届（2014）	第三届（2015）	第四届（2016）	第五届（2017）	第六届（2018）
主办单位	武汉市民政局	武汉市民政局	武汉市民政局	武汉市民政局	武汉市民政局	武汉市委组织部、市文明办、市民政局
承办及协办单位	武汉市社会组织发展基金会	长江日报、武汉市社会组织发展基金会、武汉社会组织促进会	武汉市社会组织发展基金会、武汉市企业家协会、武汉市残联	武汉市社会组织发展基金会、长江日报	武汉市社会组织发展基金会、武汉市政务服务管理办公室、长江日报社、武汉电视台	武汉市社会组织发展基金会、武汉企业联合会、长江日报社、武汉电视台
资助项目（个）	—	20	20	20	20	20
投入资金（万元）	—	>100	180	180	300	300

资料来源：根据网络新闻报道整理。

（1）2014 年武汉十佳社会组织公益项目诞生，http：//www.360doc.com/content/14/1120/20/2883816_426760007.shtml，访问日期 2019-04-24.

（2）2015 武汉社会组织公益创投大赛，腾讯视频网，https：//v.qq.com/x/page/f03093xl8ue.html，访问日期 2019-04-24.

（3）2016 武汉社会组织公益创投大赛启幕，十佳项目将获 15 万公益金，武汉文明网，http：//hbwh.wenming.cn/tt/201605/t20160510_2545121.html，访问日期 2019-04-16。

（4）2017 武汉公益创投，你想知道的都在这儿！http：//toutiao.manqian.cn/wz_13IIUXBVAF.html，访问日期 2019-04-16.

（5）市民政局办公室关于印发 2017 年武汉为老服务专项公益创投活动方案的通知，武汉市民政局官网，http：//mzj.wuhan.gov.cn/gwfb/158085.jhtml，访问日期 2019-04-16.

（6）2018 年武汉公益创投大赛圆满落幕，武汉市民政局官网，http：//mzj.wuhan.gov.cn/shzztpxw/296302.jhtml，访问日期 2019-04-16.

在区一级层面，武昌区是武汉市最早开展公益创投大赛的。表4-4显示了6个区政府主导开展公益创投的情况，除了武昌区自2014年启动大赛之外，其他5个都是从2017年才开始的。这些区级政府基本上都与武昌区的运作模式很相似，都由民政局委托社会组织来承接大赛具体事务与大赛结束之后合同管理的日常工作，并且都成立了社会组织孵化基地为初创期的社会组织提供能力支持，一般还与民政局主管的慈善基金会合作以便利用社会资金。

表4-4　　　　　　　武汉市区级公益创投大赛一览表

	汉阳区	江汉区	硚口区	洪山区	东西湖区	武昌区
首届年份	2017	2017	2017	2017	2017	2014
主办单位	江汉区民政局	江汉区民政局	硚口区民政局	洪山区民政局	东西湖区民政局	武昌区民政局
承办及协办单位	江汉区社会组织孵化基地	江汉区社会组织管理服务中心、武汉恩派社会创新发展中心	华中师范大学湖北城市社区建设研究中心	洪山区华科乐达社会工作服务中心	武汉市逸飞社会工作服务中心	苏州乐仁乐助公益发展与评估中心
资助项目（个）	20	10	34	37	11	30
资助总额（万元）	300	—	44	130	29	100

资料来源：根据网络新闻报道整理。

（二）武昌区2014—2017年公益创投大赛的情况

2013年国务院《关于政府向社会力量购买服务的指导意见》发布之后，湖北省和武汉市都出台了实施办法，武昌区政府为了落实《指导意见》，自2014年开始探索政府购买服务，公益创投大赛是主要形式。2014年，武昌区民政委借鉴发达地区先进经验，在多方考察的基础上，通过购买服务的方式引入江苏乐仁乐助社会创新中心作为技术支持，开始筹备建立武昌区社会组织孵化器，并且于当年举办力度第一届公益创投大赛。武昌区公益创投大赛迄今已经举办了六届，但是我们只获得了2014—2017年举办的四届大赛的数据以及2018年第五届公益创投大赛的部分数据。下面将从举办主体、申报主体、经费来源与资助力度、服务领域、服务对象和操作流程等方面介绍武昌区公益创投大赛的总体情况,最后对其性质进行分析。

1. 举办主体

政府主导型公益创投大赛一般由政府与民间合作举办,因此举办主体往往不止一个,常常分为主办单位、协办单位和承办单位,武昌区公益创投大赛也是如此,参见表4-5。

表4-5　　　2014—2018年武昌区公益创投大赛举办主体

年份	主办单位	承办单位	协办单位
2014	武昌区民政委	苏州乐仁乐助中心	无
2015	武昌区区委区政府、长江日报、融侨集团	武昌区民政局、长江网、苏州乐仁乐助中心	无
2016	武昌区民政委、武汉融侨置业有限公司	无	武昌区社会组织促进会、武昌区慈善总会、武昌区社会工作者协会、武昌区社区志愿者协会
2017	武昌区民政委、武汉融侨置业有限公司、武昌区慈善总会	武昌区乐仁乐助中心	武昌区社工联合会
2018	武昌区民政委、武汉融侨置业有限公司、武昌区慈善总会	武昌区乐仁乐助中心	武昌区社工联合会

资料来源:根据2014—2018年武昌区公益创投大赛公告整理。

三大举办主体的分工如下:主办单位是公益创投大赛的发起者和出资者,全面主导整个公益创投大赛的各项事务。承办单位主要参与设计并实施整个大赛的运作过程,包括项目筛选、项目培训和项目监管等环节,因此承办单位需要经验丰富和技能专业。协办单位参与大赛的组织工作和各项行政性事务,为申报主体提供申报服务,帮助申报主体实施项目,并且对项目合同的履行承担一定的监督管理职责。从表4-5可以看出,这四届公益创投的举办主体安排都不完全相同,这说明武昌区政府在不断探索和学习,试图摸索出一套举办机制。

2014年第一届大赛是由武昌区民政委独立主办,由苏州乐仁乐助公益发展与评估中心（以下简称"苏州乐仁乐助中心"）承办。① 武昌区政府向苏州乐仁乐助中心购买服务，由于武昌区民政委尚无开展此类活动的经验，苏州乐仁乐助中心承担到了第一届公益创投的设计和运作的具体事务。

2015 年第二届大赛的主办单位升级为武昌区委区政府，武昌区民政委成为承办单位，苏州乐仁乐助中心负责大赛具体事务。第一届和第二届大赛没有协办单位。

从 2016 年第三届大赛开始，武昌区民政委作为主办单位的角色稳定下来，融侨置业作为合作主办单位的角色也趋于稳定。长江日报参与了 2015 年第二届公益创投大赛的主办。这一届没有承办单位，却出现了四家协办单位，协办单位承担了前两届大赛中由承办单位承担的工作。除了武昌区慈善总会成立于 2006 年，武昌区社会组织促进会、武昌区社会工作者协会、武昌区社区志愿者协会都是 2016 年成立的社会组织。这几家社会组织的业务主管单位都是武昌区民政委，武昌区民政委社区服务中心主任同时担任社会工作联合会秘书长，武昌区民政委慈善中心主任同时担任武昌慈善总会秘书长。

2017 年第四届大赛举办主体角色稍作了调整，武昌区慈善总会由协办单位升级为主办单位，三个主办单位之间的分工也大致确定下来。武昌区民政委负责策划、提供技术支持并且帮助项目落地，融侨置业提供资金，捐赠给武昌区慈善总会，再由武昌区慈善总会拨款资助大赛并且作为甲方与大赛优胜者签订服务资助合同。这一届大赛的承办单位变成了武昌区乐仁乐助公益发展与社会创新中心（以下简称"武昌区乐仁乐助中心"）。江苏乐仁乐助中心的项目团队在过去三年与武昌区的合作过程中快速成长起来，并于 2017 年注册成为独立的社会组织。这一年，武昌区社会工作者协会更名为武昌区社会工作者协会。

从 2014—2017 年四届武昌区公益创投大赛举办主体的变化，可以清楚地看出政府主导型公益创投模式的形成过程。在这个过程中，新的社会组织成长起来，不仅是作为服务项目的承接主体，而且直接参与到公益创投的组织运作过程中。2017 年以来，武昌区公益创投大赛的举办模式基本成形。

---

① "乐仁乐助"是由乐仁乐助公益团队创立的社会组织品牌，是一家"智库型、支持型、平台型"的枢纽社会组织。"乐仁乐助"在全国很多地区都发展有社会组织，虽然各地的社会组织都共享"乐仁乐助"这一品牌，但是它们之间是独立的、没有隶属关系的。2017 年武昌区公益创投大赛的承办单位由"武昌区乐仁乐助"承办。来自乐仁乐助社会创新机构官网——机构概况，2018 年 11 月 10 日，http://www.lerenlezhu.com/agencysurveys.html。

2. 申报主体

申报主体是指符合公益创投大赛申报要求的组织和个人。公益创投的申报主体必须符合相关要求。武昌区公益创投大赛每年的主题不同，项目类型设计不同，对申报主体的资格要求也不同。表4-6反映2014—2018年武昌区公益创投大赛申报主体的申报条件要求。

表4-6　　　　2014—2018年武昌区公益创投大赛申报条件

年份	申报主体要求
2014	武汉市正式注册社会组织或备案社区社会组织或社区工作者
2015	在汉高校有意参与社区志愿公益服务的社团或学生组织；高校社团联合社会组织、校内专业社工机构、社会学系以及社区居委会，以组团形式进行申报
2016	实践类项目：（1）武汉市高效内备案的社团和学生组织，以及高效就读的学生个体组合；（2）武昌区在在职党员干部个体组合；（3）武昌区社区备案社会组织；（4）武昌区正式注册社会组织 创意类项目：武汉市高校内备案的社团和学生组织，以及高校内就读的学生个体组合
2017	实践类项目：武汉市以及各区民政部门登记注册的社会组织 创意类项目：主体为武汉市高校内备案的社团和学生组织，以及高校就读的学生集体或个人；武昌区内备案社区社会组织；武昌区内服务的持证社会工作者
2018	培育类公益项目：主体为在汉高校有意参与社区志愿公益服务的社团或学生组织；武昌区内备案社区社会组织，且必须是计划建设幸福驿站的57个社区中的备案社区社会组织，武昌区域内在任的买岗社工、专职社区工作者可做为团队成员 示范类公益项目：主体为在武汉市以及各区民政部门登记注册的社会组织，同时具备其他具体条件

资料来源：整理自2014—2018年武昌区公益创投大赛公告。

从表4-6可以看出，随着武昌区社会组织的发展及武昌区公益创投大赛逐渐成熟，大赛对于申报主体的要求在逐年提高。从2017年开始，实践类项目要求申请主体必须为武汉市以及各区民政部门登记注册的社会组织，且要在办公场所、专职人员、财务状况、相关资质、志愿团队、年度检查、调研要求等方面满足相关要求。不同的项目类别对于申报主体的要求也不尽相同。相比实践类项目，创意类项目的申报主体关于资质、场地等要求就相对较低。

3. 经费来源与资助力度

武昌区公益创投大赛每一届资助总额基本在100万元左右，每年资助项目数量变化较大。从表4-7可以看出，2015年和2016年两届大赛资助的项目较多，不过，资助力度较大的 A 类项目不超过 20 个，主要是资助力度较小的 B 类项目较多。由于撒胡椒面似的 B 类项目监管成本较高，效果也不太好，2017 年以来的大赛转而集中有限资源以较大力度支持数量较少的项目。

表 4-7　2014—2018 年武昌区公益创投大赛项目资助金额

年份	2014	2015	2016	2017	2018
资助总额（万元）	100	100	102	105	100
申报项目数①	155	99	60	53	50
中标项目数②	30	80	40	18	20
中标比例（②/①）（%）	19.4	81.8	66.7	34.0	40.0

资料来源：根据 2014—2018 年武昌区公益创投大赛公告整理。

从表 4-8 来看，连续四届公益创投资助了 168 个项目，主要集中在为老服务、妇女儿童服务、助残服务和社区服务领域。

表 4-8　2014—2017 年武昌区公益创投项目数量　　单位：个

年份\项目	为老服务	妇女儿童服务	助残服务	就业服务	社区服务	精准扶贫	司法服务	其他公益	总计
2014	30	—	—	—	—	—	—	—	30
2015	17	18	10	8	9	2	2	14	80
2016	9	7	4	2	8	3	2	5	40
2017	2	6	5	3	2	—	—	—	18
合计	58	31	19	13	19	5	4	19	168
占比（%）	34.5	18.5	11.3	7.7	11.3	3.0	2.4	11.3	100

资料来源：根据 2014—2017 年武昌区公益创投项目申报情况统计整理。

第一届大赛的资助经费由武昌区民政府出资，第二届开始以后各届大赛的资助经费都是由融侨置业捐赠。但是，每一届大赛的运作费用以及支持成本都是来自于政府资金。武昌区民政委的工作人员直接参与了公益创投工作。武昌区民政委每年要花费几十万元向承办单位购买服务，包括大赛运行服务，以及技术指导和培训等支持型服务。同时，武昌区民政委还购买了一个社工岗位，负责包括公益创投大赛等方面的日常管理工作。不仅如此，一些街道为中标的社会组织免费提供了办公场地等条件。武昌区公益创投大赛还得到了志愿者的支持,比如第四届公益创投 18 个项目中有 16 个项目得到了志愿者的支持,共计 1303 人次。

武昌区公益创投的资助力度小于武汉市社会组织公益创投大赛,但要比武汉市其他区级公益创投大赛的单项资助力度略高一些。武昌区公益创投大赛的项目一般分为 A 类和 B 类,每年确定各类项目的具体名称,比如 2017 年 A 类为实践类项目,B 类为创意类项目。A 类项目数量较少,一般在 10 个左右,但是单个项目获得资助金额较高,一般在 7 万—10 万元。B 类项目根据服务覆盖面、支持资金量等条件分为不同等级。例如,2017 年 B 类即创意类项目数量较多,但是单项目资助金额较低。在武昌区前五届公益创投大赛中,只有第三届和第四届设置了创意类项目。

4. 服务领域和服务对象

武昌区公益创投每届大赛的服务主题和服务范围都是由民政委根据武昌区当年的主要任务设计的,参见表 4-9。2014 年第一届大赛聚焦于"为老专题",所有项目都是为武昌区的老年人提供服务。2015 年以来武昌区公益创投大赛服务领域更为广泛,主要包括武昌区的老年服务、残疾人服务、青少年服务、扶贫及环保等领域。2018 年第六届公益创投大赛的资助领域包括民生服务、社区治理、公益支持和其他公益类(包括城市精准扶贫、社会工作、司法服务、科学发展、环境保护等)。由于 2019 年世界第七届军人运动会(简称军运会)在武汉召开,因此,2018 年武昌区公益创投大赛特别要求"申报项目必须结合军运会元素,在项目设计中加入与军运会有关的主题活动"。

表 4-9　2014—2018 年武昌区公益创投大赛资助的服务领域

年份	服务领域
2014	为老服务:生活照料类;"特殊老年"类;安全防范类;文化娱乐类自我学习类;自我实现类;婚姻家庭类;社会交往类"老年漂"类;精神与心理服务类
2015	社区沟通类;社区教育类;社区健康类;社区关照类;社区普法类;社区便民类;其他类项目
2016	城市精准扶贫类;为老服务类;助残服务类;妇女儿童类;社区服务类;劳动服务类;司法服务类;其他公益类
2017	为老服务;助残服务;济困服务;青少年服务;其他公益类
2018	服务军运会;民生服务;社区治理;公益支持;其他公益类

资料来源:根据 2014—2018 年武昌区公益创投大赛公告整理。

表 4-10 列示了 2017 年第四届公益创投大赛的服务领域、各个领域的申报项目数和中标项目数。第四届公益创投大赛关注五大服务领域：为老服务、助残服务、济困服务、青少年服务和其他公益类服务。第四届大赛共资助 18 个项目，其中青少年服务和助残服务领域的中标项目占到了中标项目总数的接近六成。

表 4-10　2017 年武昌区第四届公益创投大赛项目领域

项目类别	为老服务	青少年服务	助残服务	就业服务	社区服务	总计
申报项目数①	8	18	14	5	8	53
中标项目数②	2	6	5	3	2	18
中标比（②/①）%	25.0	33.3	35.7	60.0	25.0	34.0

资料来源：根据武昌区第四届公益创投大赛项目申请书以及项目评审结果整理。

由于无法获得项目绩效方面的统计数据，我们仅根据公益创投大赛项目申请书对每届大赛资助项目的受益人数进行了统计，2014—2017 年受益人数分别参见和表 4-10。申报时的预计服务对象人数可能与实际服务人数有较大出入，而且这些数据本身也有明显瑕疵，比如，2014 年第一届公益创投 30 个中标项目直接受益人数是 8000 多人；2017 年资助项目只有 18 项，但受益人数和覆盖面却又大大高于 2016 年。尽管数据并不十分准确，但仍然可以在一定程度上说明问题。从表 4-11 可以看出，这些服务项目对武昌区户籍总人口的覆盖面最高时也不过 6.6%，而且覆盖面很不稳定，每年变化很大。实际上，受益人数和覆盖面对绩效的意义十分有限。尽管目前我们缺乏服务质量和服务效果的统计数据，但是公益创投大赛的举办者和获得资助的社会组织都很清楚，这些项目基本上都是以开展活动的形式实施的，人们只要参加一次活动就被算作服务对象和受益对象。有一些项目（比如便民服务、居家养老服务、助残服务）开始形成定期或日常服务能力，而大部分其他项目仍然停留在以活动为主的阶段。

表 4-11　2014—2017 年武昌区公益创投大赛受益人数一览表

年度	直接受益人数（万人）①	户籍人数（万人）②	服务覆盖面①/②（%）
2014	0.8	113.7	0.71
2015	7.0	105.6	6.63
2016	1.7	104.2	1.63
2017	3.9	104.4	3.78

资料来源：根据武昌区第四届公益创投大赛项目申请书整理。

5. 操作流程

武昌区历届公益创投大赛的操作流程基本相似，分为项目招标、项目筛选、项目实施、项目评估等几个环节。

（1）项目招标。武昌区民政局同承办单位和协办单位一起开展项目课题调研，确定当年武昌区公益创投大赛的目标、主题和比赛规则，根据本区经济社会发展水平和财力状况，协调政府部门和社会组织做好面对人民群众尤其是困难群体、特殊人群、弱势群体等的社会服务需求的调查与评估，确定该年公益创投项目整体方向和领域。然后将武昌区公益创投大赛公告通过政府官网、长江日报、微信平台、社会组织等多渠道公开发布。

（2）项目筛选。项目筛选分为项目初筛、项目盲审和项目答辩三个部分。项目初筛主要根据申请主体的各项资质进行审查，属于硬性条件的审核。而项目盲审则侧重于项目设计内容的合理性、可行性和公益性等来进行评审，通过盲审的项目将获得被资助的机会。最后的项目答辩则是通过现场展示和评审问答的方式开展，最终评委会根据各入选项目的表现确定每个项目的资助额度。

项目初筛的主要内容包括申报材料审核和尽职调查，主要目的是剔除机构资质和实施能力不符合的申报单位和设计不完整的公益创投项目。

实践类创投主体提交的申请材料包括：①落地社区证明资料：项目需求调研方案、调研报告、会议纪要（居委会盖章，居民代表签字）和合作意向书。②项目方案资料：武昌区第四届公益创投活动项目申请书、预算表。③机构资质证明材料：法人登记证书副本、银行开户许可证、税务登记证等。④实施能力证明材料：志愿团队登记表、与专职工作人员签订的劳动合同书。第一类和第二类材料是关于申报项目的，通过提交项目需求调研和和项目申请书、预算表，可以基本判断项目设计合理性和完整性。第三类和第四类是关于申报主体资格的，通过法人登记证书、专职人员合同书、志愿团队登记表可以判断出申报单位的是否符合申报资质。

申报材料是申报主体根据申报材料要求和相关填写指南主动提交的材料，而尽职调查则是由承办单位和协办单位主动向申报主体展开的。承办单位通过向项目申报负责人开展结构化问卷调查完成对申报主体的资格审查，并留下尽职调查过程音频和尽职调查表等痕迹材料。

项目盲审为双盲审核，即将不署申报主体名称的申报材料交给审核专家来审核，这样能够最大化保证项目审核的公平公正。项目盲审采取分指标计分的方法。如表 4-12 所示，项目评审包括两级指标，每项指标附有对应的指标值，总分 100 分。指标设置主要包括项目公益性、需求的广泛性、项目设计、团队能力和社会效益 5 个。

表 4-12　　武昌区第四届公益创投大赛项目评审计分表

指标	二级指标	指标值（分）
项目公益性（10 分）	公益性	4
需求广泛性（20 分）	需求广泛性	10
	需求迫切性	10
项目设计（30 分）	项目计划	5
	创新性	10
	落地性	5
	可持续性	5
	预算合理性	5
团队能力（20 分）	专业性	10
	相关经验	5
	团队结构	5
社会效益（20 分）	改善民生	10
	社会创新	10
总分		100

项目答辩的主要目的是为组织方和项目方搭建面对面的沟通平台，保证项目的真实性、评选的公开透明性。项目答辩中，项目申报方代表逐一在现场进行展示，每个项目的展示时间一般不超过 10 分钟，包括项目路演和评委提问两个环节。

项目主办方根据项目评审的总体情况，在对项目来源和类型进行综合考虑并加以平衡的基础上确定优胜项目和中标单位。所谓项目来源和类型就是项目申报者是谁，代表哪个系统或哪个区域，项目类型就是当年确定的服务领域，要尽量均衡分配资源。整个评审过程中间都要同时从技术和政治两个角度考虑问题。假设计划只资助 3 个项目，A 街道申报了 6 个项目，B 街道只申报了 1 个项目，即便从技术层面来看 A 街道申报的 6 个项目都比 B 街道要好，但是一般仍然会在 A、B 街道做一个平衡，A 街道获得 2 个项目资助，B 街道 1 个项目资助。

（3）项目实施。中标社会组织作为项目的主要实施者，在项目实施的过程中要注意以下4点：①要严格按照项目预算开展项目，主要把控项目活动经费和项目人员补贴，防止挪用经费和虚开发票等不良现象的出现。②项目要在预算资金范围内严格按照项目设计的开展方式、开展地点和时间节点开展活动，从而保证项目实施的效果和进度，减少项目延期等问题的出现。③中标社会组织在项目实施过程中要做好痕迹管理，便于项目督导、基层社区等开展日常项目监管，同时这些项目资料也有助于支持型社会组织和科研院所开展研究活动。④项目实施的过程中要及时获得服务对象的反馈，根据实时反馈调整项目实施过程出现的问题，从而提高项目实施效果。

参加公益创投的社会组织一般处于成立初期，它们在人力资源和专业技能方面往往是不足的。这就需要社会组织链接社会资源，寻求专业团队的支持。从武昌区第四届公益创投大赛的情况来看，18个中标项目中仅有两个项目没有外部团队或者合作单位的支持。剩余的16个项目都寻求到了外部团队或者合作单位的支持。

（4）项目评估。项目评估的目的在于通过对项目实施的评估，规范项目服务活动的有序开展、严格项目资金的管理和使用，揭示项目运作和资金管理与使用环节存在的问题，提出加强管理的建议，以保证财政资金的安全与有效使用，提升项目服务的效率和效果。项目评估包括中期评估和结项评估两个部分。

中期评估的主要内容包括：①项目实施情况，包括活动完成情况、活动开展情况、活动计划变动情况；②项目绩效评价，根据项目原定的测量指标进行比较分析；③项目财务情况评价，撰写财务报告；④项目综合效益评价，包括项目目标达成情况评估、项目效果评估。中期评估的流程包括四个步骤。通过现场答辩、资料文献法、电话访谈法等不同方式，对各项指标进行评估测量，评估出社会组织或者项目管理方项目整体运行状况。承办机构与邀请专家独立完成量化指标评估、满意度测评、实地考察测评。具体包括四类：现场监测、档案检查、财务检查、服务对象测评（电话访谈）。

结项评估小组由政府相关负责人、专家、财务、街道相关负责人组成，结项评估主要是针对项目实施、资源配置、财务管理、项目成效、项目可持续性等五个部分组成。结项评估完成后，对于评估合格的项目结清项目尾款。

在整个项目管理流程中，公益创投大赛举办方还为社会组织提供了多项支持性服务。在项目申报阶段，举办方提供了项目申报咨询和培训服务，工作人员在审查项目申报书初稿时，会给申报方提出具体修改建议，申报方可以根据建议修改之后再提交。在项目评审过程中，举办方对进入到复审答辩环节的社会组织进行尽职调查，为最终评审提供信息。在项目实施过程中，举办方为承接项目的社会组织提供培训。在中期评估和结项评估时，评委会根据社会组织申报的项目执行进展情况材料，与社会组织一对一讨论项目实施中的具体问题，给出建设性的意见和建议，帮助社会组织完善管理流程，提高项目的合规性。

四、湖北省妇联公益创投案例描述

目前，湖北省约有 3000 万名妇女、1000 万名儿童，其中留守妇女约 236 万人、流动妇女约 180 万人、留守儿童约 130 万人，妇女儿童发展面临着不少问题。① 与此同时，妇联自身改革也面临着不少问题。近年来，妇联试图通过增加服务能力促进自身改革，向社会组织购买服务似乎是一条可行的途径。

（一）湖北省妇联开展公益创投的背景

2015 年 7 月 9 日，中共中央发布《关于加强和改进党的群团工作的意见》，指出群团组织要通过项目招聘、购买服务等方式吸引社会工作人才、专家学者、社会组织等力量参与服务群众工作。在这一政策指导下，妇联、残联和共青团等群团组织纷纷将自身改革与服务群众结合起来，开始探索政府购买服务的等新的服务方式。

2016 年 7 月 22 日，中共中央办公厅发布《全国妇联改革方案》，要求发挥妇联作为党联系女性社会组织重要渠道的作用，指导各地把女性社会组织集聚在妇联组织下，培育扶持专业类、公益类、服务类女性社会组织，加强对女性社会组织的政治引领、示范带动和联系服务，帮助女性社会组织通过购买服务等方式承接社会公共服务项目，为妇女儿童和家庭提供专业服务。在上述《意见》的基础上，《全国妇联改革方案》明确提出了妇联向社会组织购买公共服务

---

① 秦莉，王小曼. 湖北省首届妇儿公益服务项目创意大赛产生三个一等奖［N］. 人民政协报，2014 - 7 - 15.

的要求。同时，各级政府将妇儿工委的办事机构设于妇联，在妇联组织内部又形成一个自上而下的纵向职能系统，使妇联成为政府授权管理妇女事务的主体。从组织结构上看，这种授权管理的方式有两种：一是协助政府管理妇女事务；二是承担政府管理妇女事务的职能。妇儿工委办事机构在妇联的设置与运行标志着妇联既有非政府组织的功能，也兼有政府组织的部分职能，既有利于妇联为提高妇女地位的国家机制提供支持，也有利于妇联组织和政府部门的密切配合，今后还可能成为具有决策、管理和监督职能的机构，而不仅是协调议事机构。①

湖北省妇联努力实现妇联组织由行政管理型组织向枢纽型社会服务组织转变，由机关化工作方式向社会化的群众工作方式转变，由官僚化、贵族化、活动化、娱乐化的工作模式向项目化、实事化的工作模式转变。② 2016 年 12 月，湖北省全面深化改革领导小组第十一次会议审议通过了《湖北省群团改革方案》，提出在福彩、体彩公益基金中，每年以购买服务的方式安排一定的社会公益项目支持群团组织服务所联系的困难群众，支持群团组织参与政府购买社会服务。根据湖北省妇女儿童的实际需求，将妇女儿童的有关项目纳入到政府购买的指导目录，支持社会组织参与政府购买服务。探索群团组织引领社会组织服务群众的工作模式，将部分职工服务类、青少年服务类、妇女服务类和科技服务类事务通过委托、承包、采购等方式交由社会组织承担。2017 年 4 月 10 日，湖北省财政厅《关于公布湖北省 2017 年政府购买服务指导性目录的通知》中将留守儿童、残疾儿童等困境儿童、留守妇女、育龄妇女等作为重点帮扶对象进行购买服务。

湖北省妇联领导将购买服务工作视为妇联改革的抓手，积极为开展购买服务创造各种条件。自 2013 年起，湖北省妇联开始探索面向社会购买妇女儿童公共服务，每年从办公经费中挤出一定的财政资金用于支持社会组织开展服务妇女儿童和家庭的项目。2014 年 4 月，湖北省妇联创建了湖北省首个妇女儿童社会组织孵化基地。基地通过组织、项目、人才、技术、平台"五位一体"的建设，对萌芽型、初创型、发展型、成熟型的社会组织进行全方位培育，提供办公场地、办公设备、战略规划、项目策划、财务托管、咨询诊断、督导评估等

---

① 肖扬. 对妇联组织变革动因及其途径的探讨 [J]. 妇女研究论丛，2004 (04)：39 – 45.
② 陈洁. "公益木兰"花开更艳——湖北省"公益木兰"服务妇女儿童项目三年成就回眸 [N]. 中国妇女报，2017 – 12 – 20.

方面的技术支持和服务。2015年11月，省妇联成立了湖北省妇女儿童服务中心（以下简称妇女儿童服务中心），该中心是公益一类事业单位，主要职责为培育服务妇女、儿童和家庭的公益类社会组织；设计研发符合妇女、儿童和家庭需求的公益项目，提供专业化公益服务。该中心核定事业编制5名，领导职数一正一副，分别按正处级、副处级选配，另选配工作人员3名。2017年湖北省财政核定该中心人员经费56万元，预算项目经费30万元。①

妇女儿童服务中心成为湖北省妇联实施购买服务的组织平台。2014—2016年，该中心运营的妇女儿童社会组织孵化基地培育社会组织的数量分别为108、30、45和51个。② 从2014—2016年，湖北省妇联共向社会购买服务妇女儿童的公益项目128个，撬动社会资金678万元，与近千家社会组织建立联系与服务，带动市县妇联引导、服务社会组织269家，链接社会资金支持达740万元，其中由各级妇联联合专业社会组织共同实施的家庭教育指导、婚姻家庭矛盾调解、巾帼精准扶贫脱贫、女大学生安全教育、女童保护、特殊家庭关系修复、家庭经典诵读、留守儿童关爱等一批项目已形成了规范化的项目管理模式、标准化的项目输出产品和专业化的项目执行团队。③

（二）湖北省妇联公益创投的基本情况

湖北省妇联在为了规范公益创投管理工作，省妇女儿童孵化基地先后组织制定了《湖北省妇女儿童公益服务项目协议书》《湖北省妇女儿童公益服务项目评估办法》《湖北省妇女儿童公益服务项目专项资金管理办法》及《湖北省妇女儿童公益服务项目财务管理基本事项》等规章制度，有效保障了"公益木兰"项目运行的质量和水平。同时，湖北省妇联建立起一个由第三方评估的评价机制。由服务对象评判的机制，重点从项目内容的迫切性、运作模式的创新性、具体措施的可行性、服务对象的满意度等方面进行评价。④

1. 组织运作模式

湖北省妇联创建了"公益木兰"这个公益品牌，购买服务也是以这个品牌

---

① 2018年12月5日，湖北省妇女儿童服务中心主任访谈记录。
②④ 湖北省妇联内部资料：申军青. 我们的路——省妇联激发社会力量推动改革创新的探索与实践. 2016 – 9 – 9.
③ 湖北省妇女联合会. 公益木兰项目集[J]. 湖北妇女（增刊），2016；湖北省妇联. 关于起草《关于支持妇联组织参与政府向社会力量购买服务工作的意见》的建议. 2017年5月。

的名义。湖北省妇女儿童服务中心利用湖北省妇女儿童社会组织孵化基地作为服务平台，与湖北省妇女儿童基金会动员社会资源，与财政资金整合用于购买妇女儿童服务。该中心聘请专业社工机构——乐仁乐助社会创新机构——提供管理和技术支持。

2014年的项目承接主体包括市州县妇联基层组织和社会组织，各个承接主体独自承担项目实施任务；自2015年起项目承接主体包括湖北省各级妇联组织和在民政部门登记注册的、合法的、公益性社会组织，即具有妇女儿童公益服务项目执行能力和条件的单位。

湖北省妇联培养了一支专业化的干部队伍。《孵化基地2016年示范培训星火计划》是根据湖北省妇联和社会组织发展的需要，重点培训公益木兰项目负责人和市州妇联项目工作骨干和骨干社会组织负责人（重点培训100个社会组织负责人）。各级妇联支持和鼓励干部参加与妇女儿童工作相关的社工师、心理咨询师、律师、婚姻家庭指导师、高级育婴师、公共营养师等职业资格和技术等级考试，干部队伍的专业化、职业化、科学化水平不断提升。湖北省妇联机关43%的干部拥有与妇女儿童工作相关的职业资格和技术等级，还有10名员工通过了社工师考试。[①]

湖北省妇联在市州都设置一个项目专员，担任项目经费审批工作，对项目经费负责，项目组成员使用项目经费时必须经过项目专员批准后方可使用。项目专员从2014年开始跟随孵化器做社会组织的培育工作。在项目实施中专员担任督导的角色，随时与项目实施方沟通，在项目评估过程中，评委认为存在问题的项目要和专员进行单独交流。

在此基础上，湖北省各级妇联在向社会组织购买服务方面形成了"1+1"运作模式。每个社会组织申报省妇联的购买服务项目都必须与当地妇联合作，在当地妇联指导下设计和实施项目。这一模式也是在总结早期经验基础上摸索出来的。在省妇联开始尝试购买服务的最初两年，基层妇联组织和社会组织都可以独立申报项目，但是在项目实施过程中却遇到困难，基层妇联组织的困难是人手不足、能力不够，社会组织遇到的问题是难以落地。只有那些基层妇联与社会组织紧密合作的项目开展比较顺利，这种做法就被固定下来，成为"1+1"模式。

---

① 申军青. 我们的路——省妇联激发社会力量推动改革创新的探索与实践. 2016-9-9.

2. 需求识别

湖北省妇联购买服务主要关注妇女儿童所急、党政所需、妇联所能的领域，聚焦妇联主要职责，重点解决妇女儿童和家庭最迫切且点大面广的需求。湖北省妇联采取了很多办法来了解妇女儿童的服务需求。湖北省妇联主席彭丽敏亲自带队，开展"大走访、大调研、大讨论"。问需于妇女，求计于基层，求教于专家，采取多种方式广泛征求各界妇女群众的意见，收集梳理不同层面、不同群众妇女建议150多条，同时面向妇联干部征集群众需求，两相对照，结果是服务的提供方与需求方严重脱节。2014年1月，首届湖北高校性别平等论坛在武汉举行。来自武汉大学、中南财经政法大学、华中师范大学等高校的专家学者就"法律政策视域下的性别问题"展开研讨。[①]

通过上述方式，结合每年上级妇联安排的任务和湖北省政府的要求，湖北省妇联确定每年公益创投的服务领域。表4-13反映的是2014—2019年湖北省妇联通过"公益木兰"公益创投大赛向社会组织购买服务的项目领域。

表4-13　　2014—2019年湖北省妇联公益木兰项目类别

年份	项目类型
2014	素质提升类、家庭建设类、妇女儿童维权帮扶类、农村留守人员关爱类、城市流动妇女儿童关爱类
2015	妇女发展、女大学生素质提升、妇女维权、关爱流动妇女、关爱留守妇女、关爱留守流动儿童、女童安全自护教育、家庭文明建设
2016	妇女发展、妇女维权、社区家庭服务中心、女童安全教育、留守儿童关爱、"公益木兰"项目志愿者支持
2017	困境群体帮扶、婚姻家庭关系调解、家庭教育指导、母亲素质提升、妇女创业就业、留守妇女儿童关爱、女童安全教育
2018	"居家就业"妇女增收致富、"万家无暴"反对家庭暴力、"和美家庭"家庭文明建设、"守护花开"女童安全教育、"童心同行"留守儿童关爱
2019	"妈妈回家"妇女脱贫增收类、"女性安康"健康服务类、"万家无暴"维权调解类、"家长学堂"亲职教育类、"守护花开"女童安全保护类、"童心同行"留守儿童心理关爱类、其他类

资料来源：根据2014—2019年"公益木兰"项目征集公告整理。包括：王晓易，《"公益木兰"湖北省妇女儿童公益服务项目招标公告》，2015年2月10日，网易新闻，http://news.163.com/15/0210/15/AI3RCGSQ00014AED.html；申军青，《我们的路——省妇联激发社会力量推动改革创新的探索与实践》，2016年9月9日；湖北省妇女联合会，关于起草《关于支持妇联组织参与政府向社会力量购买服务工作的意见》的建议，2017年5月。

---

① 申军青. 我们的路——省妇联激发社会力量推动改革创新的探索与实践. 2016-9-9.

以 2015 年为例，这一届"公益木兰"公益创投大赛重点征集 8 个类别 25 个方向的妇儿类公益项目，参见表 4-14，基本涵盖了妇联工作的职责范围。在妇女服务方面，既有针对所有妇女的妇女发展和妇女维权服务，也有针对女大学生、留守妇女和流动妇女等特殊妇女群体的服务；关注女童安全和留守儿童服务。在家庭服务方面关注了婚姻、家庭的多个方面。湖北省妇联赋予下级妇联一定的自主权，各个市、州妇联可以在湖北省妇联发布项目征集范围的基础上，根据地区的不同情况对所征集项目类别和内容进行调整。

表 4-14　　2015 年"公益木兰"妇女儿童类公益项目分类

服务领域	具体内容
1. 妇女发展	农村、城镇妇女就业；妇女职业能力发展
2. 女大学生素质提升	女大学生就业创业指导；价值观、婚恋观、择业观引导；性别平等意识；"四自"精神培养
3. 妇女维权	关爱妇女儿童的公益律师、人民陪审员、家事调解员等培训；妇联干部及妇女群众维权能力
4. 关爱流动妇女	"新市民"城市融入引导；子女培养教育
5. 关爱留守妇女	生产生活互助；丰富精神生活；婚姻家庭关系调适；女性安全自护能力提升
6. 关爱留守儿童	监护人家庭教育指导；儿童健康成长引导；流动儿童城镇融入指导
7. 女童安全自护教育	性别意识培养；人身安全防护；青春期健康知识普及
8. 家庭文明建设	弘扬家庭美德；家庭邻里关系和谐、矛盾调处；家庭综合服务；家庭暴力危机干预；特殊、困难家庭帮扶；婚恋交友平台

资料来源：王晓易，《"公益木兰"湖北省妇女儿童公益服务项目招标公告》，2015 年 2 月 10 日，网易新闻，http：//news.163.com/15/0210/15/AI3RCGSQ00014AED.html。

在实践经验不断积累的过程中，湖北省妇联逐渐对前期项目不断优化，不断完善运作机制。2019 年，湖北省"公益木兰"公益创投大赛将项目范围规范化为五大具体领域和一个包容性的"其他"领域，每个具体领域都设计了自己的品牌，参见表 4-15。比如，将前几年的流动妇女服务、家庭文明建设、女童安全自护服务、留守儿童服务等设计品牌分别为"妈妈回家""家长学堂""守护花开""童心同行"。2016 年《反家庭暴力法》通过了以后，反家庭暴力服务成为一个新的品牌"万家无暴"。这些品牌有的是省妇联设计的，也有的创意取自基层，比如"万家无暴"就是监利县万飞警官首先提出来的。从表 4-15 可以看出，项目申报十分踊跃，中标率只有22%。不过，这些申报上来的项目大多得到本地政府和妇联的支持和资助。有的项目已经获得成功，有了全国影响力，甚至在全国处于领先地位。比如监利县公安局万飞警官在2015年发起成立一家名为"万家无暴"的社会组织从事反家暴服务，这家机构的项目多次获奖。现在这家机构有8位专职社工，不仅是服务机构，而且初步发展成为行业支持型机构。他们与联合国妇女署合作，已经筹集到90万元经费，准备开发反家暴方面的课件教材，并且建立反家暴的数据库，为全国同行提供技术和能力支持。

表4-15　2019年湖北省"公益木兰"公益创投项目领域

项目类型	妈妈回家	女性健康	万家无暴	家长学堂	守护花开	童心同行	其他	合计
申报项目数	33	26	21	56	18	48	30	232
通过初筛项目数	14	8	11	12	7	8	10	70
通过复审项目数	10	5	10	10	5	5	5	50

资料来源：湖北省妇联提供。

很多项目申报者的主要目的不仅是为了获得三五万元的资助，而是将其视为来自上级的支持和认可，是一项荣誉，可以用于扩大知名度和影响力，最重要的是可以成为获得当地政府更大支持的权威性依据。比如，2019年项目复审的时候，鄂州市梁子湖区的妇联主席在项目路演中就说：我其实不是为了这几万块钱，我主要是想通过这种方式得到区委区政府对我们妇联工作的更多关注和更大支持。

湖北省妇联的公益创投已经越来越接近政府购买服务，一是服务项目逐渐归并为少数几个大类；二是服务普及推广，扩大覆盖面，有的服务实现了部分地区全覆盖，成为真正意义上的公共服务。比如，鄂州市已经在每个区级民政窗口和法院设立了婚姻调解服务中心，为所有申请离婚者在进入协议离婚和诉讼离婚程序之前提供调解服务。三是最佳实践和标杆瞄准使得服务日益规范化标准化，比如所有"万家无暴"项目现在都建立了服务平台和联动机制，能够为妇联、公安和社区干部等相关工作人员提供了标准化培训。专业化程度越来越高，探索社会工作个案、小组和社区服务方式，初步完成教材和案例库的编写工作。

3. 资金来源与使用管理

湖北省妇联聚合了多个渠道的支持妇女事业发展的社会资源，为"公益木兰"公益创投项目提供资助。资金来源包括省财政下拨湖北省妇联的专项经费、公益创投大赛所募集的捐赠资金以及争取的其他社会资金，每年"公益木兰"创投大赛的资助总额基本维持在100多万元。公益木兰"项目得到了爱心企业和社会爱心人士的大力支持，2014—2016年，湖北省妇女儿童基金会获得爱心善款近1000万元。在湖北省妇联的带动下，各市州妇联除承接"公益木兰"项目外，还组织实施了145个公益项目，链接资金近1200万元。"公益木兰"项目将一批专家学者、企业精英、媒体记者、爱心人士、高校学生、公益志愿者，紧密团结在妇联组织周围，成为妇联工作的支持力量。① 表4-16展示了近6年来湖北省妇联"公益木兰"公益创投大赛的每年项目资助总额和单项资助金额。可以看到，起初六年资金规模较大，单项资助力度也较大。资助规模和单项资助力度都有减少的趋势。

表4-16　　2014—2019年湖北省妇联公益木兰项目资金

年份	2014	2015	2016	2017	2018	2019
项目资助总额（万元）	243	197	147	—	150	100
单项资助金额（万元）	≤10	≤10	≤5	≤3	≤3	≤3

资料来源：2014—2019年湖北省妇联"公益木兰"项目征集公告、2016年"公益木兰"项目评审工作情况通报。

湖北省妇联向社会力量购买服务工作，不仅调动了社会组织等专业力量的积极性，增加了妇女儿童家庭服务供给，而且发挥妇联的组织网络优势，放大政府财政资金的杠杆效应，撬动更多的社会资源参与妇女儿童公共服务。②

湖北省妇女儿童公益服务项目专项资金管理办法中规定项目经费拨付至民政部门注册登记、有独立账户的成熟社会组织或项目实施单位，对于没有在民政部门注册、尚无独立账户的初创型社会组织，项目经费则由湖北省妇联儿童基金会代为托管，经费实报实销。为社会组织的提供了发展空间。③

湖北省妇联对公益创投项目制定了专项资金管理办法，其中规定：项目经

---

① 申军青. 我们的路——省妇联激发社会力量推动改革创新的探索与实践. 2016-9-9.
② 湖北省妇女联合会：关于起草《关于支持妇联组织参与政府向社会力量购买服务工作的意见》的建议，2017年5月。
③ 湖北省妇女儿童社会组织孵化基地：《湖北省妇女儿童公益服务项目专项资金管理办法》，2015年8月。

费的使用应遵循"计划性、合理性、有效性"原则,做到"专款专用、专人审批"。例如:对聘请的专家培训授课、专题讲座、评估鉴定的费用支出的标准参照正教授每天不超过 1000 元,副教授每天不超过 800 元,讲师每天不超过 500 元执行。其他人员的劳务开支也有明确规定。项目总额中劳务费支出不得高于项目经费的 40%。

4. 项目基本情况

我们可以从 2014—2018 年连续 5 年的项目中标率、项目服务领域分别和项目地区分布来看"公益木兰"项目的基本情况。

湖北省妇联"公益木兰"公益创投大赛竞争非常激烈,中标率很低。表 4-17 罗列了 2014—2018 年"公益木兰"项目中标率,2015 年最低只有 9%,2018 年最高也不到 25%。

表 4-17 2014—2018 年湖北省妇联"公益木兰"项目中标率

年份	2014	2015	2016	2017	2018
申报项目数量(个)	286	400 +	231	174	147
中标项目数量(个)	30	36	30	32	36
中标百分比(%)	10.5	9.0	13.0	18.4	24.5

"公益木兰"项目都仅仅围绕妇联的主要职能,参见表 4-18,主要集中在七大领域,但和谐家庭建设、妇女能力发展、女童安全教育和留守人员关爱等四个领域中标项目数占了中标项目总数的 85%。"其他"类只有 2017 年有一个项目中标。

表 4-18 2014—2018 年湖北省妇联"公益木兰"项目领域分布

类别 年份	和谐家庭建设	留守人员关爱	妇女能力发展	女童安全教育	妇女维权帮扶	困境群体帮扶	流动人员关爱	其他	合计
2014	11	7	4	—	6	—	2	—	30
2015	9	6	7	11	3	—	—	—	36
2016	13	7	5	3	2	—	—	—	30
2017	15	3	6	4	—	3	—	1	32
2018	7	7	7	8	7	—	—	—	36
合计	55	30	29	26	18	3	2	1	164

资料来源:根据省妇联 2014—2018 年"公益木兰"入围项目一览表整理。

湖北省妇联历届"公益木兰"中标项目的地区分布一定程度上显示了省内各地区妇联参与度由不平衡向较为平衡的方向发展。参见表4－19，2014年武汉市中标项目占到中标项目总数的四成以上，此后逐年递减，到2018年武汉市中标项目数只占1/8。一方面，这是因为武汉市作为省会城市，社会组织发展程度领先全省，政府购买服务也得风气之先，而省内其他地区较为滞后，因此，头两年武汉市占得先机。随后，其他地区的学习曲线很快上升，使得省妇联能够更好地考虑地区平衡，因此，2016年以后，省内各地区中标项目数量越来越趋于平衡。可以说，省妇联"公益木兰"公益创投大赛有效地促进了服务于妇女儿童家庭的社会组织的发展，提升了这个领域的公共服务供给能力。比如，鄂州市妇联与武汉市一家社工机构合作在2016年申报成功了一个婚姻调解服务项目，这家社工机构派出1名社工与鄂州市妇联合作执行项目，项目实施取得了预期效果。第二年，这名社工在鄂州市妇联扶持下在鄂州市注册成立了"嘉和社工服务中心"，这是鄂州市第一家本土社工机构。

表4－19 2014—2018年湖北省妇联"公益木兰"项目地区分布 单位：个

年份	2014	2015	2016	2017	2018	总计
武汉市	14	11	5	6	4	40
其他地区	16	25	25	26	32	124
总计	30	36	30	32	36	164

资料来源：省妇联提供的2014—2018年"公益木兰"入围项目一览表。

5. 操作流程

与武昌区政府举办的公益创投大赛相似，湖北省妇联举办的公益创投活动操作流程也可以分为招标公告、项目申报、项目评审、项目实施、项目评估等几个步骤。湖北省妇联每年3—4月完成公益创投大赛的项目征集和评审工作，从5月初到年底完成项目实施和验收。

（1）招标公告。湖北省妇联每年在筹集到公益创投资金，确定了服务需求之后，在湖北妇女网公布项目征集公告。招标对象是全省各级妇联组织，以及在民政部门登记注册的公益性社会组织，已经获得其他各种创投支持的公益项目，不能参加当年的招标。申报机构可以根据招标公告确定的服务领域设计项目，每年的招标公告一般都设立了"其他类"，申报主体可以选择某个领域设计具体服务项目，也可以根据自身优势申报自主项目。

（2）项目申报。社会组织根据省妇联官网公布的招标公告的要求设计和申报项目。近年来，申报条件中特别强调了"1+1"原则：以妇联为申报主体的，须联合社会组织共同实施项目；以社会组织为申报主体的，须将妇联组织作为合作单位。特别优秀的创意项目可单独申报。相关社会组织申报，或者相关社会组织和当地妇联一起申报，当地妇联督导实施项目。当地妇联受湖北省妇联的委托，按照省妇联的标准和要求，辅导项目实施。以市州妇联为单位集中申报项目，每个市州可择优推荐1—3个项目，直管市、神农架林区可推荐1—2个项目。[①]

表4-20罗列了2014—2019年湖北省妇联公益创投项目申报主体资格要求。可以看出，2014年，全省各级妇联组织和社会组织分别独立申报项目，2015年开始鼓励妇联组织与社会组织对接，2016年也并未特别强调妇联组织与社会组织的合作，2017年以后各级妇联组织与社会组织联合申报和实施项目成为常态。

表4-20　2014—2019年湖北省妇联公益木兰项目申报主体资格

年份	申报主体资格要求
2014	1. 全省各级妇联组织；2. 湖北妇联系统所属女性社会组织、团体会员；3. 在民政部门登记注册的公益性社会组织以及其他单位
2015	1. 全省各级妇联组织，在民政部门登记注册的公益性社会组织以及企事业单位。2. 鼓励妇联组织与社会组织有效对接，参与项目策划、实施工作
2016	1. 支持龙头社会组织联合其他社会组织申报1个类别的项目，鼓励跨地区实施项目。同等条件下，承担过"公益木兰"项目的社会组织优先。2. 其他社会组织可单独申报1个特色项目
2017	1. 申报主体湖北省各级妇联组织和省内依法登记、备案的社会组织。2. 加强妇联与社会组织的联系与合作。以妇联为申报主体的，须联合社会组织共同实施项目。以社会组织为申报主体的，须将妇联组织作为合作单位。特别优秀的创意项目可单独申报
2018	1. 申报主体为全省各级妇联组织和在民政部门登记注册的公益性社会组织。2. 加强妇联与社会组织的联系与合作。以妇联为申报主体的，须联合社会组织共同实施项目。以社会组织为申报主体的，须将妇联组织作为合作单位，共同参与项目策划、实施工作。鼓励项目落地"妇女之家"
2019	1. 申报主体为全省各级妇联组织和在民政部门依法登记的社会组织；2. 有实施公益项目经验，能够争取社会资源，提供配套项目经费的单位和执行过"公益木兰"项目的团队在同等条件下具有优先资格

资料来源：根据2014—2019年"公益木兰"项目征集公告整理。

---

① 宜昌市妇女联合会官网. http://www.ycwomen.com/news_show.asp? id=12592，2017年1月13日。

（3）项目评审。项目评审标准主要包括四个方面：一是迫切性，体现妇女所急、党政所需、妇联所能；二是创新性，项目理念和推进措施都有创意；三是可行性，项目目标明确、措施有效、执行过程完善和风险可控；四是预算合理性，项目预算科学、资金安排合理。

项目评审分为四个阶段。第一个阶段是初审，由省妇联内部组织评审委员会承担初审和复审工作。初评突出"不漏掉一个好项目"的原则，主要审核申报单位资质、项目需求、活动设计及项目预算等方面的内容。第二个阶段是复审。复评坚持"好中选优、优中选特"。复审专家和初审是同一批专家，但评审的侧重点不同。复审主要审核项目的创新性、可行性、预算合理性、服务对象覆盖率等方面的内容。第三个阶段是终审。终审工作是最后的把关，由多个领域的专家组成评委会，成员主要包括高校专家、社工实务工作者、政府主管部门、省妇联机关干部、基层社区妇女工作者等。评审现场一般分为2—3个小组，每个小组5—6个评委。每个项目评审时间在8—10分钟，首先是项目申报单位陈述，然后评委提问，项目申报单位答辩。最后，评委会给出优化建议。第四个阶段是优化。社会组织根据评委会给出的优化建议进一步修改完善项目实施方案，达到要求后省妇联与之签订项目合同，并拨付第一笔项目经费。[①]

这个过程中，初审和复审的淘汰率非常高，几百个项目经过初审和复审之后往往只剩下几十个参与终审。比如2019年申报的200多个项目初审和复审后，只留下70个项目参加终审，最终50个项目获得资助。

（4）项目实施过程管理。湖北省妇联十分重视项目实施过程管理，以合同管理为基础形成了规范的管理流程，主要是定期交流和中期评估。

申报项目成功的社会组织在签订合同之后，每2个月参加一次省妇联组织的集中培训和项目交流会。在交流会上，采取小组的方式，分成多个小组，湖北省妇联、市州妇联、督导、项目服务人员一起讨论交流。他们的要求可以向专员提出来，专员平时负责与实施的项目沟通，例如：项目计划的变更、项目预算的调整都要和项目专员进行沟通，专员认为存在问题的项目要进行单独交流。实施效果好的社会组织为参会成员分享经验。[②]

项目开展运行至一半时间，由项目承接方向评估部门提出中期评估要求，中期评估不合格的项目进行淘汰；项目运行结束时，由项目承接方向评估部门

---

① 申军青. 我们的路——省妇联激发社会力量推动改革创新的探索与实践，2016-9-9.
② 湖北省"好乐社会工作服务中心"调研访谈记录，2017年7月5日。

提出结项评估申请，包括项目评估时间。若项目承接方未提出申请，将由评估部门确定评估时间。①

在湖北省妇女儿童公益服务项目协议书里规定了项目的经费与拨付。项目经费由甲方分三次向乙方拨付：项目协议签署后拨付项目经费的50%，项目通过中期评估后拨付项目经费的30%，项目通过结项评估后再拨付经费的20%。项目经费须转款专用。如乙方项目实施完毕，但结项评估未通过，则项目尾款不再拨付，已拨付款如有结余须由甲方视具体情况酌情处理；如乙方项目实施完毕，且结项评估通过，项目结余款可留用，继续用作本项目服务支出。如乙方项目在实施过程中被停止，项目已拨款项中结余部分须由甲方视具体情况酌情处理，其余款项不再拨付。

（5）项目绩效评估。湖北省妇联的公益创投项目采取了建构性评估模式，在项目设计和实施过程中，由专业评估机构与项目承接主体一起建立和调整项目评估标准和指标体系。根据建构主义原则，在项目开始实施前就公布评估指标，指标是靠大家共同建立的，在评估的过程中也充分吸收社会组织等利益相关方的意见，评估目的以改进工作、提升能力为主。

项目评估标准的主要依据是民政部2014年12月24日发布的《社会工作服务项目绩效评估指南》，这个指南确定了社会服务组织评估指标的大的框架。湖北省妇联委托多家第三方评估机构担任项目评估工作。这些第三方评估机构本身都是专业的社工机构，比如好乐社工服务中心、珞珈社工服务中心等。第三方评估机构结合其妇联特色将民政部的评估指标指南细化，充分采纳项目承接主体的意见和建议，建立起"公益木兰"项目评价指标体系。第三方评估机构在建立评估指标体系时采取了社会工作的调查方法，他们首先设计了一套指标体系，然后广泛征求社会组织、资助方、受益方、服务对象的意见，然后用综合统计的办法，确定哪些指标留下来，哪些指标淘汰掉，最终确定每个指标的权重，并且使得这个评估指标体系的大框架完全符合民政部的要求。

项目评估的程序是在自我评估基础上进行第三方评估。项目承接方自我评估的主要内容是项目完成概要、项目具体实施情况、已完成的工作、项目产生的社会效益、项目管理的综合能力、经费使用情况、总结经验、存在的问题和

---

① 湖北省妇女儿童社会组织孵化基地：《湖北省妇女儿童公益服务项目评估办法》，2015年8月。

诉求、解决问题的对策等。第三方评估目前采用的项目评估指标体系主要从项目完成情况、项目效益、综合能力、财务状况四个维度对项目进行测量，重点评估受众满意度、财务支出、链接资源等指标。[①] 第三方评估机构组织项目评估小组开展评估工作，评估小组成员包括专业社工机构、湖北省妇联机关干部、湖北省妇联常执委、基层妇女工作者、爱心企业、妇女群众代表、财务专家等，一个评估小组至少由5个成员构成。第三方评估分为以下4个部分：①评估概要，查看材料是否合格，对"自评报告"的真实性、原始性、关联性进行评价。②项目承接方的优秀经验，项目运行取得预期社会效应的做法，项目管理中科学性、可行性高的经验。③发现问题。④提出评估意见，判断项目是否还可继续。"根本性违约"可以直接解除合同，"缓评"是指实施方在进度上没有完成合同，不能直接解除合同，要给对方缓冲的时间进行整改，提升进度。[②]

项目评估结果的使用采取"以评促建"原则。项目在实施第六个月时就进行中期评估，评估专家要到现场进行评估后的反馈，找出项目存在的问题以及项目是否可以持续下去。若认为有需要扣分的地方也要有事实的材料依据。当场反馈，并听取社会组织的意见。"以评促建"最终的目的就是让社会组织把项目做得更好。

6. 服务效果

我们并没有获得湖北省"公益木兰"公益创投大赛开展以来的项目实施效果评价方面的全面数据，仅以服务覆盖面和资助持续性两个方面为例加以说明。

我们对历年入围项目申报书中承诺的受益人数做了统计，见表4-21。从表中可以看到，2014—2018年五届公益创投项目一共服务56.2万人次。结合表4-17来看，这几年中标的项目基本都是30多项，数量差异并不大，但是每年受益人数差异却很大。这些差异在一定程度上与服务内容和服务方式有关，以大型活动为主的项目服务对象就比较多，以个案为主的项目服务人数就会受限。此外，出现这么大的差异也与缺乏服务标准有关。由于缺乏服务标准，对服务对象人数的估计就较为随意，并且可能是大大高估的水平。尽管可能被高估，这个数字与上文所说的湖北省妇女儿童总人数4000万相比，覆盖面也只有1.4%。

---

①② 湖北省妇女儿童社会组织孵化基地：《湖北省妇女儿童公益服务项目评估办法》，2015年8月。

表4-21   2014—2018年"公益木兰"项目受益人数

年份	2014	2015	2016	2017	2018	合计（人次）
受益人数	108254	221351	88371	116634	27577	562187

资料来源：2014—2018年"公益木兰"入围项目一览表。

"公益木兰"公益创投项目的单项资助力度不大，资助的持续性也很弱。表4-15显示了"公益木兰"公益创投项目的单项资助力度从起初的10万元降低到3万元，并且稳定在这个水平。表4-22显示了2014—2018年"公益木兰"公益创投项目的资助连续性，只有1个项目连续五年获得资助，3个项目获得4个年度的资助（不一定是连续年度），7个项目获得3个年度的资助，20个项目获得2个年度的资助，106个项目（占比65%）只获得1个年度的资助。前面已经谈到，省妇联的资助是引导性的，对于只获得省妇联1次性资助的社会组织来说，必须要找到多个资源渠道，尤其是获得当地政府的资助才有可能持续运作下去，否则就有断炊之忧。好在近年来，各级各地政府开展了名目繁多的购买服务招标和公益创投大赛，总体上投入的资源持续显著增加，使得公共服务行业似乎呈现出繁荣的局面，2014年以前成立的社会组织基本上都站稳了脚跟，大多数组织的员工数量和年收入都在增长，每年还有新的社会组织进入到行业之中。

表4-22   湖北省妇联"公益木兰"项目资助的持续性

资助时间	项目数量	承接主体	服务内容
5年	1	武昌区生命阳光公益救援中心	儿童安全、女童自护
4年	3	大悟县妇联	留守儿童、汉秀脱贫
		湖北省儿童中心	儿童关爱
		监利县蓝天下妇女儿童维权协会	反家暴、儿童安全自护
3年	7	鄂州市妇联	家庭婚姻调解、儿童自护、家庭教育
		鄂州市家庭教育指导服务中心	家庭婚姻调解、儿童自护、家庭教育
		荆门市妇联	儿童自护
		天门市心家园社会服务中心	儿童自护、家庭教育
		襄阳市妇联	家庭教育、妇女能力培养
		宜昌市妇联	家庭和谐、儿童自护、反家暴
		宜昌市三峡旅游职业培训学校	女童教育、自护
2年	20	略	略
1年	106	略	略

资料来源：2014—2018年"公益木兰"入围项目一览表。

然而，由于各级各类政府机构和群团都在开展同质性的公益创投大赛，资助方式基本上都以短期、小额资助为主，每个项目的申报和管理成本很高，社会组织往往要获得多个项目才能维持一年的运作。为了生存下去，社会组织极少能够专注于某个服务领域，而是不得不针对各种不同的招标领域和要求设计项目，有的社会组织承担的项目从青少年服务，到留守妇女服务，再到居家养老服务，几乎囊括了社会服务的所有领域。由于这些机构几乎都没有固定的场所和设施，项目实施主要以开展活动为主，服务深度和服务质量很难保证。

五、研究发现

上文绍了武昌区和湖北省妇联通过公益创投大赛来购买公共服务的基本情况，下面从它们采取的资助流程和体现的服务特征来分析政府主导型公益创投的性质。

（一）从资助流程来分析

我们将欧美国家的公益创投称为典型公益创投，将武昌区和湖北省妇联举办的公益创投称为政府主导型公益创投，对两种类型的公益创投采取的资助流程进行对比分析，参见表4–23。

表4–23 政府主导型公益创投与典型公益创投的资助流程比较

主要特征 \ 流程类型	典型公益创投资助流程	政府主导型公益创投资助流程
举办主体	民间机构	政府机构
资金来源	基金会、资本市场	慈善捐赠、政府资助
资助对象	社会目的机构（非营利组织和社会企业）	社会组织
资助目的	社会创新、核心运营能力	公共服务、组织培育
资助逻辑	社会影响力投资	竞争性拨款

续表

主要特征 \ 流程类型	典型公益创投资助流程	政府主导型公益创投资助流程
投资组合	量身定制	—
资助期限	3—5年	1年以内
交易及退出机制	市场机制	—
非资金支持	知识资本、社会资本	社会资本、行政资源

从表4-23可以看出，我国流行的政府主导型公益创投与欧美国家的公益创投的资助模式存在显著的区别。从武昌区和湖北省妇联采取的资助流程来看，我国政府主导型公益创投更接近于传统的慈善项目拨款方式，而不是新型的非公益创投模式。

从举办主体和资金来源来看，欧美国家的公益创投一般由基金会和其他民间金融机构举办，这些机构自主筹集资金。政府主导型公益创投则由政府举办，资金主要来源于慈善捐赠，部分来自于政府资助。

从资助对象来看，欧美国家的公益创投主要投资于初创期的社会目的机构，包括非营利组织和社会企业；而政府主导型公益创投的资助对象基本上限于社会组织。

从资助目的来看，欧美国家的公益创投是通过资助社会目的机构的核心运营能力建设而非个别项目来提升投资对象的持续发展能力，促进社会创新，与公共服务没有必然联系；我国政府主导型公益创投的目的是弥补公共服务之不足以及培育社会组织。

从资助逻辑来看，欧美国家的公益创投是一种社会影响力投资工具，重视投资价值，按照社会影响力优先的标准进行投资，兼顾经济回报。采取量身定做的投资组合，资助期限远远长于基金会的传统年度拨款。还尝试建立市场化的交易和退出机制。这些设计都是为了实现其资助目的。而政府主导型公益创投遵循了竞争性拨款程序，其资助完全没有投资属性，也不追求投资回报。资助时间不超过1年，很多公益创投大赛都在3—5月举办，项目实际执行时间只有几个月。因为采取拨款模式，没有投资属性，也不需要交易及退出机制。

欧美国家的公益创投与我国政府主导型公益创投都提供了非资金支持，但是支持的内容与方式大不相同。欧美投资机构安排人员在投资对象机构的董事会任职，注入专业知识资本，直接参与管理决策和团队建设，并帮助链接外部资源，获得社会资本。我国政府主导型公益创投举办主体也为资助对象提供了非资金支持，但是主要是提供政治和行政资源。社会资本往往也是以政治动员的方式提供的，比如发挥党员和共青团员的积极性，民政部门利用自身在社区基层政权建设中的优势、共青团利用其对青年学生的号召力来大规模组织动员志愿者。

从上述分析来看，政府主导型公益创投是地方政府利用市场竞争方式来配置慈善资源的一种方式，本质上是一种慈善拨款资助方式，体现了广义上的公益性，但完全没有体现出公益创投最核心的作为社会影响力投资工具的特点。

（二）从服务特征来分析

如前文所述，公共服务是政府的法定职责，政府依法利用公共资源为符合法定条件的对象提供的普遍化、标准化的服务。公益慈善服务由民间机构出于道义责任依据志愿精神利用社会资源（主要是慈善捐赠和志愿者）为特定对象提供的服务。表4-24列举了区别公共服务和公益慈善的几个维度，包括供给主体、价值导向、资金来源、服务对象、服务内容及供给机制等方面。我们可以运用这个框架来分析武昌区和省妇联举办的公益创投的性质，参见表4-24。

表4-24　　　　　公共服务与公益慈善的特点

比较维度	公共服务	公益慈善
供给主体	政府主导、民间参与	—
决策和程序	—	自主决策
价值导向	—	志愿精神、社会责任
资金来源	公共资源	捐赠、志愿服务
服务对象	—	自主选择
服务内容	—	差异化服务
供给方式	行政机制、公私合作	非营利机制、市场机制

从供给主体来看，武昌区和省妇联是公益创投大赛的主办单位。在武昌区案例中，尽管出资者（融侨集团）和筹款机构（武昌区慈善总会）也是公益创投大赛的主办单位，但大赛具体事务主要都是由武昌区民政委操办的，融侨集

团只是象征性地参加路演等活动,而武昌区慈善总会本来就是武昌区民政委的内部机构。武昌区民政委将公益创投大赛具体事务外包给了一家社会组织作为承办单位。省妇联是"公益木兰"公益创投大赛的唯一主办单位,内设事业单位——湖北省妇女儿童社会组织服务中心——负责具体操作大赛事务和项目管理。

从决策依据来看,武昌区与省妇联的公益创投大赛都没有按照《预算法》《政府采购法》和《招投标法》等法律规定的决策程序和操作程序,而是由主办单位自主决策的方式确定服务领域、服务内容、服务对象和资助标准等问题。

从价值导向来看,上述两类公益创投并未遵循权利、公平等公共服务的基本原则,倒是体现了公益性、志愿精神和社会责任等价值观。捐赠者和志愿者出于利他精神和社会责任为这些项目提供资金或志愿服务。没有人能够声称自己具有享受武昌区或省妇联通过公益创投提供的某项服务的资格或权利,享受了某项服务的人在项目结束之后也无权要求继续享受服务。所有服务项目的决策权都归主办方。

从资金来源来看,尽管项目资助经费主要是通过慈善捐赠募集的,实施过程中有很多志愿者参与,但作为主办方,武昌区政府和省妇联为公益创投大赛的举办以及项目实施投入了大量人力、物力和财力。比如,武昌区公益创投大赛每年资助总额不过100万元左右,但是武昌区民政委每年都有多名干部以及聘用人员投入大赛各项事务,项目管理外包给一家社会组织,并且提供场所和设施用于举办大赛和日常管理,在项目实施过程中,各个街道政府和社区也投入了不少资源。粗略估计,这些公共资源不会少于100万元。不仅如此,第一届公益创投项目资助经费也是政府资金。省妇联的情况与此相似,每届"公益木兰"公益创投大赛的资助金额在100万—250万元之间,但每年省妇联妇女儿童社会组织服务中心每年的预算就有80多万元,该中心的主要工作任务之一就是操办每年的公益创投大赛。在项目实施过程中,省内各级妇联又为社会组织提供了各种有形无形的资源。这些资源总价值也不会少于项目资助金额。

从服务对象和服务内容来看,武昌区和省妇联的公益创投项目提供的极少是普遍性的、标准化的服务,绝大多数都是在个别社区提供的个性化服务。以武昌区公益创投为例,每个项目所服务的范围仅为武昌区的某个社区或者几个社区,并非覆盖武昌区整个区域。尽管服务对象主要针对青少年、妇女、失独和高龄独居老人、留守群体、流动群团和贫困人群等,但是服务对象和服务内容都不是由法律确定的,而是由主办方确定项目范围,由项目申报者选择服务地点、服务对象和设计服务内容。公益创投的服务内容和服务对象每年都在发生变化。

从供给方式来看,武昌区和省妇联的公益创投由政府主导,与社会组织合作,采取行政机制与市场机制相结合的方式来提供服务。当然,行政机制掌握决策权和资源分配权,项目申报和评审一定程度上利用了市场竞争机制。

总的来看,政府主导型公益创投提供的服务并非完全意义上的公共服务,而是吸收公益慈善活动的很多特质,既试图将社会组织纳入到公共服务体系之中,又试图通过行政机制吸纳和分配慈善资源。即便如此,无论是从操作流程还是从服务性质来看,公益创投方式提供的服务都不具备公共服务的典型特征,它在培育社会组织方面的贡献要大于其对公共服务的贡献。这些服务缺乏法律规范,没有法定的服务对象、服务内容和服务标准,资金来源不稳定,缺乏公共预算保障,服务主要以活动形式提供,缺乏稳定性和连续性,服务质量也没有保障。

(三) 公益创投是培育社会组织的有效方式

公益创投在培育社会组织方面是有效的,促进了机构的创立,也推动了人才队伍的专业化和职业化。截至2017年底,武汉市注册登记的民办社工服务机构达到32家,其中在武汉市民政局登记的民办社工机构12家,在区级登记的社工服务机构20家。2011—2017年武汉市成立的社会工作服务中心数量如图4-1所示。从图中可以看到,2011—2014年,每年成立的社工机构不超过3家。2014年开始公益创投以来,社工服务机构的数量快速增长,仅2017年成立的就有11家。

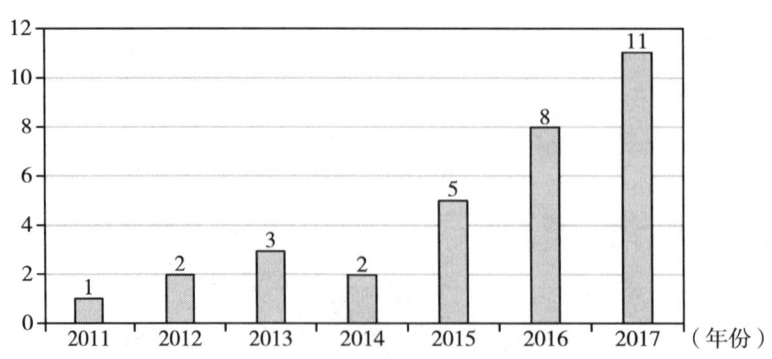

图4-1 2011—2017年武汉市社工机构数量

数据来源:武汉市社会工作服务中心提供。

在社工机构数量增长的同时,机构之间出现了功能分化,成立了一些第三方评估机构比如好乐社会工作服务中心、珞珈社会工作服务中心和社会工作协会等。还出现了本土化的支持型社会组织,比如从上海引入的恩派以及从江苏引进的乐仁乐助都在武汉本地注册成立了独立的机构。我们还观察到社工机构的分蘖与扩散。比如,鄂州市妇联与武汉市一家社工机构合作申报2016年"公益木兰"公益创投项目,在项目实施过程中,这家社工机构在鄂州执行项目的社工得到锻炼和成长,2018年在鄂州市妇联的支持下注册成立了独立的社工机构,专门从事家庭服务。

社会组织的专业化和职业化也得到发展。比如,武昌区2011年仅有1名专业社工和1个社区社工站,2017年专业社工达到150人,持证社工达到456人,每个街道都设立了社工站。①

成立于2014年7月的武昌区社会组织孵化基地是湖北省首家社会组织孵化基地,由湖北省妇联和武昌区政府合作共建。② 该基地的主要功能是培育孵化社会组织,为公益类社会组织提供包括场地设备、能力建设、小额补贴、注册协助、治理指导和咨询服务等最亟需的资源和服务,帮助其逐步成长。基地孵化流程大致分为孵化申请、考察辅导、入壳评估、入驻孵化、成长出壳、跟踪辅导等几个阶段。围绕萌芽期、初创期、发展期、成熟期等不同类型的社会组织,发展出"萌芽期重辅助、初创期重能力、发展期重规划、成熟期重资源"的不同孵化培育模式。为了避免孵化基地仅仅成为"社会组织的办公区",孵化基地特别重视与社区居民的服务需求和人才需求相对接。

2017年5月,武昌区将原区社会工作者协会、社会组织促进会、社区志愿者协会合并成武昌区社会工作联合会,发挥"上联政府、下联社工"的桥梁纽带作用,进一步推动武昌区社会工作发展。

(四)公益创投不是提供公共服务的有效工具

从上面的分析可以看出,公益创投作为一项慈善领域的工具创新,并不是提供公共服务的有效方式。公益创投的主要优势在于培育社会组织,促进社

---

① 湖北省财政厅. 武汉市政府购买服务典型项目案例材料, 2016年。
② 徐丹. 社会组织培育机制与发展路径研究——基于武汉市武昌区社会组织孵化基地发展现状的分析 [J]. 长江论坛, 2017 (4): 48-53.

创新。政府主导型公益创投之所以被冠以公共服务之名，是因为目前我国针对各类群体的社会服务还处于探索阶段，尚不具备成为标准化、普遍化公共服务的条件。一旦条件具备，某项服务真正成为法定的公共服务，就应该采取政府采购的规范程序。

因此，从短期来看，公益创投提供的公益服务一定程度上是公共服务的替代品。从长期来看，在政府具备财政能力和承接主体具备服务能力的前提下，可以将一些成熟的公益服务转化为公共服务，通过政府采购程序来购买。

六、结论与讨论

在欧美国家，公益创投是一种民间主导的社会影响力投资工具创新。这种工具的产生和运行是有适应其发展的环境条件的。首先，欧美国家的非营利组织十分发达，相对独立于政府和市场，基金会等机构通过筹集和分配慈善资源，在公益慈善领域扮演领导者角色。其次，欧美国家的慈善资本市场相对成熟，近年来，各种新的主体进入到社会影响力投资领域，慈善金融工具创新层出不穷。最后，在欧美国家，非营利组织是社区自治的主要组织载体，具备独立实施项目和提供服务的能力。各级政府为其提供支持和资助，但并不直接干预其决策和运作。因此，欧美国家的非营利部门能够通过公益创投等方式，利用慈善资本市场，引领社会创新。

从武昌区政府和湖北省妇联的实践可以看出，公益创投从欧美移植到中国之后，在本土化的过程中发生了变异。这些变异是外来制度在本土环境中做出的适应性改变。为什么地方政府成为了公益创投的主导者？为什么公益创投没有遵循影响力投资逻辑却变身为竞争性拨款？为什么政府能够通过公益创投将公益慈善纳入到公共服务的范畴？对于这些问题，只能在本土制度环境中寻找答案。不论是慈善资本市场的发育程度，还是社区治理结构，或者是社会组织与政府的关系，几乎可以说，我国开展公益创投的制度环境在每一个方面都与欧美国家迥然不同。可以说，由于慈善资本市场发育不足，我国尚不具备按照影响力投资逻辑开展公益创投的条件。由于我国社区治理结构的独特性以及社会组织对政府的依附性，决定了地方政府对公益创投的主导。

（1）公益创投是慈善资本市场创新的产物，只能在慈善资本市场高度发达的条件下才能运转。如果按照社会影响力投资的逻辑来运行，必须要有足够数量的投资者、各种类型的投资工具、合适的投资对象和项目，而且还要有交易平台和退出机制。这每一项条件都要创新，整体上的配合更需要系统性的创新才能实现。即便是在发达国家，公益创投也处于慈善和社会影响力投资的前沿地带，这个领域总体上还处于探索时期，在整个资本市场中只占微不足道的份额，仍然只是一个"小而精"实验性部分。① 从目前我国慈善资本市场的发育状况来看，基本上还不具备上述条件。

（2）中国特色的社区治理体系。公益创投的项目基本上都是要在社区落地实施的，社区治理结构的特点决定了这些项目的运行方式。我国城乡社区在经历了计划经济向市场经济转轨初期的管理失序阶段之后，国家很快就加强了基层政权建设，基层党组织和基层政府将新成立的居民自治组织纳入到基层政权体系之中，形成了新的社区管理体系。1990年1月1日起《城市居民委员会组织法》实施之后，居委会就依法成为"政府的腿"和"部门的针"。

社会组织作为新兴的社区治理主体，必须要被基层政权系统接纳，才能获得参与社区治理的合法性，必须"嵌入"到社区治理体系之中，才能正常运转和发挥作用。武昌区的社区治理体系如图4-2所示。这个体系中居于领导地位的是党和政府在街道和社区的基层组织，群团组织是党组织的外围组织，尽管居民委员会是居民自治组织，但实际上已经被高度整合进街道办事处的行政系统。

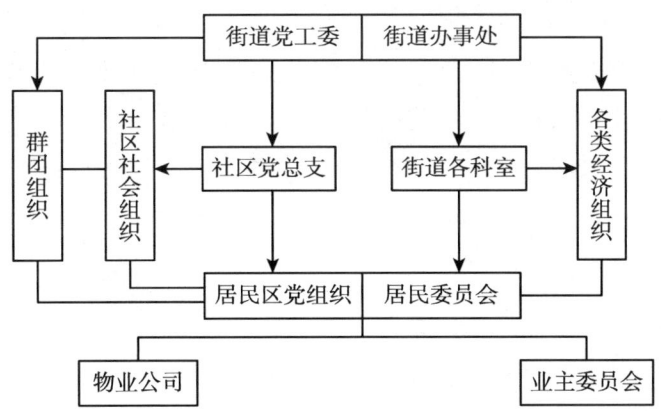

图4-2 武昌区社区治理体系结构图

---

① 萨拉蒙. 撬动公益——慈善和社会影响力投资新前沿导论［M］. 叶托，张远凤，译. 北京：中国社会科学文献出版社，2017.

在商品房社区还有一个或多个业主委员会和物业公司，前者是业主代表组成的业主自治组织，物业公司是由业主委员会聘请的为业主提供物业管理服务的私人企业。

社区社会组织被吸纳进入社区治理体系之中，承接政府和社区转移出来的部分职能。根据登记或备案状态，社区社会组织可以分为三类。第一类是在民政部门正式登记的社区社会组织；第二类是在街道或社区居委会（村委会）备案的社区社会组织，如老年协会、妇儿协会、残疾人协会、志愿者组织和各种农村专业经济协会等；第三类是在社区开展活动但尚未登记也未备案的组织，这类组织主要是由社区居民自愿成立比较松散的各类休闲娱乐组织。① 社会组织在社区治理方面的功能包括参与社区决策和管理、化解社区内的各种矛盾、保障维护社区居民合法权益等方面。社区组织在公共服务方面的功能更为多样化。社区社会组织的服务对象主要是社区居民，服务内容包括医疗卫生、宣传、教育、就业、扶贫、环境保护、慈善救助、社区安全、文体活动、休闲娱乐等等。一般来说，正式登记的社区社会组织主要以民办幼儿园、民办医院和民办养老院等社会服务机构为主，备案类的社区社会组织以体育健身类和文化艺术类为主。

在这个治理体系中，社区社会组织的政治地位与各类经济组织相似。尽管二者属于不同的法人类别，但它们都属于非公有制性质的民间组织。专门针对"两新组织"的党建政策就把它们视为一体对待。所谓"两新组织"就是指"新经济组织"和"新社会组织"。"新经济组织"指非公有制企业，社区中的各类经济组织，如物业公司、餐馆、超市、商店等，大部分都属于"新经济组织"。社区社会组织，如非营利性的民办学校、民办医院、民办幼儿园和民办养老院等，都可以归属于"新社会组织"。尽管两者都是民间组织，但是在目的和功能上却有本质差异。经济组织是为了投资者的利益，属于市场经济主体；社区社会组织是为了公益或互益目的，属于公共利益的范畴，可以看作是公共服务主体。

所有的公益创投项目都是在这个社区治理框架之下实施的。社区居委会居于中心地位，上面通过街道办事处与各级党政部门和群团组织对接，中间联系社区中的企事业单位和社会组织，整合利用多方资源，为社区居民提供各项服

---

① 夏建中，张菊枝. 我国城市社区社会组织的主要类型与特点 [J]. 城市观察，2012（2）：25-35.

务。社会组织是这个治理体系的新成员,正在寻找其在社区治理结构中的适当角色和位置,近年来很热的"三社联动"是一种尝试,① 武昌区的"社区+社工+志愿者"的服务模式也是一种试验。

由于上述两个约束条件,使得社会组织必然对政府具有依附性。改革开放以来,我国社会组织是在全能政府向有限政府转型的背景下兴起的,是从国家对社会高度整合的缝隙中萌生出来的一股新生力量。社会组织总体上还十分弱小,对政府有着天然的依附关系,随时都有被体制吸附的可能性,而政府主导公益创投比一般的政府购买服务对社会组织具有更大的吸附力。

政府采购方式主要为社会组织提供资金,由社会组织根据合同自主提供服务。而公益创投则不止是提供资金,而是政府直接参与到社会组织的创建和运营过程之中,社会组织有可能对政府形成全面依赖。比如,社工到社区工作之后很容易被行政化,成为社区书记的助理。社工机构的资源是政府提供的,社工的工作场所也是由街道和社区提供的,因此街道政府和社区居委会很自然的将社工机制吸纳到体制之内。社工机构基本上没有自我造血能力,全部资金基本上都是来源于政府购买服务,一旦项目经费停止,机构就没有办法维持生存。实际上,不止是在湖北,其他地区的社工机构也明显缺乏自主性以及独立性。② 也有一些社会组织与企业共享资源。不过,这些社会组织在提供公益服务时,也要依赖地方政府和社区提供场所和组织服务对象。

总的来看,在新时期的社区建设过程中,国家仍然保持了对社会的高度统合,社会组织被统合进社区治理体系之中,公益慈善事业则被统合到公共服务体系之中。公益创投这个在欧美国家的慈善创新先锋,在我国的制度环境下,蜕变成为政府对社会组织的竞争性拨款手段。公益创投与政府购买服务结合为一体,公益慈善被公共服务吸纳招安。总之,由于我国与西方国家之间的制度差异和发展程度不同,使得公益创投这种社会创新在跨国移植之后出现了显著的本土变异。这些变异使之逐渐适应本土环境,并且扎下根来,强化了国家对社会的统合能力。

---

① 徐富海. "三社联动"如何"联"如何"动"?, 中国民政, 2015 (12): 16-28. 原珂. "三社协同"的社区治理与服务创新——以"项目"为纽带的协同实践 [J]. 理论探索, 2017 (5): 42-51.
② 裘旋. 民办社工机构发展现状和职业经理人培育模式探究——以上海市为例 [J]. 贵州民族大学学报(哲学社会科学版), 2015 (01): 194-197.

第五章 美国政府购买服务制度研究

一、美国政府购买服务的发展状况

美国是非营利部门最为发达的国家之一，也是欧美发达国家中福利水平较低而公共服务民营化程度最高的国家。这些特点使得美国福利制度保持了较高的灵活性，幸免于欧洲福利国家所遭遇的巨大财政压力和严重债务危机。20世纪60年代中期以来，美国政府开始大规模通过拨款、购买、税收优惠、服务券以及贷款担保等各种政策工具支持非营利组织提供各种公共服务。政府与非营利组织的合作不仅大大改变了美国公共行政的面貌，也深刻改变了非营利部门的状况。

（一）美国政府购买服务的历史回顾

传统上，西方人认为非营利组织应该与政府保持相互独立的关系。实际上，美国政府与非营利组织之间在保持相对独立的同时，一直存在着合作关系。在殖民地时代，美国政府就为大学、医院等非营利机构提供资助。[1] 但美国政府大规模购买服务始于20世纪60年代，到20世纪90年代政府购买服务制度臻于成熟。[2]

美国政府购买服务的动力主要是以下几个方面：节约政府开支，缓解财政压力；对民营化的偏好；减少官僚作风，提高行政效率；增加公共服务体系的灵活性；提高公共服务质量；促进公民社会发展等。[3] 从经济和管理角度看，政

---

[1] Frumkin, P. (2002), *On Being Nonprofit: A Conceptual and Policy Primer*, Boston: Harvard University Press.
[2] Gibelman, W. & Demone, H. W. (eds.) (1998), *The privatization of Human Services – Case Study in the Purchase of Services*, New York: Springer Publishing Company.
[3] Miranda R., Andersen K., *Alternative Service Delivery in Local Government*, 1982 – 1992. International City – County Management Association. Municipal Yearbook. Washington, DC. 1994, p. 25.

府购买服务主要是为了节约财政支出、提高公共服务效率。[1] 从意识形态角度看，如果依靠政府机构来提供公共服务，随着公共服务规模和范围的扩大，必然带来政府权力的扩张和政府规模的扩大，从而导致政府过分干预社会生活，影响公民自由。通过政府购买服务引入私人部门（包括企业和非营利部门）来提供公共服务可以一举两得：一方面，政府购买服务可以降低对官僚机构的依赖，缩减政府规模，符合政治平民主义的价值观。[2] 另一方面，政府购买服务可以增加公共服务，促进公民社会的发展，又满足了自由主义的价值观。从政治角度看，政府购买服务一定程度上可以减少政府内部长期存在的腐败贪污和政治斗争等问题，还可以削减政府公共服务机构的规模，提高公共服务的灵活性。[3]

20 世纪 60 年代中期以来，自约翰逊总统实施"伟大社会"和"反贫困战争"等一系列积极的社会政策开始，通过政府购买服务使得非营利组织成为美国社会服务供给体系的核心组成部分。在政府购买服务的早期阶段，制度安排十分宽松，合同条款也不严密，往往只是简要规定服务时间、资助金额、服务对象和服务类型等，合同监管只有最低限度的报告要求。[4]

到 20 世纪 80 年代中期至 90 年代末，政府购买服务政策受到广泛质疑，关注内容主要在四个方面：成本下降主要来自人工成本的降低，并非来自生产效率的提升；合同执行不到位；服务质量不够好；政府监管不力。为了回应上述批评，政府购买服务制度在各个方面都得到改进，非营利组织成长为美国政府在公共服务领域的得力伙伴。在里根总统时期，由于经济滞胀和财政困难，美国政府向非营利组织购买服务的增长幅度有所减缓。[5] 到 90 年代末，政府购买服务制度大体趋于完善，绩效合同（Performance – Based Contracts）和成果合同（Result – Based Contracts）成为政府购买服务合同的主要形式，公共服务绩效水

---

[1] Chi K. S., Jasper C. Private, *Practices: A Review of Privatization in State Government. Lexington*, KY: Council of State Governments, 1997, pp. 57 – 62.
[2] Thompson L. Elling R. Mapping Patterns of Support for Privatization in the Mass Public, *Public Administration Review*, vol. 60 (2000) p. 32.
[3] Vincent W. Luisa P. *Privatization and Policy*, *Massachusetts*: Edward Elgar Publishing Limited, 2008: 110 – 115.
[4] Gibelman, W. & Demone, H. W. (eds.) (1998), *The privatization of Human Services – Case Study in the Purchase of Services*, New York: Springer Publishing Company.
[5] 萨拉蒙. 公共服务中的伙伴——美国政府与非营利部门的关系 [M]. 田凯, 译. 北京：商务印书馆，2008.

平得到显著提升。①

自 1996 年以后，通过"从福利到工作"为基本理念的新一轮社会服务政策改革，大幅度减少了美国政府对贫困弱势群体的现金救助，取而代之以各种社会服务，以鼓励弱势群体积极就业，摆脱对公共福利的依赖。2007 年，非营利组织占到社会服务机构（包括企业和非营利组织）总数的 55%，雇佣人数的 65% 和收入的 75%。在这些政策刺激下，到 2011 年，社会服务类非营利组织的数量与 1996 年相比翻了一番。美国人现在比以往任何时候都更加依赖非营利组织来提供各种社会服务。② 由政府来负责安排项目和资金，由非营利组织或企业来负责生产和提供服务，这种方式被萨瓦斯和萨拉蒙等人称为公私伙伴关系（Public – Private Partnership，PPP）。美国政府在传统的税收优惠等激励措施之外，通过拨款（Grants）、购买服务合同（Purchase – of – Services Contracts）和凭单（Vouchers）等工具为非营利组织提供资金，政府资助成为非营利组织的一个主要收入来源。2007 年，非营利部门的收入来源中，服务收费、政府工具和慈善捐赠所占比例分别为 45%，38% 和 17%。③ 也就是说，非营利组织收入的将近一半来自于政府工具。

（二）美国政府购买服务的基本特点

总的来看，美国政府购买服务呈现出两个鲜明的特点：一是法治精神，政府购买服务过程涉及的所有活动和文件皆有明确的法律依据；二是科学管理或者说是工具理性主义。正如林德布洛姆所说，在西方世界里，理性社会行为的核心是技术而非"主义"。④

美国有关政府采购的法律法规相当完备，形成了以法律（法案、法令）、规章制度、行政和司法三个部分组成的制度体系。200 多年来，美国政府的采购法经过不断的修改和完善，已经成为全世界最为完备的政府采购法典之一。美国国会和有关部门制定了大约 500 种政府采购法规，其中《联邦政府采购法案》和《联邦政府采购条例》是政府采购法规体系的核心，统一规范了政府各机构的采购政策、标准、程序和方法。该法规体系不仅对政府采购的社会经济目的、

---

① Boris, E. T., et al. (2010), "Findings from the 2010 National Survey of Nonprofit Government Contracting and Grants", Center on Nonprofits and Philanthropy, Urban Institute.
②③ Salamon, L. (2012a), *America's Nonprofit Sector* (3nd Edition), Foundation Center.
④ 萨拉蒙. 政府工具 [M]. 肖娜，等，译. 北京：北京大学出版社，2016：1.

采购人与纳税人的关系、采购组织形式进行了界定，而且对采购的合同形式、不同采购方式的适用性、操作步骤、采购商品目录等工作细节进行了规范，是政府采购部门和供货商共同遵循的准则。在联邦制度下，美国各州都有权决定本州的事务，在政府购买服务领域也是如此。美国各州政府购买服务的形式多种多样，包含了直接补贴、合同、服务费、课税扣除、纳税减免条约等各种方式。

政府工具又称为政策工具或治理工具。所谓政府工具，就是可以辨识的集体行动的方法，人们通过这些方法采取制度化的集体行动，解决公共问题。① 政府工具有三个特征：①政府工具有一些共同属性，这些共同属性使其得以识别。并且每一种具体工具都有其区别于其他工具的特征；②每一种工具都规定公共行动的结构，它不是随意的或临时的，而是一种制度化的行动模式，规定了公共行动各方的权利与义务；③这种制度化的行动是一种集体行动，目的是解决公共问题。按照这个定义，萨拉蒙识别出了13种政府工具。② 其中，除了税收优惠之外，拨款、合同和凭单是政府利用非营利组织提供公共服务最常用的政府工具。这些政府工具的普遍使用始于20世纪60年代，到90年代臻于成熟。③

拨款是政府机构给拨款对象（一般是公共机构或非营利组织）或个人拨付款项。通过这种方式，某一政府机构提供资金，接受拨款的另一政府机构或非营利组织提供服务，由多个政府机构或由政府机构和非营利组织共同承担公共服务供给责任。所有联邦政府部门和机构都给州和地方政府拨款，就拨款项目和金额而言，健康和人类服务部是最大的拨款机构。④

购买服务合同是政府与服务承包方（企业或非营利组织）之间的协议，规定由承包方提供服务，政府支付费用。在购买服务合同制度的早期阶段，合同安排十分宽松，合同条款也不严密，往往只规定时间、金额、服务对象和服务类型。只有最低限度的报告要求。到20世纪80年代中期和90年代末，政府购买服务合同受到广泛质疑，质疑内容主要在4个方面：成本无效率；合同执行不

---

① 萨拉蒙. 政府工具 [M]. 肖娜，等，译. 北京：北京大学出版社，2016.
② 这13种政府工具是：直接行政、社会规制、经济规制、合同、拨款、直接贷款、贷款担保、保险、税式支出、收费及使用者付费、债务法、政府公司和凭单制。参见萨拉蒙. 政府工具 [M]. 肖娜，等，译. 北京：北京大学出版社，2016.
③ Williams Gibelman, Harold W. Demone, (1998) Editors, The privatization of Human Services – Case Study in the Purchase Of Services, Springer Publishing Company.
④ Beam, D. R. and Conlan, T. J. (2002), "Grants", in Salamon L. (ed.), *The Tools of Government – A Guide to The New Governance*, London：Oxford University Press.

到位；缺乏政府监管；服务质量不够好。自 90 年代末以来，政府购买服务合同制度趋于完善，绩效合同和成果合同成为政府购买服务合同的主要形式。服务提供者只有在所提供服务达到特定绩效目标时才能报销费用。[①]

拨款和购买服务合同对承包方的影响是不同的。[②] 在拨款方式中，款项一旦拨付，实施项目的责任就转移到承包方。由于受资源和能力的限制，拨款机构对拨款对象的监督和评价都是很有限的，相关法律和合同对拨款对象的信息报告要求往往也不严格。购买服务合同往往详细规定了所应提供的服务，有关提供方式的安排，以及付款方式等。在合同制方式下，承包方若未能按照合同规定提供服务，可能面临司法程序。但在拨款方式下，由于相关法律和合同规定不够严密，即便合同履行不成功，一般也不会面临法律诉讼，只是以后不能再继续获得拨款。

凭单在公共住房、儿童照顾和就业培训等服务中得到广泛应用，但它不是直接向生产者购买服务的手段，而是一种补贴消费者的市场化工具，可以视为一种政府间接购买服务的方式。

（三）国内研究进展

国内对美国政府购买服务制度的研究已经取得了一定的进展，主要包括译著以及国内外学者的合作研究成果、介绍美国政府购买服务制度的文章以及研究国外政府购买服务的文章中包括美国经验的部分。

译著以及国内外学者的合作研究最多的是与莱斯特·萨拉蒙相关的文献。最早的成果是 2008 年出版的《公共服务中的伙伴》。[③] 这本书介绍了 20 世纪 70 年代到 80 年代美国政府与非营利组织在公共服务领域的合作，包括政府购买服务。2016 年出版的中文译著《政府工具》，其原著出版于 2002 年。[④] 该书是迄今为止最为细致地介绍美国政府购买服务合同（Purchase - of - Service Contract，POSC）的特点及其操作流程的文献，该书还将政府购买服务与一般性的合同外

[①] Boris, E. T., et al. (2010), "Findings from the 2010 National Survey of Nonprofit Government Contracting and Grants", Center on Nonprofits and Philanthropy, Urban Institute.
[②] Beam, D. R. and Conlan, T. J. (2002), "Grants", in Salamon L. (ed.), *The Tools of Government - A Guide to The New Governance*, London: Oxford University Press.
[③] 萨拉蒙. 公共服务中的伙伴 [M]. 田凯，译. 北京：商务印书馆，2008.
[④] 萨拉蒙. 政府工具 [M]. 肖娜，等，译. 北京：北京大学出版社，2016.

包分别进行了介绍。

一些文献专门介绍美国政府购买服务的经验。有的文献简要美国政府向非营利组织购买服务的历史。[①] 有的文献做了中美两国政府购买服务的案例比较研究，借鉴美国经验，对中国政府购买服务中存在的问题提出了对策建议。[②] 还有一些文献介绍了美国政府向非营利组织购买学前教育服务[③]、公共体育服务[④]、图书馆公共服务[⑤]、生态环境服务[⑥]等具体领域公共服务的经验。

研究国外政府购买服务的经验其中包括美国经验的文献往往从宏观视角出发，只是很粗略地介绍多个国家包括美国的政府购买服务方面的经验。比如，2010年王浦劬与萨拉蒙合作出版的《政府向社会组织购买服务研究——中国与全球经验分析》，[⑦] 书中十分简略地介绍了美国非营利部门的发展状况以及政府资助对非营利部门的影响。还有文献介绍英美等发达国家政府向非营利组织购买公共服务的制度和特点。[⑧]

总的来看，现有研究以翻译和文献研究为主，实地调研等一手现场研究较为缺乏。美国政府购买服务的内容十分广泛，健康、教育、社区和社会服务是主要领域。现有文献对具体领域的研究也才刚刚起步，对这些重点服务领域的研究尤其不足。在美国，社会服务是非营利组织的第三大活动领域，仅次于医疗和教育服务。"社会服务"是指为贫困或弱势群体（包括被虐待、被忽视或有残疾的儿童和青少年，贫困老年人，精神疾病或慢性病患者等）提供的各种服务，包括日托服务、收养服务、家庭咨询、居家照顾、再就业、灾害救助、难民救助、紧急食物救助、住房或庇护所、戒毒戒酒服务等。[⑨] 传统上，提供社会服务是州和地方政府的职责，直到20世纪60年代中期，联邦政府才开始在这个

---

① 何振锋. 美国：政府购买服务的经验 [J]. 中国社会工作, 2017 (04)：56.
② 吴帆, 周镇忠, 刘叶. 政府购买服务的美国经验及其对中国的借鉴意义——基于对一个公共服务个案的观察 [J]. 公共行政评论, 2016, 9 (04)：4 - 22, 205.
③ 王纡然, 程豪. 美国政府购买学前教育服务政策及对上海学前教育的启示 [J]. 外国中小学教育, 2018 (06)：47 - 53.
④ 谢叶寿. 美国政府购买公共体育服务的经验与启示 [J]. 南京体育学院学报（自然科学版），2017, 16 (03)：6 - 11.
⑤ 张宏涛. 美国政府购买图书馆公共服务制度研究 [J]. 图书馆, 2016 (03)：76 - 79, 84.
⑥ 黎元生, 胡熠. 美国政府购买生态服务的经验与启示 [J]. 中共福建省委党校学报, 2015 (12)：17 - 21.
⑦ 王浦劬, 萨拉蒙等. 政府向社会组织购买服务研究——中国与全球经验分析 [M]. 北京：北京大学出版社, 2010.
⑧ 马全中. 中外政府向社会组织购买服务的比较研究——基于边界、模式、法制、机制的多维视角 [J]. 天津行政学院学报, 2016, 18 (06)：90 - 95.
⑨ Ralf M. Kramer, (1987) Voluntary Agencies and the Personal Social Services, in The Non - profit Sector: A Research Handbook, ed. Walter W. Powell, New Haven: Yale University Press.

领域扮演积极角色。① 比如，儿童和家庭服务起初就曾经被美国人视为私人领域，一般不主张政府干预和介入。到19世纪末，提供儿童和家庭服务被认为是地方政府的责任。直到20世纪60年代中期，联邦政府才介入儿童和家庭服务领域。20世纪60年代以来，非营利组织成为美国社会服务政策和供给体系的核心组成部分。②

本书作者在美国霍普金斯大学访学期间实地调研了一些政府购买服务的案例，这些案例主要集中在儿童服务、学生营养和社区建设领域。部分研究成果已经以论文形式发表，论文包括中美非营利组织参与社区建设的比较案例研究③、政府工具对美国非营利组织的影响④以及美国政府向非营利组织购买社会服务的案例研究等。⑤ 还有一些研究成果被编入本人主编和撰写的《非营利组织管理：理论、制度与实务》《社会组织培育和监管》等书中。⑥

二、研究设计与案例简介

2007年9月至2008年8月，作者在匹兹堡大学访学期间除接触到政府与非营利组织合作提供公共服务的情况，获得了大量原始文献资料外，还实地调研了匹兹堡地区公私合作的平台机构——阿莱格尼社区发展会议（ACCD），这也是一家非营利组织⑦，还访问了曼彻斯特手工艺人行会（Manchester Craftsmen's Guild）、彼得维尔培训中心（Bidwell Training Center）等非营利组织⑧。2013年8月至2014年元月，作者在霍普金斯大学莱斯特·萨拉蒙领导的公民社会研究中

---

① Steven Rathgeb Smith, Michael Lipsky, Nonprofits for Hire – The Welfare State in the Age of Contracting, Harvard University Press, 1993.
② Gibelman, W. & Demone, H. W. (eds.) (1998), *The privatization of Human Services – Case Study in the Purchase of Services*, New York: Springer Publishing Company.
③ 张远凤，张君琰，许刚. 非营利组织参与社区建设比较案例研究——以北京绿十字和匹兹堡 BGC 为例 [J]. 中国非营利评论，2016，17 (01)：165 – 181.
④ 张远凤，莱斯特·萨拉蒙，梅根·韩多克. 政府工具对美国非营利组织的影响——以 MFN, BCC 和 DCCK 为例 [J]. 中国非营利评论，2015，15 (01)：200 – 221.
⑤ 张远凤，牟洁. 美国政府如何向非营利组织购买社会服务——马里兰家庭网络首席执行官玛格丽特·威廉姆斯女士访谈录 [J]. 中国社会组织，2017 (08)：30 – 33，1.
⑥ 张远凤，邓汉慧，徐军玲. 非营利组织管理：理论、制度与实务 [M]. 北京：北京大学出版社，2016；柳望春，张远凤. 社会组织培育与监管 [M]. 北京：中国社会出版社，2019.
⑦ 张远凤，赵丽江. 公私伙伴关系：匹兹堡的治理之道 [J]. 中国行政管理，2011 (9)：86 – 90.
⑧ 张远凤，邓汉慧. 匹兹堡的社会创业：比尔和他的事业 [J]. 管理案例研究与评论，2009，2 (3)：174 – 183.

心做访问学者。借这个机会,作者拜访了巴尔的摩市和哥伦比亚特区的一些非营利机构,调研政府购买服务方面的情况。

本章从这些调研对象中选择了 4 家非营利组织作为案例研究对象:东巴尔的摩公司(Eastern Baltimore Development Inc.,EBDI)、儿童照顾委员会(Board of Child Care,BCC)、马里兰家庭网络(Maryland Family Network,MFN)和哥伦比亚特区中心厨房(D. C. Central Kitchen,DCCK)。4 家机构的基本信息参见表 5-1。

表 5-1　　　　　　　　4 家美国非营利组织的基本信息

特征	MFN	BCC	DCCK	EBDI
成立时间	MCC(1945 年)和 FOF(1986 年)在 2009 年合并而成	1874 年	1989 年	2003 年
服务类型	儿童和家庭服务	寄宿式儿童服务	公立学校贫困学生餐饮服务	老旧社区改造
2013 年总收入(美元)	16385385	32871111	13152317	43148557
主要收入来源	政府合同 96.3%;其他收入 3.7%	政府合同 78.1%;其他收入 11.9%	政府合同 40.5%;捐款捐物 47.8%;经营性收入 12.1%	政府合同 55%;捐赠收入 12%;其他收入 34%
雇员人数	49	450	212	70
理事会成员人数	27	25	25	13
志愿者人数	28	23	14700	25

资料来源:4 家机构官网发布的 2013 年 990 表。

本章选择 4 家承接政府购买服务合同并且具有较大规模和影响力的非营利组织为研究对象。选择这几家非营利组织主要出于以下考虑:①这 4 家机构的年收入都在 1000 万美元以上,属于大型非营利组织,内部管理与合同管理都较为规范。②这四家组织的都承接政府购买服务合同。MFN 的收入来源几乎全部来自政府购买服务,BCC 和 EBDI 的收入主要来源于政府购买服务,DCCK 有一半的收入来自于政府购买服务合同。③这 4 个案例代表了两个重要的公共服务领域,MFN 关注于儿童和家庭服务,BCC 从事寄宿式儿童服务,DCCK 为哥伦比亚特区公共学校的贫困学生以及其他需要帮助的机构和群体提供餐饮服务，EBDI 从事城市老旧社区改造。④选择这 4 个案例也是由于其可获得性。它们都在巴尔的摩和哥伦比亚特区，都与霍普金斯大学公民社会研究中心有长期联系，愿意接受作者进行实地考察和访谈。当然，美国是个联邦制国家，地方政府和社区的自治程度也很高，非营利组织本身十分庞杂，这几个案例不足以代表美国所有非营利组织的情况。但是，尽管美国各地情况千差万别，但这些案例仍然可以代表美国政府购买服务的一些最基本特征。本章数据来源包括相关政府机构网站、4 家非营利组织的官方网站及其提供内部资料，对 4 家非营利组织的实地调研和对 4 家机构负责人（CEO）的访谈。

MFN 成立于 2009 年，是由成立于 1945 年的马里兰儿童委员会（MCC）和成立于 1986 年的家庭之友（FOF）合并成立的。MFN 是一个介于政府和儿童与家庭服务机构之间的中介机构，它管理着两个服务网络：由 22 个家庭支持中心组成的家庭服务资源网和由 12 个儿童服务资源中心构成的儿童服务资源网。联邦政府和马里兰州政府拨款给 MFN，MFN 再以合同方式向旗下 34 家儿童和家庭服务机构购买服务。MFN 的角色是提供合同管理、财务监督、技术支持、人员培训、绩效评估等服务。MFN 还是马里兰州最主要的儿童福利倡导机构。2013 年 MFN 的总收入的 96% 以上来自于政府拨款，主要是联邦政府的健康与人类服务部的"启智计划"项目（Head Start）和州政府教育部门的拨款。

儿童服务委员会（BCC）由卫理会牧师创办于 1874 年，是一个基于信仰（Faith – Based）的儿童福利机构，与卫理会有着深厚而密切的关系，为需要生理、心理、文化或社会支持的儿童和家庭提供服务，核心服务是寄宿式儿童服务（Residential Child Care）。BCC 每年服务于 1300 名左右由政府社会服务部门和司法部门推荐来的孤儿、被遗弃的儿童以及受到虐待的儿童。这些孩子来自于马里兰州、西弗吉尼亚和哥伦比亚特区华盛顿。2013 年 BCC 总收入的 67.8% 来自于州政府的合同，10.3% 来自医疗补助（Medicaid），18.4% 来自于捐款本金（Endowment）的理财收入。BCC 的收入中比较特别的就是捐款本金的理财收入。1983 年，BCC 得到 300 万美元捐款，现在捐款总额达到 1 亿美元，这笔捐赠款成为 BCC 的长期发展基金。

哥伦比亚特区中心厨房（DCCK）是社会企业家罗伯特·艾格于 1989 年创办的一家全美知名的"社区厨房"。DCCK 的食物来自于从华盛顿地区的农场和食品公司的品质合格但不好销售的食物。主要业务是为首都华盛顿公立学校的贫困学生以及当地的其他非营利组织提供餐饮服务，以及厨师培训、承办宴席以及营利性食品业务。2013年DCCK的总收入中，捐款、捐物（主要是食品）占47.8%，政府合同占40.5%，承办宴席和其他收入占12.1%。DCCK的政府合同来源于华盛顿公立学校系统，联邦政府农业部的营养项目拨款给华盛顿教育局，教育局拨款给公立学校系统，公立学校采用招投标的形式将贫困学生餐饮服务外包给企业或非营利组织。DCCK每天给哥伦比亚特区的中小学贫困学生提供约1万份免费餐食，包括早餐、午餐和晚餐。

东巴尔的摩公司（Eastern Baltimore Development Inc.，以下简称EBDI），它是专门为改造东巴尔的摩社区而成立的，这个社区就在霍普金斯大学医学院校区西北边。巴尔的摩市位于切萨皮克湾东端，离华盛顿60多公里，人口67万，2/3是黑人。东巴尔的摩是该市280个社区之一，96%的居民是黑人。2000年该社区还有4000多居民，2010年下降到3000人。在中国，大学校园周边往往密布着商店、餐馆、书店，还有各种商贩，街道可能又脏又乱，但是却熙熙攘攘，一派繁荣景象。东巴尔的摩紧邻霍普金斯校园，却是一些破败房屋围着一块空地，大白天也不见个人影。原来这个社区正在整体重建，居民都拆迁走了。这里曾经是一个工人阶级社区，从20世纪60年代以来开始衰败。19世纪50年代，霍普金斯大学在这里建医学院的时候，周围还是旷野和沼泽。到19世纪80年代，一些欧洲移民开始在这里安家。切萨皮克湾的深水良港使得这里海运十分便利，运输业和钢铁业一度十分兴旺。很多钢铁工人和码头工人住到这里。到20世纪60年代，钢铁业和船运业都开始走下坡路，居民陆续离开这里，越来越多住房被弃置，成为犯罪分子寄居的乐园。到了90年代，只有大约两成房子还有人居住。和很多著名学府一样，霍普金斯大学起初也相当傲慢，并不肯纡尊降贵去操心这个穷邻居的事情，采取了划清界线、独善其身的态度，逐渐把什么都搬到校园里面去了。一路之隔，两个世界。到新世纪之交，霍普金斯大学逐渐认识到癣疥之患时间长了也很麻烦，糟糕的周边环境已经开始到影响学校的竞争力。它终于坐不住了，向市政府提议要求解决这个问题。2003年，霍普金斯大学、巴尔的摩市政府和安妮·凯西基金会以及其他一些机构一起成立了EBDI，来解决这个社区的改造问题。EBDI一半以上的收入来源于政府合同。

本章以上述4家机构为例，介绍马里兰州政府购买寄宿类儿童服务、巴尔的摩市政府购买社区改造服务和哥伦比亚特区政府购买学生餐饮服务的情况。

通过这些案例，详细介绍美国政府购买服务的法律制度、购买流程与合同管理方式，然后深入分析政府购买服务对非营利组织的影响，最后讨论美国政府购买服务经验对我国的借鉴意义。

三、马里兰州政府购买寄宿类儿童服务案例

美国政府购买服务的过程不仅是提供服务的过程，也是一个公共政策过程。非营利组织积极参与整个过程。在立法阶段，非营利组织参与政策研究，提出政策议题，开展政策倡导，进行游说活动。在法律实施阶段，非营利组织竞标政府合同、生产提供服务、帮助政府实施合同监管和绩效考评工作。

儿童照顾理事会（Board of Child Care，以下简称 BCC）是一家联邦税法 501c（3）类型的免税组织。BCC 创立于 1874 年，是一家有着 140 年历史的老机构，也是一家具有宗教背景的组织（Faith–Based Organization，FBO），最初是卫理会（United Methodist Church）办的一家孤儿院。BCC 和卫理会之间有一个协议，每 4 年修订一次。这份协议规定了双方的权利和义务。根据协议，BCC 只是卫理会的附属机构，但是按照世俗方式来运作。从 1936 年《社会保障法》通过以后，政府开始给困境儿童及其家庭提供帮助。到 20 世纪 60 年代，政府将这些事情留给非营利组织来做。在 20 世纪 60 年代到 70 年代初期，政府开始实施监管，由寄宿型机构来提供服务，这些机构仍然叫做孤儿院，孩子们住在这里。然而，在接下来的若干年，事情继续发生着变化。现在，这类机构被称为集中照顾机构或者是离家照顾机构，按照法律规定，逐渐变成了治疗为主的机构。所谓治疗意味着你要提供一系列的服务，包括由行为专家和儿童服务员提供全天候服务（1 年 365 天，1 周 7 天，1 天 24 小时不间断），以及包括精神病专家在内的临床团队提供的服务。BCC 有提供咨询服务的心理医生，还有体检服务团队。马里兰州的法律规定这类机构必须提供这些服务，现在儿童服务已经成为规制最为严格的社会服务领域之一。

本章介绍的相关法律文件都是由 BCC 提供的。下面首先介绍马里兰州政府对寄宿类儿童服务的法律依据，然后介绍政府购买服务的操作流程。

(一) 马里兰州政府购买寄宿类儿童服务的法律依据

寄宿类儿童服务项目（RCC）是指由机构给儿童提供每天 24 小时的照顾服务。这些服务是针对特定目标设计的一套结构化服务和活动，这些目标是满足服务对象儿童的需要。服务内容具体包括提供食物、衣服、庇护所、教育、社会服务、健康、心理健康、娱乐，或这些服务的任何组合形式。每个 RCC 项目都必须取得马里兰州健康与心理健康部、人力资源部或者青少年服务部颁发的执照，必须遵守儿童内阁成员制定的执照规章，儿童内阁控制 RCC 项目的运作。

马里兰州政府购买寄宿类儿童服务必须遵守的法律来自于《马里兰州规制法典》（Code of Maryland Regulations，简称 COMAR）。COMAR 是马里兰州政府执行的所有法律的汇编，由州务卿和州办公室发布。为了便于执法部门检索和使用，COMAR 按照州政府部门进行了编排，总共分为 36 部。在 2012 年"马里兰州政府购买寄宿类儿童服务招标书"中，仅仅对购买服务流程的规定就有 25 项内容援引了相关法律，参见表 5-2。这些法律中，"21."打头的是马里兰州有关政府采购的法律，"10."打头的是马里兰州卫生部负责执行的法律，"13A."打头的是马里兰州教育委员会负责执行的法律，"13B."打头的是马里兰州高等教育委员会负责执行的法律，"14."打头的是由各个独立机构执行的法律。

表 5-2 2012 年"马里兰州政府购买儿童寄宿服务招标书"涉及的相关法律

序号	在马里兰州规制法典（COMAR）中的代码	内容概要
1	21.09	合同成本原则和程序
2	21.05.03	本次采购活动的依据
3	21.07.01.21	账簿和记录保管
4	21.06.03.02 21.06.03.06	不定数量固定价格合同
5	21.06.03.03 B（3）	成本补偿合同
6	21.10.02.03	招标询问和质询
7	21.05.02.10 B 21.05.03.02 F	对修改标书的规定

续表

序号	在马里兰州规制法典（COMAR）中的代码	内容概要
8	21.05.03.06	给未获得合同的要约人的回复报告
9	14.31.05-07	人力资源部RCC项目安置和许可政策的规定和要求
10	14.31.06.05.	儿童保护和员工犯罪背景要求的副本应当由承包商维护
11	14.31.06.05	确保一个无药物和酒精的工作场所
12	14.31.06.05 E（1）(c) &（d）	员工体检和结核病筛查
13	14.31.06.18	按规定的程序强制报告事故
14	14.31.06.19	持续的质量改进计划
15	14.31.06 10.22.01	制定一个行为管理计划，采用积极的行为干预、策略和支持，以适当满足孩子的需要
16	14.31.07.08 10.22.01	ALUs或RCCS发育障碍儿童的服务标准
17	14.31.06.05	每名员工都要满足有关虐待儿童和犯罪方面的规定
18	14.31.06.05 F	对培训计划的要求
19	14.31.07.07	提供应急热源的规定
20	14.31.07	为医疗设备提供超出所要求的最低标准的足够面积和空间
21	13A.09.10.20	第三类教育许可
22	13A.03.02.02	确保每一个在义务教育年龄段的、没有获得高中毕业证书或完成学业证书的儿童应进参加适当的小学或中学教育或职业技能课程
23	10.21.07	由DHMH授权为TGH的承包商应遵守此标准
24	10.09.36	州医疗康复项目覆盖的教养院，承包商应遵守对一般医疗援助提供者的要求
25	10.27.01.02	HIGH项目（包括治疗性教养院项目）的规定

资料来源：根据2012年《马里兰州寄宿类儿童服务项目招标书》整理。

除了上述这些法律之外，寄宿类儿童服务项目还要遵守与儿童福利相关的法律。人力资源部（DHR）社会服务局（SSA）执行的与儿童服务相关的法律还包括：《家庭服务法》《基于收入的享受社会服务的资格条件法》《儿童福利信息收集法》《地方政府部门自评程序法》《儿童保护服务——儿童虐待与忽视调查法》《儿童虐待与忽视听证法》《药物暴露新生儿安全照看计划法》《青年过渡服务法》《收养法》《收养后团聚服务法》《居家辅助服务法》《成人保护服务法》《成人抚养法》《经认证的成人居住环境计划法》《治疗性抚养》《家庭支持中心项目法》《本地政府社会服务部门的寄养家庭要求法》《监护援助项目法》等。

由于这些法律十分复杂，马里兰州政府又根据规制法典（COMAR）制定了《2013 马里兰州规制法典阐释指南》，该指南第 14.31.06 章也称为《马里兰州寄宿类儿童照顾服务项目标准》。该标准其实是寄宿类儿童服务机构必须遵守的各项法律的汇编，共分为十九章。第一章阐明了该标准的宗旨。第二章规定了标准使用范围。第三章对本标准使用的相关术语进行了定义。第四章是治理。第五章是人事行政。第六章是雇员责任与资质。第七章是物质设备。第八章是紧急情况和普遍安全。第九章是一般项目要求。第十章是基本生存需要。第十一章是儿童权利。第十二章是儿童服务。第十三章是健康保健。第十四章是儿童虐待与忽视。第十五章是行为干预、策略与支持。第十六章是无故缺勤。第十七章是儿童接收、个人服务计划、行为计划和释放。第十八章是报告与记录。第十九章是项目规划、评估与质量改进。

上述法律中，除了儿童服务与儿童福利方面的法律，还有工作场所、雇佣条件、员工资质以及员工权益保护方面的法律。比如，10 万美元及以上的州政府合同必须遵守《马里兰州注释法典之州财政和采购条款》第 18 条关于马里兰州生活工资的要求。承包商和分包商必须遵守《马里兰州生活工资法》，支付给员工的工资不得低于每小时 12.49 美元。

购买服务制度的法治精神也体现在《马里兰州寄宿类儿童服务招标书》的术语表中，这个术语表对标书中的 49 个术语进行了十分详细的定义。

马里兰州的法律对公共服务的购买主体、相关主体、购买内容和承包商要求都做了明确规定。下面以马里兰州政府购买寄宿类儿童服务为例子加以说明。

1. 购买主体与相关政府部门的职责分工

由《公法》第 105.89 章《收养及安全家庭法（1997）》之授权，马里兰州人力资源部社会服务局负责监督马里兰州儿童福利服务的实施。依据此法，当儿童不能够继续生活在其家庭中时，他们必须在最少限制的环境下得到保护和健康成长。因此，寄宿类儿童服务项目的购买主体是马里兰州人力资源部（DHR）的社会服务局（SSA）。但是，购买服务合同设计、招标以及合同监管过程涉及其他多个政府部门，这些部门有明确的职责和分工，参见表 5-3。

表 5-3　马里兰州政府购买寄宿类儿童服务相关主体职责分工一览表

序号	部门名称	职责分工
1	人力资源部（DHR）	为贫困、残疾、老幼、患有慢性病的或具有其他困难的家庭和个人提供服务，帮助他们获得食物和庇护所等基本生活必需品。尤其是需要日托服务、寄养服务、收养服务和保护性服务的儿童，这些服务也扩大到脆弱的成人
2	社会服务部（DSS）	社会服务部通过马里兰州24个辖区（23个县和巴尔的摩市）的地方社会服务部门管理所有的社会服务项目
3	管理和预算部（DBM）	管理和预算部是马里兰的核心人事部门和首要的采购部门，其主要职责还包括编制预算、监督预算的执行以及税收预估
4	马里兰州教育部（MSDE）	马里兰州教育部在州学监局领导下和州教育委员会的指导下，制定和实施从幼儿园到高中阶段的所有教育项目的标准和政策。马里兰州教育部还负责监督24个辖区的技术教育、康复服务和图书馆项目
5	健康和心理卫生部（DHMH）/心理卫生局（MHA）	心理卫生局负责管理一个由公共部门资助为特定个人提供服务和支持的系统。这个系统为精神失常者及其利益相关者提供治疗和康复服务，目的是促进他们的恢复力、健康和康复
6	健康和心理卫生部（DHMH）/发育性残疾人事务局（DDA）	发育性残疾人事务局是发育性残疾人事务方面的领导机构，其职责是确保发育性残疾人及其家庭在社区生活各个方面的全面参与
7	公共工作理事会（BPW）	马里兰州公共工作理事会由州长、州财务主管（Treasurer）和州检察官（Comptroller）组成。20万美元及以上金额的州采购合同必须由理事会审批
8	儿童内阁（Children Cabinet）	儿童内阁负责协调以儿童和家庭为中心的服务提供系统。儿童内阁成员来自预算和管理部、残疾人工作部、健康与心理卫生部、人力资源部、青少年服务部以及马里兰州教育部学监局。州长儿童办公室的执行董事担任儿童内阁的主席
9	跨部门定价委员会（IRC）	跨部门定价委员会的委员来自州政府人力资源部、青少年服务部、健康和心理卫生部、预算和管理部、教育部以及州长儿童办公室。职责是审查服务提供机构的预算、项目和人员配备情况以确定RCC机构提供的各项服务的费率

资料来源：根据2012年《马里兰州儿童寄宿服务项目招标书》整理。

值得注意的是，表5-3中所列的9个政府机构中，前面6个州政府的部或局，后面3个委员会是协调机构，公共工作委员会、儿童内阁和跨部门定价委员会的角色是在各自职责范围内协调各个相关部门的工作。

2. 购买服务的背景、目的和内容

根据法律规定，马里兰州政府监护所有儿童的目标都是为了儿童能够有一个长期稳定的成长环境，不管其方式是通过回归家庭、亲戚抚养/监护或者是由家庭收养。近年来，儿童服务的理论转向更加青睐家庭抚养而不是机构寄养。这项政策的直接原因是马里兰州政府的财政压力，由于机构提供的寄宿服务成本比家庭抚养和社区服务昂贵得多，近年来马里兰州政府一直在削减向非营利机构购买寄宿类儿童服务的经费。马里兰州政府人力资源部的优先项目"儿童安置"就是这种理论和政策转向的结果，其目的是利用儿童福利系统促进儿童和家庭安全、提升家庭功能，提供长期性的、基于社区的服务。从2009年6月到2013财年末，社会服务局已经将机构寄养儿童数量降至6000名，减少幅度达到34%。马里兰州人力资源部估计，2013年该州需要各类寄宿类提供服务（RCC）的儿童一共是875名。

2012年，马里兰州人力资源部（DHR）社会服务局（SSA）计划向承包商发包多项服务合同，这些合同涉及马里兰州境内7类寄宿类儿童照顾服务（RCC）：发育性残疾项目（DD）；诊断性评估与治疗项目（DETP）；教养院（GH）项目；高强度教养院项目（HIGH）（包括治疗性教养院）；针对具有反社会行为少女的高强度教养院项目（HIGH-TGASB）；医疗性脆弱儿童项目（MFP）；精神病和缓治疗（PR）项目。RCC服务设施必须分布于马里兰州各地，服务于人力资源部负责照看的寄养儿童。

3. 对投标人的要求

参与投标的要约人必须满足以下条件：寄宿类儿童服务机构执照、设施条件、遵守人力资源部RCC项目安置和许可政策的规定和要求，遵守各项法律的情况、治理结构、组织管理、员工背景、强制性事故报告、员工培训与发展、文化和语言能力、质量保证、以家庭为中心的实践、探视和交通工具、个案规划、（儿童和青少年的需要和优势）CANS评估工具、日常工作、教育、儿童和青少年权利法案遵守情况、"青年优先项目的实践模式"和"为21岁做好准备"行动计划的要求、儿童的释放、记录、合同管理、问题扩大程序等25个方面的要求。

（二）马里兰州政府购买服务的操作流程

马里兰州政府购买儿童服务始于服务需求评估及制定购买服务计划。服务需求识别和确定受到多种因素的影响。有一些服务是常规服务，已经持续提供多年，如果没有出现大的政策变化，还会继续提供。比如，始于1965年的"启智计划"（Head Start Project）就是联邦政府健康和人类服务部针对贫困家庭幼儿的健康、营养和教育的服务项目，已经持续了半个多世纪。[①] 新的服务项目往往属于社会创新的范畴，一般是由机构或个人首先提出，通过政策倡导等方式得到政府和公众的关注，最后形成政策和法律，成为政府资助项目。如果政府自己不能提供，决定向社会购买，就成为政府购买服务项目。从前面对购买服务的背景和内容的介绍可以看出，政府购买服务项目的变化和调整还会受到理论和观念的影响，也会受到政府财力的制约。政府依法做出购买服务的决策之后，就进入购买服务的过程。购买服务过程主要涉及项目招标、合同发包、绩效评价、合同终止或续约等几个环节。

1. 项目招标

马里兰州政府购买寄宿类儿童服务项目的招标流程主要包括以下几个步骤：发布招标信息、意向要约人网上电子注册、要约人的询问和质询、投标前会议、准备标书、招标书的修改或取消、提交标书。

（1）招标信息的发布与要约人电子注册。马里兰州人力资源社会服务局住宿类儿童服务招标书通过马里兰电子市场和人力资源部的官网发布。为了收到招标和发包信息，意向要约人必须在马里兰电子市场注册，注册是免费的。招标书包括服务计划书要求、服务需求调查要求、服务合同标准、服务预算格式、资金分配指导原则、评估标准细则，以及投标过程中所涉及评估专家的利益相关性声明的规定等内容。

通过马里兰电子市场或者人力资源部网站收到招标书的意向要约人联系招标办公室，提供姓名、邮寄地址和电子邮箱地址，以便办公室能够就招标相关事宜及时与之沟通。招标书对标书的修改和取消、接受的条件和条款、费用承担主体、标书经济性、开标方式、合同期限等做了详细规定。

---

① 徐杰. 美国"开端计划"中的幼儿教师培训及其启示——以"科学启智计划"为例［J］. 早期教育，2013（4）.

（2）询问和质询。在提交标书之前，采购官招标办公室要召开一次投标前会议，招标书明确规定了会议召开的时间、地点、内容、会议网上注册要求以及会议记录要求。在投标前会议召开之前，采购官只接受意向要约人的书面问题。在投标前会议召开之前，采购官不得回复任何实质性问题。投标前会议上，意向要约人必须以可行和适当的方式就这些问题做出答复。意向要约人还可以在投标前会议上提出另外的问题，不论是以书面还是口头形式。投标前会议必须就这些问题现场做出答复或者会后做出答复，会后答复必须在人力资源部网站和电子采购平台上进行公示。

投标前会议之后也接受询问，所有会后提问必须在会议结束后短时间内提交给采购官。采购官将根据研究问题和进行答复所需时间情况，决定是否在标书提交截止日期之前给予答复。对会前和会中未获答复的所有实质性问题，如果不仅仅与提问者有关，这些问题及其答复必须告知所有已知已经收到招标书的意向要约人。

在投标前会议之后投标截止日期之前的提出的其他问题可以通过邮件、传真或者最好是以电子邮件的方式提交给采购官。

如果意向要约人发现招标书中的说明或合同条款存在歧义，或者对本招标书中任何章节的内容或意图有疑虑，应该在投标截止日期之前要求采购官给予清楚解答。否则，意向要约人将不得在此后就此问题提出异议。

（3）准备标书的要求。每个标书应同时提交两份独立的响应文件，文件 I 是技术标书，文件 II 是财务标书。技术标书应当涉及本招标书除价格信息外的所有信息，所有页应连续编号。技术文件应包含以下内容：标书提交清单、传送单、目录、拟提供的服务（共 25 条具体规定）、项目的绩效要求、确保及时完成和提交相关报告的计划、财务责任和稳定性、经济效益、公司相关资料等等。技术标书中不应包括价格数据。

财务标书应该包含所有拟提供服务的所有价格信息。供应商给儿童提供的所有服务都必须包含在供应商的跨部门价格委员会和教育部的预算/费率之中。人力资源部将某个儿童安置到某个服务提供者时，依据跨部门价格委员会和教育部确定的费率向该供应商支付费用。每个标书的信封必须按照招标书的要求贴上标签。

（4）招标文件所有权与信息公开。对文件所有权的规定。在合同发包之时，作为合同组成部分的所有数据和文件唯一地归人力资源部所有，不得被承包商或分包商的雇员移走，没有人力资源部的书面许可，承包商或分包商不论出于何种目的，不得以任何方式使用、销售、重做或复制这些数据和文件。依据本招标书的规定，从合格的要约人那里收到的技术标书和财务标书将成为人力资源部的财产，不会被返还给要约人。

要约人应当特别注意说明其标书中被视为保密信息、专利信息或商业秘密的部分，并且要证明为什么这些材料应要约人要求不得向公众披露，要约人不得宣称整个标书全部内容为保密信息。当某个第三方提出披露信息的请求时，采购官必须就是否将信息披露给该方独立做出决定。

（5）标书评审。由州政府组建评标委员会，对投标截止日期前收到的所有要约人的标书进行评审。招标书对标书评审程序做了明确规定，包括以下环节：组建评估委员会、认定标书是否合格、技术评估、财务评估、未获得合同要约人的质询以及最终评估及发包建议。

首先是组建标书评标委员会，人力资源部社会服务局负责组建标书评标委员会，委员会可能要求其他渠道提供额外的技术援助。

第二步是确定合格标书。合格标书是来自负责任的要约人的标书，采购官按照适度敏感的方式分类挑选出负责任的要约人的标书进入评审环节。

第三步是技术评审和财务评审。评标委员会将根据招标书规定的评审标准对这些标书进行排名。评审标准主要包括：绩效报告、一般要求（参见上文对要约人的要求）、"为21岁做好准备"行动计划、以家庭为中心的实践政策等。社会服务项目评标过程中往往更加重视对技术标书的评审。评标委员会在完成对技术标书的评估和排名之后，才会进入财务标书的评审环节。技术标书未被接受的供应商将得到书面通知，其财务标书也将被原封不动地退回。

在评价技术标书时，要约人必须给评标委员会就标书内容做口头报告。要约人口头报告的所有内容都必须转换成书面文字，成为要约人标书的一部分。如果要约人得到合同，书面文字具有约束力。采购官决定口头报告的时间和地点。口头报告应当有助于评标委员会对技术标书进行排序。要约人不得进行虚假陈述，任何人违反规定都是犯重罪，一旦定罪将被处以不超过2万美元的罚金或不超过5年的监禁或者二者并罚。

州政府拥有完全的自由裁量权，基于所收到的书面标书来确定发包合同，而无需事先与要约人讨论或协商。在技术评估阶段，采购官应保留与供应商进行讨论的权利。如果举行讨论，所有被初步归类为适度敏感的或潜在的要约人都将被给予参与讨论的平等机会。在任何阶段，只要这些标书没有被确定为适度敏感的发包对象，或者要约人被认定为不负责任要约人，他们提交的标书就会被剔除，不会给予进一步考虑。

2. 合同发包

签订合作协议。充分沟通达成一致后，在明确服务目标和服务内容的基础上，双方签订协议，建立合作关系。

（1）发包的最终评审和建议。在完成了所有的讨论和谈判、承包商背景调查以及实地访问之后，采购官将提出建议，建议合同授予给负责任的要约人，这些要约人的标书经过技术评估和财务评估，确保项目方案最符合马里兰州的公共利益。在做出最有利要约人的决定时，技术因素的价值远远超过价格因素。

（2）合同发包的批准和通知。超过20万美元的合同发包需要州公共工作委员会的批准。采购官要给未获得合同的要约人及时发送正式通知，根据未获得合同的要约人的书面请求做出回复，前提是书面请求应当在收到来自采购官的未获推荐为发包对象的通知之后的合理期限内提出。

（3）合同发包后的情况说明会。在公共工作委员会（BPW）批准合同发包之后两周内，人力资源部社会服务局采购官负责召开合同发包后情况说明会，讨论服务交付、发票处理、监控和其他合同条款和条件方面的问题。马里兰州政府的项目经理、承包商和/或承包商的项目经理以及州政府或承包商的其他相关人员将参加发包后情况说明会。

合同签订之前有一个充分的协商谈判的机会，不仅有助于双方的信息交流和意见交换，也为后期的服务开展建立了稳固的基础。

3. 合同执行过程的监督与绩效评价

一旦合同开始执行，购买服务项目的监督与评价工作就要同步开展了。尽管绩效评价是周期性的，但是绩效标准在招标书与合同中已经明确提出，评价所需的信息在日常工作中就要进行收集和整理，并且要按时向有关政府机构提交报告。

（1）承包商在合同期内必须提交的报告。在合同履行期间，马里兰州寄宿类儿童服务项目的承包商要向多个政府部门提交堪称繁琐的各种报告，参见表5-4。由于现场监督成本太高，州政府主要依靠这些报告来了解各个项目的进展情况，绩效评价在很大程度上也依靠这些报告提供的信息。

表 5-4　　合同期内承包商提交的报告一览表

序号	报告对象	报告内容
1	地方政府社会服务机构	承包商应在接受儿童入住后在规定时间内向地方政府社会服务机构的个案工作者提交报告
2	人力资源部	承包商应在儿童入机构前30天内、初始评估和释放的每3个月，进入CSOMS中的CANS模块进行CANS评估，并向人力资源部提交报告
3	人力资源部	承包商应于每月第10天前将上个月的考勤表发送至人力资源部的电子信箱
4	社会服务局 预算和管理办公室	承包商应在每年12月2日之前向社会服务局以及预算和管理办公室提交年度财务审计报告。审计必须由独立的注册会计师执行，并符合部门要求的格式
5	社会服务局	承包商要向社会服务局提交经济效益的季度报告，截止时间是下个报告季度结束后的一个月的15日
6	健康和心理卫生部心理卫生局（MHA）	提供精神病和缓治疗项目的承包商，应按要求提交相关资料
7	州项目经理	承包商应在每年12月2日之前向马里兰州项目经理提交《人力资源部私人承包商年度报告》
8	州项目经理	承包商应在要求的时间内向州项目经理提交临时报告/杂项报告。承包商可能每年需要提交大约四份此类报告，这个报告与其项目收集研究数据和评估活动相关

资料来源：根据2012年《马里兰州儿童寄宿服务项目招标书》整理。

如果承包商未在规定时间内提交所要求的报告，社会服务局可能将承包商名称放到热榜上，导致终止推荐服务对象，甚至终止合同。

（2）绩效评价。所有的合同承包商都受到人力资源部的监督，以达到绩效标准，参见表5-5。绩效标准是人力资源部制定的，在项目招标书中已有详细说明，是合同的组成部分。人力资源部以这个绩效标准为基础，对7类RCC项目分别制定了具体的绩效标准。招标书对每个绩效指标的含义与评价方法做了解释和说明。值得一提的是，这个绩效标准在100分总分之外，设置了20分的奖励分。因为，人力资源部希望每个寄养儿童在离开寄养机构之后都能被安置在一个稳定的最不受限制的处所中，具体形式可以是家庭重新团圆、监护或收养。

表 5-5　　　　　　　　寄宿类儿童服务项目绩效标准

一级指标及权重	二级指标	分值
A 儿童安全（50%）	员工安全背景和行为	30
	寄养虐待	20
B 许可和监督（40%）	许可制裁	20
	社会服务局热榜	5
	年度财务审计	15
C 儿童福祉（10%）	遵守 CANS（儿童青少年需求与优势评估）承诺	10
总计		100
D 奖励分 儿童稳定性/持久性	儿童退出寄宿性服务，安置到永久性或较少限制性的地点	20

资料来源：根据 2012 年《马里兰州儿童寄宿服务项目招标书》整理。

依据这个绩效评价标准，每个季度对承包商进行一次绩效评价，参见表 5-6。

表 5-6　　　　　最低可接受绩效水平和评价周期一览表

绩效指标	最低可接受水平	绩效指标	评价周期
A 儿童安全（50%）	100%	及时提交安全需求报告和许可机构有关清查的随机审查文件	3 个月（季度）
	100%	没有发现儿童虐待	
B 许可和监督（40%）	100%	没有许可制裁	3 个月（季度）
	100%	没有上热榜	
	准时提交 = 100% 延迟 1 个月 = 75% 延迟 2 个月 = 50%	及时提交年度财务审计报告	年度
C 儿童福利（10%）	90%	及时提交 CANS 遵守情况报告	3 个月（季度）
D 奖励分	0%（不包括 DETP 和 PR 项目）	RCC 项目中的儿童释放安置到永久性（家庭重新团聚、监护）或更少限制性的处所	3 个月（季度）

资料来源：根据 2012 年《马里兰州儿童寄宿服务项目招标书》整理。

以某个承包商 C 为例解释绩效评价的具体做法，参见表 5-7。承包商 C 在该季度所有员工都完成了安全背景调查，该项评价得到满分。发现 1 例员工虐待儿童的实践,该项得分为零分。没有违反许可的情况,也没有上热榜,两项都得了满分。提交年度财务审计报告延迟了1个月以上,算作迟交2个月,该项满分15分,得分率只有50%,该项得分7.5分。上述几项得分相加得到承包商C在该季度的绩效分数72.5分。由于承包商C在该季度释放的儿童有4%被安置到永久性处所,奖励分满分是20分,因此得到0.8分的奖励分。算上奖励分,承包商在该季度绩效评价总分是73.3分。

表5-7　　　　　　　　　对承包商C某个季度的绩效评价

绩效领域	最低可接受水平	绩效测量	绩效解释	评级得分
A 儿童安全 (50%)	100%	每月提交安全报告	C获得满分-所有在职员工都完成儿童服务信息和犯罪背景调查	1 = 30分
	100%	未发现虐待儿童的情况	C不得分-在评价期间,发现1例员工虐待儿童的事件	1 = 0分
B 许可和监督 (40%)	100%	没有许可制裁	C获得满分-在季度评级中没有收到许可制裁	0 = 20分
	100%	没有上热榜	C获得满分-在季度评级期间没在热榜上出现过	0 = 5分
	准时=100% 迟交1个月=75% 迟交2个月=50%	及时提交年度财务审计报告	C获得50%的分数-1个月之后提交年度财务审计报告	50% = 7.5分
C 儿童福祉 (10%)	90%	及时提交CANS评估	C获得满分-供应商及时在SCYFIS中输入CANS数据	100% = 10分
分项分数	以亲青少年的安全、福利、许可和监督为基础		相加:72.5 = 3 + 0 + 20 + 5 + 7.5 + 10	72.5
D 奖励分: 儿童稳定性和永久性 (20分)	0(不包括DETP和PR项目)	RCC项目儿童当期释放到永久性安置处所的比例	C增加0.8,因为当期有4%的儿童被释放后被安置到永久性处所	4% × 20 = 0.8分
总分	分项分数加奖励分		合计:分项分数+奖励分	73.3分

资料来源:根据2012年《马里兰州儿童寄宿服务项目招标书》整理。

人力资源部将每个承包商的绩效评价得分与最低绩效标准进行比较,根据比较结果确定采取何种纠正行动。最低绩效标准在每个合同年开始时确定。每一个 RCC 项目类别的新最低标准将等于所有承包商在前一个合同年结束时的最低绩效分数。如果最低的绩效分数低于最初的最低标准，那么最初的最低标准将被用作合同年的新最低标准。如果最低绩效分数高于最初的最低标准，那么上一合同年度结束时的最低绩效分数就作为新的最低标准。

在任何给定的 3 个月的评估期，绩效得分低于最低标准的承包商按照要求应该向州项目经理提交改正行动计划。经常低于最低标准的承包商可能会被终止或不再续签合同。以上述承包商 C 为例，假定该年度最低绩效标准是 75 分，得分低于最低绩效标准不超过 10%（也就是不低于 75 - 7.5 = 67.5），就采取纠正行动，如果得分低于最低绩效标准超过 10%，就要终止合同。承包商 C 该季度得分 73.3 分，高于 67.5 分。因此，承包商 C 应该向州项目经理提交改正行动计划，不会被终止合同或者不再续约。马里兰州的寄宿类儿童服务合同都是 3 年期合同，包括在第 1 年和第 2 年结束时有 2 个 1 年期续约选择权，合同是否续约完全由州政府决定。

承包商绩效记录还直接影响到其未来是否能够再次得到州政府的合同。因为，人力资源部在为每个 RCC 项目安排床位时，首先将床位分配给排名最高的承包商，然后是排名第二承包商，以此类推，直到所需床位数分配完毕。在州政府缩减寄宿类儿童服务的大背景下，州政府每年购买的床位数量在下降，这就意味着绩效评价得分最低的儿童服务机构首先被淘汰出局。

四、马里兰州政府购买儿童早教服务案例

BCC 案例主要介绍了马里兰州政府购买服务的法律以及操作流程。MFN 案例主要从非营利组织的角度来介绍如何运作政府购买服务项目。主要内容根据作者在 2013 年 12 月 12 月 9 号和 21 号对马里兰家庭网络的首席执行官玛格丽特·威廉姆斯（Margaret E. Williams）女士的两次访谈记录整理。

马里兰家庭网络（MFN）成立于 2009 年，是由马里兰州儿童和家庭服务领域居于领导地位的两个非营利组织——马里兰儿童委员会（Maryland Committee for Children，MCC）和家庭之友（Friends of the Family，FOF）——合并成立的。马里兰儿童委员会成立于 1945 年，主要从事儿童服务政策倡导，是马里兰州最

受信任、最有影响力的早期儿童教育政策倡导者。"家庭之友"成立于1986年，管理着马里兰家庭支持中心网络（Maryland's Network of Family Support Centers），是一个枢纽型服务机构。

MFN并不直接提供服务，它是一个儿童和家庭服务领域的中介机构。MFN有四项主要业务：一是管理着一个由马里兰州家庭支持中心组成的网络。2016年，马里兰家庭支持中心网络有26个成员。这些中心为数千名婴幼儿及其家长，以及年轻孕妇提供服务。这项业务来自于"家庭之友"。二是管理着马里兰州儿童服务资源中心组成的网络。2016年，这个网络有13家成员。MFN的职责是为这13家机构的儿童服务专业人员提供培训、指导、训练以及其他支持性服务，每年提供的服务超过27000人次，是马里兰州最大的儿童服务专业支持机构。这项业务也来自于"家庭之友"。三是管理着一个名为"帮你找！"（LOCATE！）的网络平台。这个平台提供马里兰州几乎所有合格的儿童服务机构的信息，每年有39000多名父母利用这个平台找到适合安全的儿童服务机构。这项业务是MFN成立之后开发的新业务。第四项业务是在联邦政府和马里兰州政府立法机构进行儿童和家庭服务领域的政策倡导。前三项业务继承自"家庭之友"，政策倡导则是马里兰儿童委员会的传统业务。MFN的基本运作模式是：联邦政府和马里兰州政府以拨款或合同的方式提供资金给MFN，MFN再以合同方式向网络成员购买服务。MFN为成员机构提供合同管理、财务监督、技术支持、人员培训、绩效评估等等服务。

威廉姆斯女士自1995年起担任"家庭之友"的CEO，两家机构合并之后继续担任MFN的CEO。2015年，MFN有专职雇员49人，志愿者28人，董事会成员27人，预算收入约为1900万美元，其中96%来源于政府拨款与合同项目，主要是联邦政府的健康与人类服务部的"启智计划"项目和马里兰州政府教育部门的拨款。威廉姆斯女士不仅是MFN的CEO，还是马里兰非营利组织协会主席，这个协会在她的领导下制定了《马里兰非营利组织卓越标准》，这个标准在非营利部门具有很大的影响力。

选择MFN进行调研，是因为这家机构在多个方面具有典型性：①MFN以承接政府合同为主，其收入超过95%来自于政府的服务合同；②MFN是一家网络平台型中介机构，本身并不直接提供服务，而是受政府委托向其成员机构购买服务；③MFN具有很强的社会创新能力，对马里兰州儿童和家庭服务领域做出了开创性的贡献。④MFN是马里兰州儿童和家庭服务政策倡导领域的领导者。

(一) MFN 的基本情况

MFN 今天的服务业务是在"家庭之友"(Friend of Family,FOF)的基础上发展起来的。"家庭之友"是霍普金斯大学的伊莲·伯恩博士创办的。大约是在 1985 年,约翰·霍普金斯大学的伊莲·伯恩(Elaine Born)博士在从事一项关于青少年怀孕和抚养孩子的研究工作的过程中,感到青少年怀孕生子这个事情真是太糟糕了,必须采取行动来阻止这种事情发生。伯恩博士有个朋友在政府工作,她找到这位朋友,并对他说,我们必须采取行动阻止这件事,我们一起组建一个工作团队来寻找办法阻止青少年怀孕生子吧。他们一起撰写了一份报告,由这位政府官员呈送给州长,并对州长说:州长先生,这是一份关于本州青少年怀孕生子情况的研究报告,我们想做点什么来改变这种状况,希望得到您的支持。与此同时,伯恩博士又找了一帮有钱有势的朋友,一起去拜访州长,他们对州长说:州长先生,我们想要支持这件事情。于是,州长批准成立了一个工作专班,这个工作专班创建了家庭支持网络。伯恩博士离开了霍普金斯大学,担任家庭支持网络的 CEO,她也是 MFN 的前任 CEO。

"家庭之友"是一个中介机构,其主要职责是将政府资金分配给旗下多家儿童和家庭服务机构。MFN 的另外一个部分就是这些直接提供服务的儿童和家庭服务机构,它们起初都是基于社区的服务项目。大体来说,政府为这些社区服务项目提供资助,而"家庭之友"则由民间的基金会提供资助。当时这两个部分是分开的,独立运作的。"家庭之友"并没有权力来监督和考核社区服务项目。这种局面持续了 3—4 年。当时的 CEO 伯恩博士发现很多社区项目运作得并不好,而政府的监管也难以到位,即便是政府发现有些社区服务机构经营不善,由于政治方面的原因,也很难减少或停止对它们的拨款。

伯恩博士觉得家庭支持网络可以帮助政府来监管这些社区服务机构。于是,她给州政府建议说,让我们来充当政府与社区服务机构之间的中介,你们把所有钱拨给我们,由我们来给这些社区机构提供资助,由我们来审查和监督这些项目。要是这些机构达不到合同的要求,我们可以减少它们的资助,甚至关闭它们,由我们来实施监督和问责,而你们也免去了做出这些惩罚性决定的政治压力。就这样,大约在第四年,政府和基金会的资助就都给到"家庭之友"。政府、基金会和"家庭之友"建立了一个公私伙伴关系。马里兰州政府通过"家庭之友"直接为家庭支持中心提供资助,但"家庭之友"自己的行政运作费用则由两家民间基金会提供资助。

让"家庭之友"作为第三方控制和管理各个家庭支持中心有几个方面的好处,首先第三方比较容易实施绩效评估和控制,如果某家机构做得不好,它可以直接告诉他们,要求他们改进工作甚至关闭这个机构。但州政府很难这么做,因为关闭某家机构涉及复杂的政治斗争。同时,由于利益冲突,州政府官员不再担任"家庭之友"的董事。

这些社区服务机构有些机构是政府创办的,属于政府机构;也有些是民间创办的,属于非营利组织。马里兰州有23个县和1个独立市(即巴尔的摩市)。"家庭之友"在21个县提供服务。在哪里设立社区服务机构一方面取决于社区的需求,高需求的社区更需要这些服务机构;另一方面是这个社区里有没有可能成为"家庭之友"合作伙伴的服务机构,因为社区服务机构必须不仅要有承担服务责任的意愿,还要有运作项目的能力。

"家庭之友"成立之初,只有两个家庭支持中心,后来一度达到32个。2003年以来,由于政府削减预算,合作机构的数目也一减再减,2013年只有26个家庭支持中心。当政府削减预算,MFN不得不关闭一些机构的时候,他们的决策基于每年对这些机构和项目的绩效评价结果。这也是政府需要这种中介机构的原因之一。政府往往很难停止资助某个项目或关掉某个机构,因为这些做法都可能引起选民的不满,给政府施加政治压力,而政府对这种政治压力十分敏感。但是如果交给第三方的非营利机构去做就不一样了。第三方机构可以对这些社区服务机构说,你们看看这些数据吧,你们给社区提供的家庭服务可不怎么样啊!我们决定关闭你们这家机构。这些机构的负责人可能会去找州长或其他政府官员,去抱怨,去发脾气。他们不管去找谁抱怨,政府可以推脱说,这是"家庭之友"的决定,这不是我的决定,我没有权力去干涉一个民间机构的决策。

当"家庭之友"成立之时,并没有这些专门知识,也没有现成的实践经验可供借鉴,不仅马里兰州买有,全美国都没有。他们必须自己来开发这些专业知识和课程。他们自己开发课程,同时也与一些大学和其他机构合作开发课程。大约花了10年时间,才真正具备了这些知识和经验,才对这个行业有了足够的自信。我们要求员工具有教育学或人类服务专业的硕士学位,我们也有一些社会工作者。所有的项目主任都是社会工作者,拥有社会工作硕士学位(MSW)。

在加入马里兰家庭网络之前，他们要具有项目管理经验，管理规模在50万美元左右、服务对象在50—100人的项目，这些项目一般是住宿服务项目、成人教育项目或者是儿童照顾项目。我们不雇佣刚毕业的学生。《启智计划法》对参与启智计划的机构的师资做了规定，要求截至2013年所有参与启智计划项目的教师都必须有毕业证书，其中一半要有学士学位。

（二）合同管理

得到合同是一个合作的过程。为了符合州政府采购规则，必须采取交易的方式。起初就是民间人士发现了社会问题，找州政府要求提供资助，州政府同意以合同方式提供资助，州发布项目招标信息，非营利机构去投标，投标成功，得到了州政府合同。

MFN在合同管理和续签合同方面遇到过困难或挑战。马里兰州教育部是最大的资助者，他们一般把合同招标书放在官网上，MFN看到信息之后，通知各个下属机构准备标书，各个机构把标书交给我们之后，MFN会进行统一审查，然后将这些标书整合到一起提交给州教育部。投标之后，过了一个月，教育部通知MFN，要求MFN按照他们的意见修改标书。

2008年金融危机使政府给MFN的资助减少了600万美元。因为州政府收入减少，削减了各项预算，联邦政府的预算也减少了5%。为了弥补收入的减少，MFN准备申请医疗补助项目，医疗补助制度的覆盖范围非常广泛，MFN服务的家庭的孩子们几乎都在医疗补助制度覆盖的范围之内。MFN迄今为止没有申报这个项目，只是有点嫌麻烦，不想为了一小笔资助，去填写一大堆各种表格。但是现在MFN准备申请医疗补助项目。

MFN与BCC不同，BCC是直接提供儿童服务的机构，政府是按照其服务的每个儿童为标准付费的，MFN是按项目付费的，而不是按照每个服务对象标准付费的。政府并不是按照每个儿童多少钱来计算项目金额，而是综合考虑服务费率的合理范围。政府有一个数据库，其中有若干年以来全美所有儿童服务项目的费率信息。政府会参照与其他地方类似项目的费率，确定MFN的项目资助力度。

有时候，政府资助不能覆盖所有成本，要求承包商另外寻找部分"配套资金"。比如，联邦政府"早期启智计划"项目的合同金额只能覆盖80%的成本。

其余20%来自其他多个渠道。这80%基本上只是服务成本，运作成本需要自己寻找配套资金。有时候，配套资金来自于州政府资助，有时候，利用志愿服务来配套余下的20%的成本。比如，各地的社区学院参与MFN的项目，以志愿方式给每个家庭支持中心提供教育服务，这些志愿服务的估计价值可以折价算作20%的收入。不过，联邦政府认为这种由志愿服务的价值折算的收入是"软性配套资金"，它们更希望看到真金白银的"硬性配套资金"。联邦政府对于志愿服务的估值标准有着严格的规定。比如，董事会成员都是志愿者，可以将他们的服务折算成配套资金。但是，按照联邦政府设置的标准，每个董事参加一次会议才折算5美元，实在没有太大价值。因此，MFN并不能过于依靠志愿服务作为配套资金。有时候，联邦政府会批准承包方可以将部分合同经费用作行政费用，这个过程十分复杂。只有联邦政府批准了行政费用，承包方才可以用这笔钱作为配套资金。

总的来看，MFN收入的96%来自于政府合同，与BCC相比，MFN没有建立自己的发展基金，有点过度依赖政府资助。

（三）政府监管

政府通过合同与法律实现对MFN承担的各种项目的监管。第一，每个项目的具体要求由合同规定；第二，任何组织和业务都必须合法经营，法律包括巴尔的摩市的法律、马里兰州法律以及联邦法律。比如工作场所禁止吸毒的规定。第三，MFN参与公共政策倡导，但游说也是受到严格规制的。

除了按照合同要求申报信息之外，政府对购买服务项目还实行现场检查。政府会派人来查看MFN的工作记录。联邦政府每3年大概会派20个人来这里现场检查1个星期。州政府每年都会派人来检查一次。2013年MFN与州政府有5个合同项目，州政府会分别派5群人来检查这5个项目。政府检查人员逐字逐句对照合同中的承诺来衡量每个项目的绩效。至于员工的资质，大多数员工不需要特别的证书或执照。但有些职位是需要的。比如社会工作者就需要执照，一些职位比如筹款专家需要特别培训，并获得筹款认证书。所有提供儿童服务的人员都必须接受背景调查。

在购买服务过程中，政府和非营利组织对腐败风险都十分敏感，对于任何偏袒或不诚实的行为，政府都十分谨慎。比如说，尽管MFN是这个领域最好的机构，但政府从来不会把儿童和家庭服务的合同都给它，因为这样看起来令人生疑。别人会问：为什么 MFN 得到了所有的合同？别人也应该得到一些合同吧！也许其他机构没有我们做得好，但这样做是为了维护政府的声誉。

（四）公共政策倡导活动

MFN 认为政府对儿童服务的资助太少，联邦和州应该为儿童早教服务提供更多支持。尽管美国政府对儿童早教的支持比 20 年前要好多了，但和欧洲相比，美国除了给贫困儿童提供的一点服务之外，再没有别的了，即便这一点服务也不够好。MFN 是儿童和家庭政策的积极倡导者，在这个领域具有相当大的影响力。因为 MFN 获得了大量公共资金，而且政府合同是其主要资金来源，因此 MFN 必须密切关注政策动向，随时了解公共领域的事态变化。在美国，很多非营利组织的负责人本身就是注册的说客。马里兰州对于游说有十分严格的法律规制，如果一个政策倡导者和某个议员或政府官员谈话每年超过 20 分钟，就必须注册为说客。在 MFN，威廉姆斯女士和另外 3 个员工是注册的说客。威廉姆斯女士大概 3/4 的工作时间用于机构和项目管理，即儿童资源中心网络、家庭支持中心网络和定位服务网络（LOCATE）的日常运营，其余时间用来从事筹款和倡导活动。

2013 年 MFN 就发起并组织了一次针对马里兰州政府关于残疾儿童服务的游说活动。MFN 组织了一群残疾儿童家长代表到安纳波利斯（马里兰州政府所在地——作者注）去游说州议会，代表们说儿童服务机构将他们的孩子拒之门外，因为这些孩子有残疾，儿童服务机构怕麻烦，不愿提供服务，这些机构是在歧视残疾儿童。家长们要求州政府设立一个程序对这些案件进行审查。儿童服务机构也向州政府表达了自己的意见。他们不想要这个审查程序，因为他们也不愿意歧视这些残疾儿童，他们确实尽了最大努力，可是有时候因为这些残疾儿童的特殊情况，需要聘请额外的人手来为这些孩子服务，这就大大增加了人力成本，超出了这些儿童服务机构的承受能力。谁来提供这笔开支呢？儿童服务机构说，我们没有歧视，我们只是没有能力负担额外的成本。如果政府支付这笔费用，我们很愿意为残疾儿童提供服务。

这样一来，州政府、残疾儿童家长、儿童服务机构三方就儿童服务政策产生了争执，MFN 的角色就是帮助三方走到一起，共同寻找一个可持续的解决办法。MFN 经常扮演这种居中协调的角色，帮助各方达成一致意见。

一些说客和倡导机构往往采取对抗政府的方式，MFN 不是这样的。部分原因是因为政府是他们最大的客户，更重要的原因来自于经验。威廉姆斯女士说：如果你让各方感到高兴、耐心倾听其他人的想法、并且帮助他们实现自己的愿望，总是比你抱怨、指责别人更容易得到自己想要的东西吧！我们是从自己的工作实践中学到这种态度和方法的。因为，我们平时就是这样教育儿童，教育其管辖的儿童服务机构的。在政策倡导过程中，参与各方都是成年人，应该以开放的方式进行沟通，应该诚恳相待，而不是硬碰硬或耍花招。我们在服务过程中学到的经验，也帮助我们在政策倡导过程中发挥积极作用。

美国法律规定，政府资助不能用于游说活动，MFN 另外筹款来做这件事。MFN 采取有多种筹款方式：个人捐赠，董事会成员的捐赠，特别活动如高尔夫巡回赛筹集的款项等，有些服务项目 MFN 也收取一定的费用。有些项目，你不收费没有人来，收费贵一点来的人倒还多一些。

政策倡导首先要关注的优先事项。MFN 的公共政策手册对此作了说明。MFN 每年会举行一次投票来确定当年的政策倡导优先事项。MFN 有一个 400—500 人的公共政策委员会成员名单，每年给这些人发邮件询问他们最为关心的政策议题。通过这种方式，MFN 就了解到总体情况。MFN 还有一个小型的公共政策委员会，每月开一次会，讨论公共政策议题。

比如说，有一个团体给 MFN 提交了一份议案，这份议案是有关创建一个程序为残疾儿童服务的。MFN 的公共政策委员会为此开了好几次会，最终达成了一致意见。公共政策委员会主任将这个议案以及会议达成的意见提交给 MFN 的董事会，MFN 的董事会成员来自于马里兰州各个地方的儿童服务机构。公共政策委员会的提交的议案最终得到了董事会的支持，并提交给州议会。马里兰州的议会会期是每年 1 月—4 月中旬。MFN 在提交了议案之后，就必须在议会与议员们一起就这个议案开展工作。

在这个过程中，MFN 必须要取得其他的儿童与家庭服务倡导机构的支持。在美国，儿童和家庭服务领域有 5 家最有影响力的倡导机构，它们在马里兰州都有分支机构。MFN 必须与这 5 个机构的马里兰分支机构合作。这 5 家机构是：全国青少年儿童教育协会；州儿童照顾服务协会；启智计划协会；家庭和儿童照顾协会以及课外活动协会。这 5 家机构被称为美国家庭与儿童服务行业的"五朵金花"。每一家都会派代表在马里兰州议会开展游说活动。MFN 的公共政策委员会主任一天 24 小时随时与 CEO 保持电话联系，有时候直到最后一刻才一起就某些事项做出决定。

五、哥伦比亚特区政府购买学生餐饮服务案例

DCCK 是美国最有名的"社区厨房"之一。本案例根据 DCCK 的官网资料、提供的内部资料以及作者在 2013 年 12 月 4 日对首席执行官 Michael Curtin 的访谈撰写而成。

（一）DCCK 发展历程简介

1989 年，社会企业家罗伯特·艾格在美国首都华盛顿创办哥伦比亚特区中心厨房（D. C. Central Kitchen，以下简称 DCCK）并且担任首席执行官。[1]当时，DCCK 的运作模式由两个相互关联的部分构成：一是将一些农场或机构的剩余食物收集起来，加工成为营养均衡的食物，提供给流浪汉或其他需要食物的人。二是给没有工作的人（包括有犯罪前科的人）提供厨艺培训并且雇佣他们。这种理念在当时是超前的，超越了传统的汤厨房的模式。在他的努力和协助下，全美各地至今已经创办了 60 家类似的中心厨房。2001 年，他启动校园厨房项目，让大学生将学校餐厅的剩余食物收集起来提供给社区里有需要的人。2012 年，罗伯特离开 DCCK，回到他的家乡南加州，创办了洛杉矶厨房，同时推广"校园厨房"项目。[2]

DCCK 现任首席执行官迈克尔·科庭，1986 年毕业于威廉姆斯学院，获得宗教专业学士学位。迈克尔 90 年代初期在日本大阪工作和生活 3 年，1993 年回到美国后一直在餐饮服务业工作，2004 年加入 DCCK，2007 年接替罗伯特成为首席执行官。2008 年，面对金融危机，DCCK 逆势而上，开始涉足健康校餐业务。2011 年，DCCK 开始健康角业务，通过为这些社区的小型零售商提供更有

---

[1] 美国首都华盛顿全称是哥伦比亚特区华盛顿（Washington District of Columbia），简称 DC。
[2] Marissa Bialecki, Robert Egger Steps Down from DCCK, 2012 年 10 月 9 日，http://www.welovedc.com/2012/10/09/robert-egger-steps-down-from-dcck-jeff-buben-wins-2012-capital-food-fight/，2017 年 2 月 6 日访问。

营养的食物来为低收入社区提供健康食品。2012 年，DCCK 获得"金色胡萝卜奖"，这是一个全国性的健康学校创新奖，DCCK 还两次获得了白宫变革冠军奖等等荣誉。

在迈克尔的领导下，DCCK 在中心厨房项目之外，增加了"营养实验室"项目，参见图 5-1。"营养实验室"这个部分按照社会企业模式运作，除了食品加工之外，迈克尔将学校供餐服务、外卖送餐服务和健康角项目统称为"新鲜起点（Fresh Start）"。学校供餐是以地方政府购买服务合同方式提供的，为该地区公立学校的贫困学生提供餐饮服务；① 外卖送餐服务是客户提供的订餐和送餐上门服务；健康角是为弱势社区的零售店提供廉价健康食品。中心厨房是传统意义上的免费的慈善事业，营养实验室则是社会企业，学校供餐由政府付费，外卖送餐和健康角近似于商业，但都是非营利性的，与其他业务有机整合在一起。DCCK 每天提供 1 万份餐食，其中 5000 份提供给哥伦比亚特区 10 所公立学校中低收入家庭的贫困学生，另外 5000 份提供给哥伦比亚特区 100 家非营利机构和庇护所。②

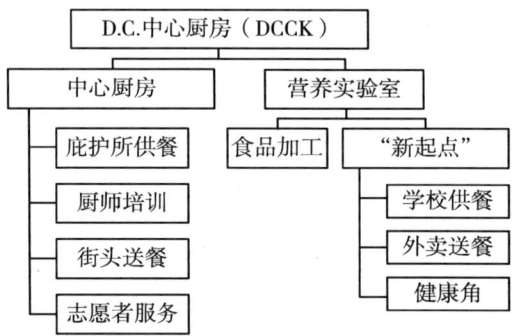

图 5-1　DCCK 的业务结构图

DCCK 创造性地将志愿者、顾客和捐赠人三个角色整合在一起，发明了"聪明经营"商业模式。DCCK 的志愿者在从事志愿服务的过程中了解到它的订餐服务，成为它的顾客；了解到 DCCK 为无家可归者和庇护所送餐、以及培训和雇佣有前科者的慈善活动，又为它捐款。同样的道理，一些顾客成为志愿者或/和

---

① 这里的地方政府指哥伦比亚特区公立学校学区（DC Public Schools，DCPS）。哥伦比亚特区只有一个学区，负责管理区内所有公立学校。在美国的地方政府体系中，有很多单一功能的地方政府，学区就是一种单一功能政府。参见：[美] 文森特·奥斯特罗姆，罗伯特·比什，埃莉诺·奥斯特罗姆. 美国地方政府 [M]. 井敏，陈幽泓，译. 北京：北京大学出版社，2010.
② DCCK 官网：DCCK Annual Report 2013.

捐款人，一些捐款人又成为顾客或/和志愿者。DCCK 除了学校餐饮服务之外，还给一些庇护所以及街头无家可归者提供送餐服务，在哥伦比亚特区的无家可归者设了 3 个街边送餐服务点，每天早中晚给这 3 个点送 3 顿饭。提供送餐服务的都是志愿者。一年大约 15000 人次志愿者。每天都有 30 人左右的志愿者来我们这里服务。订餐服务顾客有学校、公司、家庭等，比如婚宴服务、假日聚餐服务、烧烤服务等，各种订餐服务。比如，某个公司举行 300 人的会议，DCCK 就承包会议的餐饮服务。包餐服务现在的利润率大概是 8%，相当不错。DCCK 和其他餐饮企业也不全是竞争关系。有时候，碰到大客户，超出了服务能力，DCCK 就会把它介绍给其他大型餐饮企业。如果某个大型餐饮企业碰到小客户，它也会介绍给 DCCK。DCCK 将顾客、志愿者和捐赠人三种角色连接起来，形成了独具特色的"聪明经营模式"。

"聪明模式"获得了成功。2004 年，迈克尔刚来 DCCK 的时候，当年的预算是 400 万美元，2013 年的预算达到 1315 万美元，其中 64% 的收入来自于政府合同和收费服务，36% 来自慈善捐赠。向 DCCK 捐款捐物的有机构也有个人。捐赠食物的主要是机构，一些大型的零售商比如沃尔玛、吉安特和柯思科，还有华盛顿附近的农场，以及本地的餐馆等。捐赠服务的主要是个人，比如律师志愿者免费为 DCCK 提供法律服务。捐款人有基金会、企业、个人和联合道路等。开支状况是：直接项目成本占 86%，筹款成本占 5%，行政费用占 9%。[①] DCCK 的 200 多名全职员工有社工和厨师等专业人员。社工负责接触和了解无家可归者，根据他们的具体情况，决定是否需要送他们到庇护所或其他服务机构。厨师都是从 DCCK 的餐饮服务培训项目毕业的学员，1996 年 DCCK 开始雇佣自己的厨师培训项目的毕业生。40% 以上的员工是自己的厨师培训班毕业的学员，这些毕业生原来曾经有犯罪前科。厨师培训项目每年培训 80 名厨师，其中 75% 都是有犯罪前科的人，90% 的毕业生在 3 个月之内找到了工作。[②] 一些服务对象的生活发生了翻天覆地的变化，他们曾经是这个社会中最失败的人，不被自己的家庭接纳，甚至一些人大部分时间在监狱里度过，现在他们开始建立起自己的生活，获得了自由，拥有一份工作，还建立了自己的家庭。

2008 年，当经济出现下滑的时候，很多非营利机构都选择缩减规模。迈克

---

① DCCK 官网：DCCK 990 form 2013。
② DCCK Annual Report 2013。

尔决定要逆势而上，准备扩大而不是缩小规模，因为越是在经济不好的时候，需要帮助的人越多。DCCK 开始尝试学校餐饮服务项目，扩大订餐服务的规模。2010 年，DCCK 第一次获得了特区公立学校的餐饮服务合同。

（二）DC 学区政府购买学生餐饮服务

DCCK 一半以上的收入来自于哥伦比亚特区公立学校（DC Public Schools，简称 DCPS）的餐饮服务合同。[1] 学校餐饮系统受联邦政府农业部监管。哥伦比亚特区公立学校的餐饮系统遵守农业部的规定，由学监局办公室负责监管。[2] DCCK 的合同是与学区（DCPS）签订的，学区是一个地方政府，它负责购买学校餐饮服务。这些餐饮服务向低收入家庭的学生提供，资金来自联邦政府农业部。农业部把钱拨给哥伦比亚特区学监局办公室，后者又把钱拨给学区，由学区招标购买服务。合同详细规定了食物的数量、质量、价格以及员工的资质。所有价格必须按照合同条款确定，价格调整只在每个学年续签合同时由 DCPS 全权处理。专用设备应当取得专用设备 FSW 认证书。所有员工应当符合 DCPS 的雇佣标准，包括但不止限于申请及通过背景检查。沙拉吧的操作人有应当具有 DCPS 的沙拉吧认证书。

DCCK 内部有人专门管理与学校餐饮服务有关的事情。所有合同都会送到首席财务官那里，她负责管理所有的合同，确保及时开具各种发票，及时支付各种款项等等。DCCK 与学区所属的各个学校的校长关系都很好。如果校长们不付款，DCCK 就去找学区办公室。迈克尔每年拜访各个校长一次，但相关员工经常会和他们打交道。

政府购买服务合同的报账付款周期一般是 30 天。DCCK 给大多数供货商结账的时间也是如此。但是，DCCK 每隔 2 周就要给员工支付薪水。另外，DCCK 要等到年底才会有各种善款和捐款收入。由于现金流入和费用支出的时间不匹配，一般来说，DCCK 上半年有足够的现金支付各种费用，下半年往往必须依靠

---

[1] 哥伦比亚特区公立学校是哥伦比亚特区的学区政府。哥伦比亚特区只有一个学区。
[2] 哥伦比亚特区学监局办公室（The Office of the State Superintendent of Education, OSSE）成立于 2007 年，其前身是特区教育办公室。OSSE 的职责是制定政策、分配资源，对特区教育实施监督与问责。比如：OSSE 负责决定一个学生读完三年级应该掌握哪些数学知识和能力（这属于制定政策职能）；OSSE 负责分配联邦政府的"不让一个孩子掉队"项目（No Child Left Behind）的拨款资金，用于支持三年级数学教育，缩小学生之间的数学成绩差异（这属于提供资源和支持职能）；OSSE 负责开发和实施三年级数学成绩评估办法，用于测试学生的数学成绩，这属于问责职能。

银行贷款来维持日常运转。DCCK 账面赤字一直持续到 11 月份，当各种收入年底进账以后，我们的账面才再次变成黑字，黑字一直持续到夏天，又开始账面赤字。

一般情况下，DCCK 与学区政府的合作关系都不错。但是 2013 年遇到了延迟付款的问题。有一笔 15 万美元的款项应该在 6 月份支付，但学区政府先是说 7 月份才能付款，后来又说 9 月份付款，结果到 12 月份还没有付钱。这笔钱是在合同执行过程中超出合同原定金额的款项。DCCK 与学区的餐饮合同对餐食数量有一个估计数，合同金额是根据这个估计数来确定的，2013 年的合同金额是 350 万美元。可是，由于 DCCK 提供的饭很好吃，学生实际用餐数量超过了合同的金额，达到 365 万美元。这多出的 15 万美元需要修改合同，学区要重新走一遍合同程序，才能得到额外的款项来支付这笔钱。为了解决这个问题，DCCK 找到哥伦比亚特区的市议会，市议会给学区办公室打电话过问此事。迈克尔又多次去和学区官员讨论这个事情，学区政府最后同意 12 月底付钱给 DCCK。

政府监管 DCCK 就像监管其他餐馆一样。DCCK 所有人员每年进行两次健康检查。各个学校每年两次到 DCCK 进行现场检查，检查所有工作记录，所有产品，所有的采购记录，当然也检查食物。总体上来看，DCCK 的合同履行一直都很顺利，只是在 2011 年，由于缺乏经验被哥伦比亚特区学区政府两次罚款。特区学监局办公室（OSSE）做出罚款决定，下达给特区公立学校（DCPS），再由特区公立学校转达给 DCCK。做出罚款决定的理由是，根据产品记录和成分比例，DCCK 提供的 3 次餐食中的全谷类成分不符合规定，依据《特区健康学校法》做出本次罚款决定。DCCK 必须全额支付所有违规行为的罚款，DCPS 下个月开具的发票中将扣除罚款金额。下面是这次罚款的罚单：

罚单

根据《哥伦比亚特区健康学校法》的规定，所有午餐必须遵守美国药监局的《美国学校更健康挑战赛金奖标准》。任何不服从这些规定的行为都将受到经济处罚。按此规定，由于 DCCK 在 2010 年 12 月 16 日至 17 日提供的餐食不符合双方合同规定的技术标准，哥伦比亚特区公立学校学区政府要求 DCCK 赔偿 512 美元。[1]

不合规的具体情况如下：

---

[1] GAGA - 2012 - R - 0057, RFP For Food Service, Technical Proposal, DC Central Kitchen, 2010.

第 3 周，2010 年 12 月 16 日，该日期的午餐标准中不包括全谷类食物，因此按照合同不应支付谷类食物的费用（该日期没有规定全谷类食物）。2010 年 12 月 17 日，该日期的午餐标准中不包括全谷类食物，因此按照合同不应支付谷类食物的费用（该日期没有规定全谷类食物）。

杰弗里·米尔斯
DC 公立学校，食物及营养服务主任

DCCK 倡导方面做得不太多，只在市议会就最低工资议题做过证词，以及参与过反对过削减食品券的倡导活动。DCCK 是"天主教徒的厨房"这个网络组织的成员，这个网络十分松散，每年除了举办会议之外，很少有计划地实施公共政策倡导活动。

六、巴尔的摩市政府购买老旧社区改造服务案例

各个国家在经济社会转型过程中，都会出现社区凋敝衰败的问题。一旦这些社区失去功能，就会成为各种社会问题的发源地，威胁到周边社区乃至整个社会的和谐与稳定。在这种情况下，单靠社区或政府已经不能有效地解决问题，需要广泛动员各种社会力量一起共同应对。社区发展公司是美国政府主导的社区发展模式失败的产物，也是在社区自治传统基础上的制度创新的产物。[①] 在美国，市、县、郡以下就是社区，社区传统上属于居民自治的范畴，非营利组织一直是社区治理的重要主体。[②] 社区不是美国地方政府的下属部门，无论是联邦政府还是地方政府都没有权力直接干涉社区事务。[③] 20 世纪 60 年代，美国进入后工业化时期，经济社会转型带来了严重的城市社区衰败问题。全美各地在社区自治的传统基础上建立的大量非营利性社区发展公司（Community Development Corporations，CDCs），就是这种自治传统的延续和创新。它们与政府和其他部门合作，试图社区衰败的问题。社区发展公司是一种混合组织，它一方面摆脱了

---

① 马秀莲. 社区发展公司：一个组织的制度创新, 中国经济新闻网, 2014 - 7 - 30.
② 张远凤, 赵丽江. 公私伙伴关系：匹兹堡的治理之道 [J]. 中国行政管理, 2011 (9).
③ [美] 文森特·奥斯特罗姆, 罗伯特·比什, 埃莉诺·奥斯特罗姆. 美国地方政府 [M]. 井敏, 陈幽泓, 译. 北京：北京大学出版社, 2010.

政府的家长制父爱主义，另一方面又与包括政府在内的外部机构建立了基于社区利益的伙伴关系。①

起初，这些组织80%的经费都来源于联邦政府的拨款。很多企业和基金会也为它们提供了资金和技术援助。比如，1979年福特基金会和其他6家公司一起成立了地方创新支持公司（Local Initiatives Support Corporation，LISC），迄今为止LISC仍然是美国最大社区支持机构。到了20世纪80年代，里根政府倡导民营化，削减了对地方的资助，使得大多数社区发展公司不得不寻找新的资金来源，包括州和地方政府以及私人基金会的拨款或合同，企业和个人的捐助资金，以及利用资本市场进行融资等。②

社区发展公司确立了非营利组织在美国社会政策和复兴贫困社区中的主导性角色。③它们的主要任务是：开发住宅为社区居民提供保障房，减缓社区人口下降速度；开发商用不动产将资本留在社区以促进就业；提供服务青少年服务、家庭服务以及治安服务等多种社会服务以减少青少年犯罪，保障社区安全；总之，CDCs的服务极大地提升了社区的福利水平，又延续了社区自治的传统。社区发展公司的治理结构和组织管理已相当成熟，配套支持体系也相当完善，在提供社区服务、参与公共政策、培育社会资本等方面显示了独特的价值。④

东巴尔的摩社区发展公司（EBDI）正是此类社区非营利组织。本章以东巴尔的摩社区发展公司为例，说明政府如何通过购买服务撬动社会资源对衰败的东巴尔的摩社区进行改造的。

（一）政府购买服务的组织准备

如前所述，霍普金斯大学和医院是巴尔的摩市的骄傲，也是它最大的用人单位。2000年，霍普金斯大学向市政府和州政府提出了改造东巴尔的摩社区的建议。市、州政府都很重视霍普金斯大学的提议，但是它们没有钱，也没有能力解决这个问题，只好问计于民间，召集群贤前来商量。商议的结果就是建立

---

① Roy Lubove, Twentieth–Century Pittsburgh–The Post–Steel Era（Volume II），Pittsburgh and London：University of Pittsburgh Press，1996：97.
② 谢芳. 西方社区公民参与——以美国社区听证会而为例［M］. 北京：中国社会出版社，2009：47.
③ Roy Lubove, Twentieth–Century Pittsburgh–The Post–Steel Era（Volume II），Pittsburgh and London：University of Pittsburgh Press，1996：95.
④ 程又中，徐丹. 美国社区发展公司：结构、模式与价值［J］. 江汉论坛，2014（1）.

东巴尔的摩社区发展公司,以此为平台,通过公私伙伴关系来解决问题。2003年,EBDI 正式成立,注册为非营利组织。EBDI 的最初发起人包括马里兰州政府、巴尔的摩市政府、市议会以及霍普金斯大学等。成立后不久,巴尔的摩本地最大的基金会安妮·凯西基金会及其他一些机构也参与进来。EBDI 的任务是再造东巴尔的摩社区,预计项目总支出为 18 亿美元。

EBDI 的治理结构体现了公私伙伴关系的特色。2013 年,EBDI 的董事会有 18 位成员,这些成员包括州和市政府官员、霍普金斯大学的代表、安妮·凯西基金会和其他合作伙伴的代表以及社区居民代表。董事会的决策并不采取投票机制,而是遵循一致同意原则。

巴尔的摩市政府尽管没有资金和能力独立承担这个社区改造的任务,但是它仍然扮演不可替代的关键角色:那就是赋予 EBDI 所有决策和行动以合法性,并且提供政治支持。社区改造涉及城市规划、经费筹措、居民拆迁安置、基础设施建设等一系列事情,这些事情都是政府的法定职责。比如说,EBDI 作为非营利机构没有要求居民拆迁的权力,只有政府才有这个权力。巴尔的摩市政府把这些事情全部以合同形式外包给 EBDI。EBDI 做好所有工作,州长和市长只需根据各自权限最后在法律文书上签字就可以了。有好几年,EBDI 有 20 多个员工在市政府和州政府办公。巴尔的摩市政府购买 EBDI 的服务,并不是直接通过财政资金支付的,而是通过发行债券的方式筹集资金来支付的。这种债券是一种金融工具创新,称为税收增值融资债券(简称 TIF 债券),这种债券是以东巴尔的摩社区未来税收的增加额为抵押发行的。在改造之前,东巴尔的摩社区严重衰败,巴尔的摩政府很长时间没有在这个社区获得税收收入。在改造之后,这里的物业一定会升值,商业也会发展起来,地方政府预期可以获得稳定的税收收入。

安妮·凯西基金会是美国最有实力和影响力的基金会之一,总部就在巴尔的摩市。凯西基金会在这个项目的参与度很高。它做了三件事:首先,它提供了直接领导。凯西的总裁作为 EBDI 董事会成员参与了所有决策和日常运作。其次,凯西基金会提供了慷慨的资金支持。它们给 EBDI 提供了 2000 万美元的营运费用和 1700 万美元的银行贷款担保。尤其难能可贵的是,它还购买了大量 EBDI 的债券。巴尔的摩市政府一共在华尔街发行了三次 TIF 债券。第一次还比较顺利,但是第二次和第三次发行债券时正好遇到 2008 年金融危机,5000 多万美元的债券卖不出去,凯西基金会全部买下了。其三,凯西基金会关注家庭,希望 EBDI 善待拆迁户,它们确立了服务标准,作为提供资助的前提条件。

东巴尔的摩社区改造是霍普金斯大学发起的,它在其中扮演重要角色。东巴尔的摩社区改造规划在很大程度上遂了霍普金斯大学的心愿,那就是迁出所有居民,彻底改造社区。尽管这看起来是一个多方博弈的游戏,社区居民在 EBDI、董事会也有代表,形式上也遵循了民主决策的规则,但社区居民的力量实在是太弱了,几乎没有谈判筹码,也没有谈判能力。

克里斯多夫是 EBDI 的现任 CEO,但为了保持相对超然的地位,他不是董事会成员。他的工作并不容易,因为每个合作伙伴都有自己的利益,尽管他们的诉求有一些交集,但仍然有很多矛盾和冲突。比如,霍普金斯大学想要社区老居民全部迁走,但很多人并不愿意离开。合作各方的矛盾和冲突使得事情进展并不顺利,有时甚至进两步退一步。因此,克里斯多夫日常工作的重要任务就是协调各个伙伴之间的关系。

(二) 合同的实施:社区改造过程

根据各方一致同意的巴尔的摩社区改造规划,原来的老居民全部迁出,腾出的地皮一部分要为霍普金斯大学盖实验楼和学生宿舍楼,剩下部分要建居民小区以及配套设施。新居民将是中产阶级居民,比如霍普金斯大学和医院的职员,包括行政人员、护士、技术员、实验员等。社区改造过程涉及老居民拆迁、新社区建设以及资产管理等方方面面的问题。

1. 老居民拆迁

社区重建的第一步是老居民拆迁。居民拆迁在美国也是一个大难题。一般做法是:政府提出拆迁议案,议会通过之后,政府与居民商定一个日程安排,付给他们拆迁补偿款,并帮助找到新的住房,再要求他们在一定时间内搬离旧居。

可是,在东巴尔的摩社区没法这么干。因为这里的居民非常贫穷,而且大多是老年人,很多居民没有工作或者从事低收入工作。很多居民一辈子都住在这里,他们没有能力在一个新地方开始生活。所以,EBDI 在拆迁开始之前 2 年就专门成立拆迁服务部门为拆迁户服务。EBDI 花了大量时间和精力来了解每个居民的就业、教育和健康状况,并帮他们找房子,找工作,为缺乏工作技能的居民开展就业培训。拆迁服务后来延长到 5 年,直至每个居民都比较满意地在新家安顿下来。

与这些服务工作相比,拆迁过程本身并不复杂。绝大多数人都接受了拆迁补偿,但也有少数"钉子户"想留着房子,在开发之后卖个好价钱。但按美国法律规定,拆迁户只能按拆迁之前的市场价格获得补偿,法院并不支持他们的请求。就这样,EBDI 拆掉了 1600 座房子,重新安置了 586 户家庭。因为其中很多房子已经弃置多年,无人居住,所以房子数量远远大于住户数量。无人居住的房子处理起来比较简单,只需按照法定的标准付给业主补偿款就行了。

2. 新社区建设

社区重建过程进展十分缓慢。这个社区原来没有什么服务机构,却有非常强势的政治组织,正是这些政治组织把服务机构都排挤走了。在这些组织胁迫下,所有的建设项目都必须优先外包给社区的企业。可是,本地承包商承接项目将近 2 年之后都没有取得任何进展,EBDI 才能够提出终止合同,才摆脱了这些人之后,本地政治组织的气焰也慢慢矮下去。

为了吸引新居民,EBDI 在建住房之前花了两年时间先建了一个特许学校(Charter School)。建学校的目的是利用学校吸引人们搬到这里。这所学校用霍普金斯大学的名字命名(类似于附属学校),霍普金斯大学的教育学院负责其日常运作。

3. 资产管理

EBDI 负责这个社区的所有建设项目,但却不是这些资产的所有者和运作者。实验楼和学生宿舍是霍普金斯大学的资产,市政设施归政府所有。但是,学校、公园、培训机构等资产并不归它们所有,住宅也需要另有机构负责销售和管理。

董事会决定成立一个基金会——东巴尔的摩开发基金会(EBDF)来临时拥有和管理这些资产,直到它们被清算或移交。克里斯多夫担任这个基金会的总裁。EBDI 在建设项目完成后就会终止,但 EBDF 可能会继续存在。比如说,EBDI 建了一个公园,但它并不拥有和管理这座公园,市政府也不想要这个麻烦。EBDF 就暂时拥有和管理这个公园,直到成立一个公园管理委员会这类的非营利机构把它移交出去。正因为 EBDI 的工作任务是动态变化的,其组织非常灵活。2012 年它有 95 个员工,2013 年底就只有 12 个人了。因为项目建好之后,它就连人带事一起交给别的机构。

从这个案例来看,一是美国非营利部门之发达,运用范围之广,令人赞叹。非营利部门不仅渗透到社会生活的方方面面,而且能够搭建跨部门合作的平台,承担社区重建这样复杂的任务。二是美国人对社区自治引以为傲，但是却也存在不少诸如东巴尔的摩这样破落凋敝的社区。社区发展公司的运作效率的并不高，一个社区改造项目要耗时十几年，确实很考验耐心和毅力。三是政府与非营利组织之间相互依赖，如果地方政府太弱，非营利部门就会遇到更多困难。EBDI 的 CEO 克里斯多夫多次说到，他以前在匹兹堡工作的时候，政府很给力，非营利部门做起事情来就要顺利得多。要是在匹兹堡，这样的社区改造项目应该是市政府来牵头负责，就业培训这类服务也会得到政府更多的支持。但是巴尔的摩政府太弱了，EBDI 不得不做所有这些工作。

七、政府购买服务对非营利组织的影响

政府工具的普遍运用对政府自身和非营利组织都产生了深远的影响。[1] 对政府而言，更多的依靠非营利组织来提供服务并不意味着政府角色的弱化，恰恰相反，这意味着政府更多介入社会服务之中，并且对非营利组织的影响越来越大。不论政府资金占多大比例，整个非营利组织都必须要遵守政府的要求与规制。通过这种方式，传统上独立于政府的社会服务机构如家庭与儿童服务机构如今都纳入了政府规制的范畴。那么，政府资助对非营利组织本身又有哪些影响呢？本章试图以 MFN、BCC 和 DCCK 为例，从治理结构、运作管理、组织绩效和特有属性（Distinctiveness）等方面来考察政府资助对美国非营利组织的影响。

（一）对使命导向和治理结构的影响

首先考察政府资助对非营利组织使命导向和治理结构的影响。由于政府通过拨款和购买服务合同文件明确规定了服务内容和服务对象，尽管非营利组织参与政府的决策过程，但是非营利组织不能像从前一样自主定义自身的宗旨和使命。政府绩效合同可能要求非营利组织改变其关注领域，比如由原来关注本

---

[1] 张远凤，莱斯特·萨拉蒙，梅根·韩多克. 政府工具对美国非营利组织的影响——以 MFN，BCC 和 DCCK 为例 [J]. 中国非营利评论，2015，15（01）：200-221.

社区的需求转变为关注政府的服务目标和服务对象。有时为了迎合政府关注的短期目标，非营利组织甚至不得不牺牲长远目标。另一些时候，非营利组织为了赢得政府合同而扩大自己的服务领域和服务范围。[①] 政府工具还可能通过对理事会成员结构和规模的规定，改变非营利组织的治理结构和行为方式。非营利组织的理事会规模可能变小，成员更多是专业人员而不是社区的普通居民，使得社区的参与度下降。同时，为了获得政府工具，建立和维护与立法机构和政府部门的关系成为非营利组织的负责人 CEO 的一个主要任务。[②]

从案例来看，政府工具影响了这三个非营利机构的使命导向、治理结构和功能。政府工具决定了 MFN 完成使命的程度，影响 BCC 发生使命转移，促使 DCCK 扩大了使命关注范围。同时，政府工具影响了理事会的构成，规定了 CEO 的薪酬水平并影响到其工作内容。

政府工具对三个机构的使命导向具有不同的影响。对于 MFN 来说，几乎所有资金都来自政府拨款，尽管 MFN 全程参与项目决策，但是它的使命和服务领域几乎完全是由政府拨款项目确定的。MFN 的 CEO 威廉姆斯女士抱怨说，政府没有给我们足够的经费去做我们应该做的事情，不仅马里兰州，整个美国都应该有更好的儿童早教体系。美国的儿童早教服务远远落后于欧洲国家。公共政策和政府合同对 BCC 的服务对象的规制使得其使命导向由长期服务转向短期服务。BCC 早先是一个孤儿院，由卫理会的牧师推荐青少年到这里接受服务。现在，所有来这里的孩子都是由地方政府的社会服务部门、教育部门或者法院推荐来的。因为法律规定只有这些机构才有权推荐。对 BCC 影响更为严重的是，早先一个孩子可能在 5 岁时被送过来，在这里一直待到 21 岁。现在这些孩子的平均年龄从 14 岁上升到 17 岁，在 BCC 生活的平均时间缩短到 9—18 个月。这使得 BCC 很难为他们提供有效的服务来帮助他们克服所面临的人生困境，这是过去 5 年来 BCC 遇到的最大挑战。

政府工具还影响到三家机构的理事会中专业人员比例增加。BCC 是一个具有宗教背景的社会服务机构，卫理会的教会确定 BCC 理事会的构成，但具体人选必须符合政府合同中规定的理事会成员具有专业背景的要求。政府合同规定 BCC 必须"具有理事会或类似的顾问机构作为治理监督机构，其成员必须具有

---

① Salamon, L. *America's Nonprofit Sector* (3nd Edition), Foundation Center. 2012.
② Smith, S. R. & Lipsky, M. *Nonprofits for Hire – The Welfare State in the Age of Contracting*, Boston: Harvard University Press. 1993.

治理、财务管理、筹款、儿童福利或者治疗性寄宿式儿童服务机构管理方面的经验"。BCC 的相关协议和章程还要求"2/3 的理事会成员必须与卫理会有关"。由此，维持与政府的关系也成为三家非营利组织 CEO 的主要工作内容之一。正如 BCC 的 CEO 柯西欧说：CEO 的头上有三顶帽子，第一顶帽子是日程运营，第二顶帽子是与政府一起工作，第三顶帽子是保持与理事会的联系。

（二）对组织管理的影响

我们从组织规模、专业化要求、志愿者管理以及合同管理等方面考察政府资助对非营利组织的影响。

1. 一般情况

为了在竞争政府合同中占得优势，非营利组织努力追求更大规模，组织结构也变得复杂。政府合同往往限定了非营利组织的行政成本占经费的比例，这使得非营利组织更加追求规模效益。规模更大的机构往往也更容易掌握项目申请技巧。有时，非营利组织为了寻求收入渠道多元化，不得不建立营利性分支机构。如 Boris 等人的研究表明，马里兰州 3914 个人类服务组织中，只有 717 个机构获得政府合同，这些机构相对都是规模比较大的机构。[1]

政府资金可能使非营利组织更专业化。政府合同往往要求非营利组织采用新技术，借鉴商业管理技术，雇佣更多专业人员。政府往往还要求承包方满足一些全国性认证机构设定的要求。以儿童服务为例，全国性认证机构主要有：美国儿童服务联盟，家庭与儿童服务认证委员会（COA）等。越来越多的非营利组织增加能力建设投入，包括引进新的 IT 系统，招募更多专业化的行政和项目管理人员等。

政府合同对非营利组织的雇员和志愿者可能都具有影响。对雇员的可能影响包括：其一，由于合同对专业化的要求，越来越多的非营利组织雇员具有社会工作、行为科学等专业的大学学位；其二，法律与合同提升了对非营利组织的问责要求，降低了其自治程度。法律对非营利组织雇员的工作环境做了日益严格的规定。有些学者指责，非营利组织的雇员正在成为新的"基层官僚"。其三，由于小型非营利组织的雇员专业化程度低于大型机构，工会化程度也比较

---

[1] Boris, E. T., et al. "Findings from the 2010 National Survey of Nonprofit Government Contracting and Grants", Center on Nonprofits and Philanthropy, Urban Institute. 2010.

低，他们的报酬远低于从事同样工作的公务员和大型非营利组织的雇员。政府工具也可能改变对志愿者的要求，进而影响到志愿者的参与度。[1] Downs 等人的研究表明，志愿者仍然在非营利组织的理事会中扮演重要角色，但在直接提供服务的岗位中，由于政府对专业技能的要求提高，对志愿者的背景检查更为严格，使得志愿者参与度大幅下降。[2]

非营利组织在管理政府合同方面也遇到很多挑战。主要的问题是：合同金额不能覆盖全部成本；延迟付款，合同变更，项目申请和报告要求繁复耗时，非营利组织缺乏必要资源负担绩效评估成本。[3]

2. 案例分析

案例研究发现，政府购买服务对 3 家非营利组织的规模、专业化程度、志愿者参与度以及合同管理都产生了显著影响。

政府资助对非营利组织的规模的影响程度取决于其收入来源的多元化程度。政府工具对 MFN 的影响最大，因为政府拨款几乎是其唯一资金来源。2003 年，MFN 旗下的家庭服务资源中心就已经有了 32 个成员，由于 2003 年州政府遭遇预算危机，给 MFN 的预算削减了 200 万美元，MFN 不得不关闭其中 6 个服务机构。DCCK 自 2010 年起开始竞争公立学校系统的餐饮服务合同，政府合同使其业务扩展到公共服务领域，由一个慈善机构转变为从事一个多元化业务的混合性机构。BCC 尽管正在遭遇行业领域的寒冬，但由于其在行业领域长期积累的显著优势，在很多同行关闭业务或缩减规模的情况，暂时没有减少服务规模的压力。

政府资助对这 3 个组织在专业化方面的影响主要涉及雇佣专业人员以及采用新的信息技术。这 3 个机构像企业一样采取了非常专业化的运作方式。法律和合同都要求它们雇佣有从业许可证的专业人员。比如说，启智计划法（Head Start Act）就对师资培训做了明确规定，要求截至 2013 年所有参与启智计划项目的教师都必须有毕业证书，其中一半要有学士学位。儿童福利方面的规定也有类似要求。由于政府的政策以及自身的要求，BCC 的绝大部分雇员拥有儿童服务工作、公共护士、行为科学等方面的学士学位，临床社会工作者拥有硕士学位。

---

[1] Smith, S. R. & Lipsky, M. *Nonprofits for Hire – The Welfare State in the Age of Contracting*, Boston: Harvard University Press. 1993.
[2] Downs, S. W., et al. Child Welfare and Family Services – Policies and Practices (7th Edition), Allyn & Bacon. 2003.
[3] Boris, E. T., et al. "Findings from the 2010 National Survey of Nonprofit Government Contracting and Grants", Center on Nonprofits and Philanthropy, Urban Institute. 2010.

专业化的另一个趋势是利用新技术尤其是信息技术。比如，DCCK 开发了一个在线信息系统来管理每年 15000 名志愿者。MFN 开发了一个名为 LOCATE！的信息系统，该系统搜集了马里兰所有注册的儿童服务机构的信息，家长们可以运用这个系统方便地寻找所需的儿童服务。这个系统还用于搜集、分析马里兰州儿童服务的供给、需求和成本等信息。

在这 3 个案例中，专业化要求提高了雇员的教育背景，政府资助还影响到雇员的薪酬和离职率以及志愿者的参与度。MFN 和 BCC 付给雇员的报酬超过社会服务行业的平均水平，DCCK 付给雇员的最低生活工资和优厚的福利，因为 MFN 和 BCC 对雇员的专业要求更高一些。BCC 能够负担有竞争力的报酬是因为其 1 亿美元的捐赠本金带来的理财收入可以负担一部分养老金和福利开支。BCC 还为雇员报销攻读硕士的学费。这些待遇使得 BCC 的离职率保持在 2%—5% 左右，而行业平均离职率约为 10%。MFN 较高的报酬来自于政府对其服务的认可。DCCK 支付良好福利的钱来自于其经营性收入。尽管 MFN 和 BCC 这样的大型机构能够负担较好的报酬，但整个儿童服务行业的报酬是相当低的。2009 年，"启智计划"项目支付给教师的平均工资是 2.6 万美元，而公立学校教师同期平均工资是 4.5 万美元。

政府资助的影响使得 MFN 和 BCC 的志愿者参与度下降，但 DCCK 志愿者增加。MFN 和 BCC 的志愿者主要是理事会成员，因为这两个机构对服务人员的专业化要求很高。在儿童服务领域，美国法律对从业人员包括雇员、顾问、承包商和志愿者都规定了严格的背景审查要求，每年要进行儿童保护登记和背景方面的司法审查。尽管 BCC 鼓励志愿者接受审查并愿意为此支付费用，也很少有人愿意这样做。由于餐饮服务不需要直接与服务对象打交道，DCCK 相对来说没有那么高的专业要求，志愿者比较容易参与进来。因此，每年在 DCCK 的厨房服务和提供送餐服务的志愿者一直在增加。

这 3 个组织都遇到合同管理方面的挑战。尽管合同管理制度在 1990 年代已经趋于完善，但仍然有些问题不可避免。本章研究的 3 个机构没有遇到延迟支付等问题，但是申请和报告程序过于复杂费时、合同变更以及对配套资金的要求仍然困扰着他们。以 MFN 为例，马里兰州教育部是 MFN 最大的资助者，他们网上发布招标文件，MFN 按照招标文件要求准备并提交了标书。一个月之后，教育部打来电话要求 MFN 按新要求修改合同，新的要求里面服务对象变了，价格也变了。MFN 只好重新做标书。好不容易做好了新的标书，再次提交给教育部。没过几天，教育部又打来电话，再次要求修改标书。MFN 可以把这种情况向州政府投诉，但是他们一般不会这么做。他们的做法是，将情况反映给马里兰非营利组织协会，由协会向州长反映情况。不过，协会也会十分注意分寸，因为州政府是他们最大的客户，他们长期以来与州政府保持着良好关系，合同管理主要是一个合作过程。

配套资金是另外一个挑战。比如说，启智计划经费只能覆盖 80% 的成本，MFN 必须找到 20% 的配套资金。MFN 往往请求州政府为联邦政府项目提供配套资金，但有时候也不一定能够成功。

多头监管和规制对 3 个组织都是一个挑战。比如说，BCC 每年要接待不同政府部门的 4 次现场检查，每次 5 天。其中 3 个主要的州政府部门，人力资源部、青少年服务部以及健康和心理卫生部的要求是基本一样的，但是由于政治方面的原因，很难将这些部门的检查合并到一起。不过，由于美国政府具有很高的透明度和对腐败的高度警觉，在政府购买服务项目中很少出现腐败问题。

（三）对组织绩效的影响

结合社会服务的特点，拟从效率、效果、公平性和回应性 4 个方面研究绩效问题。

1. 一般情况

与有形产品相比，对服务绩效的定义和评估要困难得多。由于社会服务往往用于改变弱势群体的行为或其生活环境。因此，社会服务本身很复杂，并且涉及许多不可控因素，导致服务结果往往存在很大的不确定性。所以，绩效衡量就成为一个难题，有时连专业人士内部都很难达成一致。

成本是衡量管理效率的一种主要指标，虽然非营利组织提供社会服务的成本明显低于政府直接提供服务，但是成本的节约不是来自于劳动生产率而是来自于低工资。优质服务是需要花钱的，不论它是由政府提供还是由非营利组织提供。实际上，由于政府合同往往通过设置工资上限、压低工资总额来控制服务成本，因此社会服务的低成本在很大程度上是由非营利组织员工的收入远远低于政府公务员带来的，而不是非营利组织提高劳动生产率的结果。低收入还降低了非营利组织对高素质人才的吸引力。非营利组织员工与从事相同工作的公务员之间存在巨大工资差距。政府雇员通过工会集体谈判使其工资增长与通货膨胀率保持一致,而非营利部门的员工还没有形成强有力的工会,这使得其在工资谈判中处于不利地位,导致了非营利部门低收入和高离职率的恶性循环。又由于缺乏培训和监管,服务质量也要差得多。结果,为美国最弱势群体服务的员工,其工作价值被低估,没有得到公平的报酬。①

有效性简单来说就是服务质量。与政府直接提供服务相比,非营利组织的服务质量如何呢?非营利组织普遍采取了服务质量提升项目来提升服务质量满足顾客需求。行业协会也十分关注服务质量。比如,马里兰的非营利协会制定了"非营利部门卓越标准",帮助提高服务质量。因此,总的来说,非营利部门的服务质量是持续提升的。②

在服务的公平性与回应性方面,非营利组织与政府的关注点是有差别的。政府对服务公平性更加敏感,更为注重保证所有具备资格的人能够同等获得服务。但非营利部门往往更注重回应性,注重满足首先提出需求的顾客,而不是最有资格的顾客。比如说,非营利组织一般不会将找上门的求助对象拒之门外,而政府则往往对服务对象设定了严格的甄别标准,对于不符合规定标准的对象,即便是找上门来也不能为其提供服务。一旦接受政府合同,非营利组织就必须在回应性方面做出让步。③

2. 案例分析

就组织绩效的4个维度——效率、有效性、公平性、回应性而言,3个案例研究没有发现政府购买服务对其效率的影响,但对服务质量、公平性和回应性存在的影响较为显著。

就效率而言,由于3个案例都是各自领域的佼佼者,尤其是BCC和MFN在马里兰州拥有近乎垄断的地位,经费来源较为充足,3个非营利组织付给管理人员和员工的工资都高于行业平均水平,因此,不存在压低工资节约成本的现象。劳动生产率和管理效率方面由于数据不足,难以做出确切判断。

在质量方面,政府和非营利部门都十分注重服务质量。政府通过法律与合同规定来确保服务质量,非营利组织则通过质量提升计划和各种认证来改进质量。许可证要求是政府确保承包人满足最低质量保证的一个有效手段,美国政

---

① Gibelman, W. & Demone, H. W. (eds.). *The privatization of Human Services – Case Study in the Purchase of Services*, New York: Springer Publishing Company. 1998.
② Salamon, L. *America's Nonprofit Sector* (3nd Edition), Foundation Center. 2012.
③ Smith, S. R. & Lipsky, M. *Nonprofits for Hire – The Welfare State in the Age of Contracting*, Boston: Harvard University Press. 1993.

府要求所有拨款与合同项目的申请者必须具有相应服务领域的许可证。比如说，所有寄宿式儿童服务承办人都必须提供马里兰州寄宿式儿童服务许可证。为了赢得合同，BCC 拥有马里兰州人力资源部、马里兰州健康与心理卫生部、马里兰州教育部、哥伦比亚特区卫生部等多个部门颁发的许可证。政府法律和合同还设置了最低质量标准，对优质服务提供奖励，并确保平等获得服务。2009 年，马里兰儿童委员会"为 21 世纪做好准备"的行动计划，为教育、住房、健康、就业、家庭与社区支持等领域制定了标准。政府与非营利组织的合同每年续签一次，每次续签都要满足当年的最低质量标准。由于哥伦比亚特区的健康学校法（Healthy School Act）规定所有的餐饮都必须符合联邦政府农业部制定的标准，不遵守规制的行为要受到经济处罚。因此，DCCK 承包公立中学餐饮服务的第一年就因为有两次提供的食物未达到合同规定的标准而退款 500 多美元给政府。

这三家非营利组织都实施了质量提升计划（QI），并且获得各种提升管理水平和服务质量的认证书。然而，在效率和质量之间仍然存在取舍关系。比如说，BCC 认为州政府减少接受寄宿式儿童服务机构的人数的做法并非什么社会创新，其动机主要是节约成本。BCC 为一个孩子提供一年寄宿服务的成本高达 9.5 万美元，治疗式寄养服务的成本是 3.6 万美元，家庭寄养服务的成本是 1.2 万美元，而收养的成本是 8000 美元。

回应性和平等获得服务也是政府要求非营利组织必须做到的绩效领域。MFN 必须要保证合法的受益人平等获得服务，并且要学生、老师和其他受益人解决具体困难，以便他们能够平等参与到服务项目之中。DCCK 有义务协助政府为每一个合乎条件的的贫困学生提供餐饮服务。

此外，我们还发现，依靠非营利组织比依靠政府机构直接提供服务相对来说更少政治掣肘，使得服务项目的启动和终止较为容易。如果由政府机构直接提供服务，一旦启动了某个服务项目，建立了相应的组织机构，服务机构作为既得利益者，往往会通过各种方式影响立法机构和政府部门，即便该项目或机构管理不善、绩效不佳也很难将其关闭。而外包给非营利组织来提供服务就可以避免这个问题。比如，MFN 就曾经关闭绩效最差的几个服务机构，这些机构的负责人跑到州长办公室冲着州长大喊大叫，还跑到议员办公室对议员抱怨，如果这个机构是政府机构，立法委员和政府官员就会有很大政治压力，但是由于关闭这个机构的决策是 MFN 做出来的，议员和州长可以轻松地说："非常抱歉，这个决定不是我们做出来的，我们很同情你，但爱莫能助"。

（四）对独特性的影响

非营利组织的作用不仅是提供服务，人们还期望其保持相对于政府的独立性，并在政策倡导和社会变革等方面扮演重要角色。[①] Salamon 将独立性、政策倡导和社会创新归纳为非营利部门的特有属性，这些特有属性也是非营利组织社会合法性的根基。因此考察政府合同对非营利组织特有属性的影响非常有意义。[②]

1. 一般情况

（1）政府资助可能影响到非营利组织的独立性。传统观念认为政府与非营利组织是两个相互独立的部门。但是，现在这种观念已经越来越不合时宜，两者之间的关系越来越倾向于相互依赖。传统的基于社区的非营利组织具有利他性、自愿性和独立性。然而，非营利部门正在失去这种相对于政府的独立性特征。随着非营利组织对政府资源依赖性的增强，一旦政府合同减少或者终止，对非营利组织的影响是灾难性的。在绝大多数购买服务合同的谈判中，双方的地位是不平等的，政府部门在谈判过程中的主导地位日益增强。不过关于政府资助对非营利部门独立性的影响有两种不同看法。一些人认为政府资助削弱了非营利部门的独立性，非营利部门正在变成"国家的代理人"。[③] 另外有些学者则认为从长期来看，政府资助对非营利部门的积极影响大于消极影响。公共部门资助志愿部门有着悠久的历史传统，并不是什么新鲜事。从 19 世纪初到 19 世纪末，在政府资助下建立了许多以拯救儿童或救助儿童为宗旨的非营利组织。到 20 世纪，政府对非营利部门的资助持续增加。1965 年以来，影响儿童福利增长的最关键因素就是政府购买服务合同的增加。[④]

（2）政府资助还可能影响到非营利组织的政策倡导活动。政策倡导是通过各种活动和沟通方式影响公共政策。比如，儿童政策倡导就是使个人和群体对

[①] Salamon, L. *The State of Nonprofit America* (2nd Edition), Brookings Institution Press. 2012.
[②] Frumkin, P. *On Being Nonprofit: A Conceptual and Policy Primer*, Boston: Harvard University Press. 2012.
[③] Smith, S. R. & Lipsky, M. *Nonprofits for Hire - The Welfare State in the Age of Contracting*, Boston: Harvard University Press. 1993.
[④] Smith, S. R. "The Changing Politics of Child Welfare Services: New Roles for the Government and the Nonprofit Sectors", 68 (3) *Child Welfare*. 1989.

于儿童的需要具有敏感性并唤起社会对这些需要的积极应对。倡导者往往游说立法机构采用某项法案，通过辩论影响某项法案的通过或否决，倡导还可以采用其他方式如建议、协商、教育、说服、施压、对抗及法律行动，并且努力与儿童政策有关的政府官员或议员保持联系，并监督他们的工作。一些研究者认为非营利组织在政策倡导方面不够积极，他们认为一旦非营利组织接受了政府资助，其代表弱势群体进行游说的能力就会大打折扣。许多非营利组织担心倡导活动可能破坏他们与政府的关系，包括规制和资助方面的关系，联邦政府通过立法限制非营利组织的倡导活动。[1] 然而，尽管存在这些障碍和限制，许多非营利组织仍然努力开展倡导活动，并且赢得了社区的广泛支持。一个行之有效的策略是参与所在行业的联盟和协会。尤其在州一级的政策倡导十分必要，在居家照顾、儿童福利和心理健康等服务领域，州的规制和政策尤其重要，许多非营利组织与州和地方政府保持着良好关系。

（3）政府资助可能影响到非营利组织的社会创新功能。社会创新是社会企业家的领域，正如企业家通过商业创新推动经济进步一样，社会企业家通过社会创新推动社会进步。传统上，非营利组织的一个重要职能是首先发现社会问题，并且通过创新来寻找解决之道。在找到行之有效的解决办法之后，再通过政策倡导将其推销给政府，通过政府力量使之成为普遍性服务，推动整个社会的进步。由于社会创新的风险性，与政府相比，作为私人部门的非营利组织在这个领域具有显著的优势。但是，在非营利组织高度依赖政府工具的情况下，政府合同对短期绩效的要求可能降低非营利组织的承受风险的愿望与能力。[2]

2. 案例分析

现有文献将特有属性定义为非营利组织相对于政府的独立性，及其在政策倡导和社会创新中的角色。从案例研究来看，CEO 们首先就非营利组织的独立性提出了自己的看法；其次，政府资助对非营利组织政策倡导功能产生了相当大的影响，但对社会创新功能的影响不大。

尽管这 3 家机构与政府的关系各有不同，但他们都认为独立性不再是非营利部门最重要的特有属性。MFN 自打出生就依靠政府工具，BCC 直到今天仍然与卫理会保持密切关系，DCCK 的收入中经营性收入超过政府合同。但是，3 个

---

[1] Gibelman, W. & Demone, H. W. (eds.) *The privatization of Human Services - Case Study in the Purchase of Services*, New York: Springer Publishing Company. 1998.
[2] Frumkin, P. *On Being Nonprofit: A Conceptual and Policy Primer*, Boston: Harvard University Press. 2002.

机构的 CEO 都认为，非营利部门最重要的特征不在于其与政府的关系，而在于其是由使命驱动的，尽管使命感的来源有所不同。MFN 和 DCCK 都是世俗机构，他们都强调自己的使命感，正如 MFN 的 CEO 威廉姆斯女士说：

非营利组织最重要的一点是其纯粹是由使命驱动的。企业只关心利润。政府要面对各种相互竞争的利益诉求，有时候是金钱，有时候是政治，有时是完成任务，关注点随时在变，这对政府是巨大的挑战。MFN 为政府工作，但 MFN 不是政府的一部分。政府也不会认为 MFN 是它的组成部分。MFN 是一个非营利组织，MFN 的使命是为儿童和家庭服务。

BCC 的 CEO 也认为其驱动力不是来自于政府，而是来自于使命感。BCC 是一个深深基于信仰的组织，尽管它是以世俗化的方式在运作，在其工作场所必须优先遵守法律的规定而不是信仰的要求，但是其使命感在很大程度上受到其宗教背景的影响。

就政策倡导而言，MFN 是最积极的倡导者，BCC 次之，DCCK 再次之。在美国公共政策情境中，社会服务机构同时必须扮演倡导者的角色。正如唐斯所说，儿童福利机构具有双重角色，即提供服务和影响公共政策。MFN 自认为是促进建立儿童服务、早期教育和家庭支持的强大体系的催化剂，在地方、州和联邦三个层面积极开展倡导活动。自 1945 年诞生之日起，MFN 就是马里兰州最积极的政策倡导者之一。MFN 的前领导人特雷西·兰斯伯格（1919—2001）是当地及全国知名的儿童服务倡导者。目前，MFN 有 4 个注册说客，其中包括其 CEO 威廉姆斯女士，她说：

我们必须对形势保持高度敏锐，了解公共领域正在发生的一切。尤其是当我们有那么多政府资金的情况下，我们不得不对形势的进展保持警觉。

MFN 不仅自己积极投身政策倡导，还与其他会员组织一起合作开展倡导活动。威廉姆斯戏称在马里兰的儿童服务领域有五大家族：全国少年儿童教育协会马里兰分会；全国儿童服务协会；启智计划协会；马里兰家庭和儿童服务协会；以及学前课后教育协会。这 5 个行业组织在政策倡导方面都十分活跃。

不同于 MFN，倡导不是 BCC 或 DCCK 的主要关注点。BCC 除了理事会成员和 CEO 有时以个人名义进行一些倡导活动之外，主要依靠其他一些会员机构进行倡导，这些机构中有的还提供认证服务。DCCK 在政策倡导方面不太活跃，但也参与了有关反对削减食品券以及保护有过犯罪前科者的就业权利的政策倡导活动。因为其厨师培训项目的学员很多是有犯罪前科者，他们在毕业后往往因为歧视找不到工作。

在社会创新方面，3个非营利组织都十分积极，但创新动力主要来自于领导者的创新意识与创新能力，与政府资助关系不大。MFN首创了儿童和家庭服务网络，将儿童服务与家庭服务资源整合起来。在建立网络的过程中，MFN开发并积累了这个行业领域的专业知识和技能。长期以来，政府项目和资金来源的分散化使得美国的儿童服务和家庭服务呈现出碎片化局面，严重影响儿童和家庭服务的有效性。MFN在马里兰州促成了二者的整合。

2008年，DCCK在经济危机造成捐赠收入减少的情况下，开始尝试以社会企业模式，并且将最大努力实现资源整合利用。DCCK在原有的中心厨房之外建立了一个社会企业，名为营养实验室，在那里实验各种创意，比如食品加工、承办宴席、健康食品开发和零售等，这些业务的发展带来的收入用于支持中心厨房的厨师培训和为贫困人群提供免费食物等服务项目。DCCK还创造性地将其三大类业务，即公共服务（为公立学校提供餐饮服务）、慈善服务（为无家可归者提供免费食物）以及经营性业务（营养实验室），整合起来进行运作。比如说，DCCK的承办宴席服务，其业务往往来自于其慈善服务的志愿者和捐赠者，很多志愿者也是捐赠者，很多捐赠者又称为志愿者，捐赠者和志愿者在举办各种庆典和活动时就把餐饮服务外包给DCCK，他们还将DCCK推荐给自己的朋友和客户。又比如，DCCK的厨师培训项目很多学员是社区里有犯罪前科者，他们毕业之后成为DCCK的雇员。DCCK的CEO迈克尔·科廷说：

很多人认为只有企业才需要以创新的方式赢得市场份额，非营利机构应该很老实本分、安全谨慎，不应该冒险。确实，我们在支付雇员工资和福利方面非常小心谨慎，对我们工作带来的影响非常小心谨慎，我们不是为了盈利而创新，我们是为了社区变得更好而创新。

总的来看，本章通过3个案例的研究发现，不论政府资助是否是非营利组织收入的主要来源，都对非营利组织产生了全面的影响。

（1）政府资助对3个非营利组织的使命导向、理事会结构和CEO的工作内容产生了显著的影响。政府工具限定了MFN的使命，使得BCC的使命导向发生改变，促使DCCK扩大了服务对象和服务范围。政府工具使得更多专业人员进入3个机构的理事会，并使建立和维护与政府的关系成为3个机构CEO工作的主要内容之一。

（2）政府资助对3个非营利组织的管理能力产生了显著影响。政府工具使得3家非营利组织都追求规模经济效应,因为规模越大在竞争政府拨款和合同时更有优势。由于规模优势和专业能力优势,MFN 和 BCC 在遇到政府削减预算和减少服务对象的时候能够将负面影响降到最低。政府工具的要求使3个机构的管理专业化水平不断提高,工作环境更加法律化。但是,3个非营利组织合同管理方面仍然遇到了一些问题。

(3)政府资助对3个非营利组织的绩效产生了明显影响。在成本方面,由于3家非营利组织都是行业领域的领导者,收入来源较为稳定,并不需要压低雇员工资来降低成本。但由于缺乏足够信息,不能对3家非营利组织的劳动生产率和管理效率做出评价。在有效性方面,3个非营利组织的服务质量都在行业领域树立了口碑,并且处于不断改进过程之中。由于3家机构民间性,减少了启动与终止项目的政治压力,使得组织机构和项目的调整与政府直接举办相比具有广大的灵活性。在平等性和回应性方面,除了 BCC 认为法律规制加强而回应性有所降低之外,3个组织在平等性和回应性方面都随着服务能力的提升而增加。

(4)也是最重要的是政府资助对非营利组织独特性的影响。政府资助改变了美国人传统上认为的非营利组织植根于社区、独立于政府的传统形象。非营利组织已经形成了与政府相互高度依赖的关系,以至于3个非营利组织的 CEO 都不再强调对政府的独立性,转而强调其使命导向和社会价值。3个非营利组织中只有 MFN 积极参与政策倡导,BCC 和 DCCK 在政策倡导方面都不活跃。3个非营利组织都在社会创新方面有突出表现,但是3个 CEO 都认为创新源于其创始人和历任领导者的远见和能力,主要不是得益于政府资助的影响。看来,使命导向和社会创新功能仍然可以视为非营利组织的独特性。

八、美国政府购买服务经验对我国的借鉴意义

本章以位于哥伦比亚特区和巴尔的摩市的4家非营利组织为例,研究了美国政府购买服务制度。美国的政府购买服务制度具有如下特点:

一是立法先行。从马里兰州政府购买寄宿类儿童服务的案例可以看出,美国政府十分重视购买服务的程序和内容的合法性,不仅对于政府采购活动制定

了完善的法律，而且针对政府提供的每一项公共服务都制定了一整套法律。从购买服务程序看，购买服务项目招标书的每一项内容都详细注明其法律依据。招标书与合同极其详细规范。从每一项具体公共服务来看，法律对服务主体、服务对象、服务内容、服务场所、服务标准、服务人员以及相关各方的权力义务都做了明确规定。从 MFN 的政策倡导可以看出，美国非营利部门在公共服务政策领域也发挥了积极作用。

我国政府购买服务的法律还不够完善，而且政府在购买服务过程中也没有明确每个环节每项活动的法律依据以及相关各方的法定权利和义务。目前，我国政府购买服务主要强调了购买服务程序的合法性，主要依据是《中华人民共和国政府采购法》《中华人民共和国预算法》《中华人民共和国招投标法》以及国务院发布的《关于政府向社会力量购买服务的指导意见》，这三部法律和国务院的行政法规以及财政部等部门的规章都只是针对购买程序和内容一般性的规定，而且这些法律法规还没有贯彻到每一个购买服务招标书与每一个合同文本之中，更没有落实到合同的监管和绩效评价之中。而地方政府普遍采取公益创投方式来购买服务，更是规避了这些基本法律政策的约束。除此之外，政府购买服务还必须有针对每一项公共服务的具体规定，但目前尽管我国已经具备了针对各个具体领域的法律和政策，但对于地方政府购买服务来说还不够具体不够明确，很难在购买服务合同中严格执行。比如，很多地方政府购买居家养老服务，但是尽管有《中华人民共和国婚姻法》《中华人民共和国老年人权益保障法》等法律，但是这些法律并未对政府提供居家养老公共服务的责任做出具体规定，需要地方政府根据具体情况来制定相关政策。然而，地方政府一般都没有对此专门立法。实际上，目前居家养老服务大多只是公益慈善性质，不能算是严格意义上的公共服务。其他所谓政府购买服务项目基本如此。

二是招投标过程的规范性与透明度。美国政府购买主体与要约人和承包商之间的多样化的制度化的沟通与协商机制。在招标过程中，通过电子手段以及招标前会议；在合同发包之后，有发包后情况说明会制度和提出异议的机制；在合同履行过程中，有定期的双方项目经理会议和多种报告制度。美国政府购买服务的信息公开程度也是很高的，马里兰州政府的招标书说明了每个事项的法律依据，州政府官网的"规制法典在线"（COMAR Online）将所有相关法律都放在网上，并且提供了非常方便的检索功能，可以按部门、按领域等多种方式查找相关法律文件。政府在招标过程中十分注意让要约人公平获得各种信息，并且设立了申诉和投诉机制。州政府对承包商购买服务合同内容信息公开有明确要求，承包商必须主动公开项目信息。

三是多部门协作机制。以 BCC 案例为例，尽管马里兰州人力资源部是儿童服务的购买主体，但是需要其他部门的协助。马里兰州以法律形式对购买主体与协作机构进行了明确分工，并且组建了多个委员会来进行协调，比如公共工作委员会、儿童内阁和跨部门定价委员会，州长办公室在协作机制中处于核心地位。我国政府购买服务职责分散在各个部门，建议以法律形式明确各个部门的职责分工，并且建立由政府主要领导负责的协调机制。

四是合同管理和项目监管方面的经验。美国政府购买服务合同包括项目申请书，内容十分具体规范，明确规定了服务的绩效标准，甚至明确规定了项目承包方的行政成本比如 CEO 的薪酬上限，便于评价和监管。在实施过程中，合同具有法律赋予的权威性。合同管理的专业化程度比较高，州政府的采购官与承包商的项目经理都按法律规定持有专业资格证书，确保招投标过程和项目管理规范性。在监管方面，既要求承包方定期申报项目进展信息，也有定期的现场检查。

五是公益慈善事业发达，非营利部门具备可持续发展的资源和能力，为政府购买服务创造了便利条件。公益慈善事业发达体现在慈善捐赠的力度和志愿服务的普遍性。非营利组织通过慈善捐赠能够建立起雄厚的发展基金，又能够利用资本市场获得投资理财的稳定收益，这些收入能够支持非营利组织进行长期能力投入，比如建设或购买办公和服务场所及设施，为管理层和员工提供具有竞争力的薪酬和福利以便吸引和留住人才。在具备这些条件的情况下，可以将政府购买服务的经费全部用于服务成本。美国已经形成了一个供给丰富又高度灵活的志愿者市场，能够快速有效地配置志愿者资源。政府购买服务不仅可以撬动慈善资源，还可以撬动资本市场，政府和非营利组织也可以利用资本市场为项目融资，保障了非营利组织的财务可持续性。

当然，美国政府购买服务也存在不少问题。首先是服务不均等的问题。不同地区、不同社区的自我组织能力相差悬殊，非营利组织的分布也不均衡，在自我组织能力强，非营利组织发达的地区或社区，就能够为本地本社区带来各种资源，提供各种服务。而在弱势群体集中的社区，尽管服务需求旺盛，但是居民自我组织能力弱，非营利组织也不发达，在筹集资源和提供服务方面也落后于其他地区。由于承接主体分布不均，公共服务的供给也是不均衡的。

另外，美国的非营利组织商业化的趋势越来越明显，一些非营利组织开始明确谋求作为经济实体的待遇，兼得慈善和商业两个领域的好处。比如，DCCK 的 CEO 就说：

我们的业务规模比哥伦比亚特区 90% 的餐馆都要大。最近，市长举行了一次经济峰会，与会人员有开发商、房地产商和其他企业的老板，但是却没有非营利机构的身影。我们的位置在哪里？我们年收入 1300 万美元，有 200 名员工，我们和其他非营利机构一起，整个非营利部门已经占到本地区经济总量的 10%，这是一个可观的份额。为什么还是仅仅将我们定义为慈善而不是商业呢？这就是我认为我们面临的最大挑战。如果人们将我们视为商业，那人们又有什么理由继续给我捐款呢？我觉得我们两者都是，我们既是慈善，也是商业，我们是社会企业。如果不转变对非营利部门的观念，这个部门就会被边缘化。人们还在对我们声称自己不仅是慈善也是商业而感到惊讶，这就是问题所在。

也许，公共服务领域的开放为非营利部门带来长达半个多世纪的发展机遇期，现在政府资助已经接近极限。非营利部门的下一个大发展机遇就来自慈善与商业的结合。

第六章 政府购买服务与公共管理范式转型

20世纪70年代以来，西方发达国家的公共行政范式逐渐转向新公共管理范式，近年来进一步转向新公共治理范式。新公共治理范式最突出的特点是非营利部门的兴起及其与政府在公共事务上的密切合作。[1] 购买服务是政府与非营利组织合作的一种主要方式，购买服务的普及推动了公共行政向新治理范式的转型。

尽管新公共治理范式对全球公共行政产生了广泛的影响，但这一范式主要来自于欧美发达国家的经验，对于是否正在形成普遍的全球公共行政范式，学界尚无一致意见。比如，中东欧和俄罗斯的传统公共服务体系与中国事业单位体制相似。20世纪90年代以来，俄罗斯政府采取一系列带有新公共管理色彩的改革措施，[2] 鼓励发展非营利组织，并且向它们购买服务。[3] 同时，中东欧国家为了加入欧盟，按照欧盟的要求实施新公共管理导向的行政改革，包括向非营利组织购买服务。一些研究者认为，中东欧国家的新公共管理改革已经一定程度上取得了成功。[4] 但是，也有研究者认为，由于受到包括竞争不充分、民主制度发育不足和腐败较为严重等因素的制约，中东欧国家的新公共管理改革尚未取得成功。[5] 比如，一项有关波兰实施新公共管理改革的研究表明，新旧公共管

---

[1] Salamon M. L. The Tools of Government: A Guide to the New Governance. New York: Oxford University Press. 2002.

[2] 王浦劬，莱斯特·M. 萨拉蒙，等. 政府向社会组织购买服务研究——中国与全球经验分析 [M]. 北京：北京大学出版社，2010：259.

[3] Pavel Romanov, Quality Evaluation in Social Services: Challenges for New Public Management in Russia, Mixes, Matches, and Mistakes, 9 – 51; Lev Jacobson, Sergey Sanovich, The Changing Models of the Russian Third Sector: Import Substitution Phase, *Journal of Civil Society* Vol. 6, No. 3, 279 – 300, December 2010.

[4] Dan S. and Pollitt C., NPM CAN WORK An optimistic review of the impact of New Public Management reforms in central and eastern Europe, Public Management Review, 2015 Vol. 17, No. 9, 1305 – 1332.

[5] Drechsler W. & Randma – Liiv T. In Some Central and Eastern European Countries, Some NPM Tools May Sometimes Work: A reply to Dan and Pollitt's "NPM can work", *Public Management Review*, 2016, 18 (10): 1559 – 1565.

理范式产生了明显的冲突。①

由于制度环境的独特性,中国的行政体制改革与西方公共行政改革只是看起来有些许相似,但并没有表现出同质化的趋势。比如,20世纪90年代新公共管理在欧美国家大行其道的时候,1998年中国的行政体制改革并不符合新公共管理范式。② 但也有学者认为,在现代化的过程中,中国行政体制受传统儒家伦理的影响已经逐渐式微,而越来越多地受到西方公共行政范式的影响,③ 中国已经或多或少地融入到全球公共行政范式之中。④

然而,中国的改革开放呈现出日新月异的变化,社会组织的崛起给公共服务体制带来了前所未有的影响。进入21世纪以来,社会组织数量持续快速增长,尤其是2013年以来,随着政府购买服务的制度化,社会组织已经成为公共服务的重要承接主体。那么,社会组织的兴起以及政府购买服务的发展正在推动中国的公共行政转向新公共治理范式呢,还是展示出一种不同于西方的某种公共行政模式呢?

一、文献回顾与研究假设

20世纪50年代初,中国在学习苏联的基础上建立了以事业单位为主体的公共服务体系。⑤ 1978年改革开放以来,这一体系经历了两次重大转型。

20世纪80年代,中国政府迫于公共服务短缺和财政紧张的压力,逐步向市场开放公共服务领域。⑥ 这是我国公共服务体系第一次转型。这个改革思路既受到经济体制改革成功经验的启发,也在一定程度上受到了全球性新公共管理思

---

① Kordasiewicz, A., & Sadura, P. Clash of public administration paradigms in delegation of education and elderly care services in a post – socialist state (Poland). Public Management Review, 19 (6), 785 – 801. https://doi.org/10.1080/14719037.2016.1210903. 2017.
② Yang Kaifeng. China's 1998 Administrative Reform and New Public Management: Applying a Comparative Framework. 2007.
③ Drechsler, W. Three Paradigms of Governance and Administration: Chinese, Western and Islamic. Society & Economy, 2013, 35 (3), 319 – 342.
④ Krasil'Nikov, D. G. & Sivintseva, O. V. New public management in China: Conservative version of administrative reforms. 2016, 60 (8): 85 – 95.
⑤ 赵立波. 论中国的事业单位及其改革 [J]. 中共中央党校学报, 2007 (05): 78 – 83.
⑥ 赵立波. 创新体制机制 推进事业单位分类改革 [J]. 中国行政管理, 2012 (09): 27 – 33.

潮的影响。其中，以教育和医疗领域的市场化改革最为典型。① 一方面，医院和学校等事业单位开始实行服务收费；另一方面，这些领域逐步向民间资本开放。一个极端的例子是，2000年江苏省宿迁市卖光了所有公立医院。然而，教育和医疗的商业化改革并没有取得预期的成功。② 这些改革措施显著增加了服务供给，但是也使得服务价格快速上涨，加剧了服务不平等，并且使得服务提供者和使用者之间的矛盾日益突出，引起了公众的强烈不满和舆论的尖锐批评。

20世纪90年代中期，中国公共服务体系开始第二次转型。一方面，在教育和医疗服务领域实行去商业化改革，让政府承担更多的责任，让公共服务回归公益属性。比如，2017年宿迁市政府又创办了一家大型公立医院，摘掉了全国唯一没有公立医院的城市这顶帽子。③ 另一方面，吸取教育和医疗领域改革的失败教训，开始在社会服务领域探索公共事业与商业企业之外的第三条道路，尝试建立现代社会组织制度，培育发展社会组织，探索政府购买服务这个新思路。从90年代，上海、深圳等地政府就开始向社会组织购买服务。④

2013年9月，国务院办公厅颁布《关于政府向社会力量购买公共服务的指导意见》，提出政府购买服务的目的是优化公共服务供给体系，推动事业单位分类改革，促进社会组织发展。2013年11月，党的十八届三中全会通过的《关于全面深化改革若干重大问题的决定》明确提出，推进国家治理体系和治理能力现代化。切实转变政府职能，推广政府购买服务。2014年11月，财政部、民政部和工商总局联合发布《关于印发政府购买服务管理办法（暂行）的通知》，规定了政府购买服务的实施原则。这表明，政府购买服务不是基于传统的公共行政理论，而是建立在治理理论的基础之上，政府不再是管理公共事务的唯一主体，社会力量也参与到公共事务的治理之中。

新的治理模式与传统的行政管理模式在服务主体和运作机制方面都有显著的区别。传统上，政府要增加一项服务，就会增加一项职能，增设一套机构，增加一批编制。在国家治理模式下，政府不必增设机构增加编制，而是以购买服务等方式委托第三方机构来提供。而在新的治理模式下，政府通过合同来提

---

① 赵大鹏. 公共服务市场化改革的困境及其对策探析 [J]. 长白学刊, 2009 (6), 72-75.
② 顾昕. 走向有管理的市场化: 中国医疗体制改革的战略性选择 [J]. 经济社会体制比较, 2005 (6); 张路雄. 困境与出路: 现代化市场化进程中的中国教育体制 [J]. 社会科学论坛, 2006 (8), 49-71.
③ 李子君. 宿迁医改观察——当年"卖光"真相与再建公立医院逻辑 [N]. 健康界, 2017-05-10.
④ 韩俊魁. 当前我国非政府组织参与政府购买服务的模式比较 [J]. 经济社会体制比较, 2009 (6), 128-134.

供公共服务，契约关系取代了上下级关系，市场机制代替了行政机制；利用社会组织来提供服务，非营利机制代替了营利性机制。传统行政管理模式下，政府拥有并控制着完成某项任务的全部资源、权力和能力。在治理模式中，政府在放权赋能的同时撬动社会资源，与其他主体一起管理公共事务。治理模式主张在政事分开、政社分开的基础上实现政府与其他主体的合作，减少政府对其他主体的直接行政干预，主张政府更多地利用法律规制和市场机制来治理公共事务。

在制度设计上，政府购买服务被视为促进国家治理现代化的手段。在治理主体方面，通过政府购买服务将社会组织纳入公共服务供给体系之中，促进社会组织发展，增添新的服务供给主体。① 在契约关系基础上，党政、群团、事业单位与社会组织等主体之间建立了一种新型的合作关系。② 在治理能力方面，政府购买服务不仅仅是引入竞争机制和志愿机制，也不仅仅是去行政化和去商业化，而且对公共服务体系的价值取向和行为方式都产生了影响。通过与社会组织等民间力量的合作，政府提升了治理公共事务的能力。③

然而，在实践中，政府购买服务对公共行政的影响却呈现出所谓的"诺斯悖论"现象。④ "诺斯悖论"的原意是说，一种经济上低效的制度安排在政治上却可能是合理的。在存在权力竞争和政治交易费用的情况下，可能采取导致无效率的产权结构及其他相关的制度安排。就政府购买服务制度而言，从新公共治理的逻辑来看，政府购买服务不仅可以提高公共服务的效率，还可以促进社会组织的发展壮大，在政府与市场之外产生一个独立的非营利部门。然而实际上，政府购买服务有可能强化政府对社会组织的控制，使得社会组织对政府的依附进一步制度化。⑤ 因此，政府购买服务并不会推动行政管理向新公共治理转型，而是可能出现所谓的内卷化（Involution）现象。⑥ 一方面，政府将社会组织

---

① 管兵. 竞争性与反向嵌入性：政府购买服务与社会组织发展 [J]. 公共管理学报，2015（3）：83-92；黄晓春. 政府购买社会组织服务的实践逻辑与制度效应 [J]. 国家行政学院学报，2017（4）.
② 句华. 政府购买服务相关术语的混用现象及其辨析 [J]. 中国行政管理，2017（1）：67-71；句华. 政府购买服务与事业单位改革衔接模式探讨 [J]. 行政管理改革，2017（3）：34-39；郭春甫，周振超. 群团组织参与政府购买服务创新实践——以重庆市为例 [J]. 北京航空航天大学学报（社会科学版），2017（4）：18-22，42.
③ 崔正，王勇，魏中龙. 政府购买服务与社会组织发展的互动关系研究 [J]. 中国行政管理，2012（8）：48-53.
④ 汪圣. 政府购买服务与社会组织发展的诺斯悖论问题探析 [J]. 长白学刊，2018（1）.
⑤ 管兵，夏瑛. 政府购买服务的制度选择及治理效果：项目制、单位制、混合制 [J]. 管理世界，2016（8）：58-73.
⑥ 翁士洪. 官办非营利组织的内卷化研究——以中国青少年发展基金会为例 [J]. 甘肃行政学院学报，2015（4）：84-96；马全中. 政府向社会组织购买服务的"内卷化"及其矫正——基于B市G区购买服务的经验分析 [J]. 求实，2017（4）：44-57.

吸附到行政体制内，使得社会组织完全成为政府的附属物；另一方面，社会组织为了得到政府的资助而主动靠近政府，与政府对接。[①] 最后，社会组织被嵌入政府行政体系之中，不再追求独立性；公益慈善被贴上公共服务的标签，不再具有自主性。在这种情形下，尽管社会组织的数量或有增长，但是社会组织并不能独立发挥作用，是一种有数量而无质量的增长。

这种内卷化现象似乎可以借用新公共管理层次理论来解释。Dan 和 Pollitt 将新公共管理分为范式和工具两个层次。[②] 借用这个思路，新公共治理也可以分为范式和工具两个层次。英美等西方发达国家的新公共治理改革在范式层次进行，这些国家对政府主导公共服务的能力产生怀疑，认为市场机制和非营利机制优于官僚行政机制，[③] 主张实现全面的范式转型，引入企业管理的理念和方法再造政府，同时通过政府与私人部门的合作来提供公共服务。[④] 可以说，欧美国家在传统公共行政范式向新公共治理范式转型的过程中，从行政伦理、组织制度到行为方式发生了系统性的变革。与之相比，中东欧国家的新公共管理改革基本上都只是在工具层次进行，并未真正触及制度与伦理层次。[⑤] 它们不过是在表面上零打碎敲地采取了一些带有新公共管理色彩的措施或行动，比如通过绩效薪酬、全面质量管理、设立自治性机构等措施改善政府内部管理，通过民营化和竞争性招标等手段提升公共服务效率。但是，它们并没有在深层次上按照新公共管理的理论改变其行政伦理和制度结构，非营利部门也没有得到充分发展。欧美学者认为只有在范式层次进行新公共管理和新公共治理改革才能实现公共行政的整体性进步，对仅仅停留在工具层次的改革充满怀疑，认为这种改革可能导致所谓的"诺斯悖论"现象，非营利组织在数量上有所增加，但并未改变行政体系的传统格局。

显然，无论在公共服务体制改革方面，还是社会组织的发展程度上，中国

---

① 李春霞，巩在暖，吴长青. 体制嵌入、组织回应与公共服务的内卷化——对北京市政府购买社会组织服务的经验研究 [J]. 贵州社会科学，2012（12）：130-132.
② Dan S. and Pollitt C., NPM CAN WORK An optimistic review of the impact of New Public Management reforms in central and eastern Europe, Public Management Review, 2015 Vol. 17, No. 9, 1305-1332.
③ Juraj Nemec, New Public Management and its Implementation in the CEE Region: What do we know and where do we go?, Uprava, letnik Ⅷ, 1-2/2010, 7-36.
④ Osborne, S. P., ed. the New Public Governance? New Perspectives on the Theory and Practice of Public Governance. New York & London: Routledge. Jouke De Vries, Is New Public Management Really Dead? OECD Journal on Budgeting, Volume 2010 Issue 1.
⑤ Drechsler W. & Randma-Liiv T. In Some Central and Eastern European Countries, Some NPM Tools May Sometimes Work: A reply to Dan and Pollitt's "NPM can work", Public Management Review, 2016, 18（10）: 1559-1565.

与中东欧国家具有更多的相似性。"诺斯悖论"与"新公共管理层次论"都暗含了所谓全球公共行政范式的假设,将欧美公共行政范式视为标准范式,将欧美国家公共行政向新公共管理和新公共治理转型的趋势,预设为世界各国公共行政范式转型的共同趋势。"诺斯悖论"和"新公共管理两层次论"将欧美国家新公共治理范式框架下的国家—社会关系视为一种理想化的关系模式,不符合这种关系模式的情况下,社会组织即便数量增长也不能带来公共服务和公益慈善质量上的有效提升。如果不从范式层次进行公共行政管理转型,仅仅从工具层面进行改革,无异于在旧衣服上打几个新补丁,不会取得实质性的效果。这些观点究竟有多大解释力呢?本文将对此进行研究。

本章将结合前面对政府向非营利组织购买服务的案例研究,讨论中国政府购买服务的效果是否符合"诺斯悖论"假设,然后讨论购买服务与中国公共治理范式转型的关系是否符合"新公共治理层次论"。

二、传统公共服务体系的构成

传统的地方政府公共服务体系由各级政府机构及其举办事业单位两个部分组成。

这里所说的政府机构是一个广义的概念,包括党政机关和群团组织。在各级地方政府的组成部门中,民政部门和残联、妇联、共青团等群团组织是社会服务的主要提供者。民政部门是地方政府中的社会服务的主要提供者,负责社区建设、救灾、特殊困难群体的救助、居民最低生活保障、社会福利、老年人服务、儿童收养、殡葬管理、婚姻登记、社会组织登记等职能。

群团组织具有多重属性,既被视为政治组织和行政组织,也被视为政府背景的社会组织(GONGO)。[①] 作为政治组织,群团组织是党和政府联系人民群众的桥梁和纽带,是党进行政治整合、社会动员的重要载体。作为行政组织,残联、妇联、共青团可以视为各级政府的组成部分,经费来自财政预算,人员是

---

① 肖扬. 对妇联组织变革动因及其途径的探讨 [J]. 妇女研究论丛, 2018 (1): 39-47; 康晓强. 群众团体与人民团体、社会团体 Mass Organizations and People's Organizations, Social Groups [J]. 社会主义研究 SOCIALISM STUDIES, 2016, 1 (225): 55-60.

公务员或准公务员。作为社会组织，它们是会员制组织，每个群团都有一个覆盖全国的会员网络，每个群团的基层组织都数以百万计。残联负责组织实施残疾人康复、教育、劳动就业、扶贫、职业培训、社会服务、无障碍设施等工作。团委负责共青团和少先队建设、未成年人教育和保护以及青年志愿者活动。妇联提供妇女、儿童和家庭方面的服务。由于群团组织的特殊属性，政治职能是其核心职能，行政职能和服务职能必须为政治职能服务。群团组织尤其是基础组织普遍面临着服务资源和能力不足的问题。以武汉市某区为例，该区人口100多万，团委、妇联、残联的工作人员分别只有13人、7人和5人。[1] 它们更像官僚机构，而不是服务机构。[2] 2015年7月，中共中央发布《关于加强和改进党的群团工作的意见》，要求群团组织通过委托、承包、采购等方式，引领社会组织提供服务。在这个政策指导下，群团组织成为社会服务的主要购买者，与社会组织合作来提供服务。

我国有100多万家事业单位，雇用了将近3000万人员，一直是公共服务的主要提供者。然而，事业单位制度本身存在很多弊端，在分类改革的过程中，事业单位的数量和雇员人数都在减少。随着政府购买服务的普及，可以预见未来政府将不会再大量增设事业单位来提供服务。

总的来看，传统的公共服务体系条块分割、协调困难、服务能力有限，难以满足社会转型过程中对公共服务的巨大需求。比如民政部门、残联、妇联和共青团都有为贫困儿童服务的职责，但它们资金来源和服务项目相互独立，很难进行有效的协调。

三、政府购买服务对公共服务体系的影响

在不能大量增设事业单位的情况下，为了保证公共服务的公益性，政府开始着力培育社会组织作为公共服务提供者。随着社会组织的崛起，公共服务领域正在形成一种事业单位和社会组织并存的结构，类似于市场经济中国有企业与民营企业并驾齐驱的格局。

---

[1] http：//www.wuchang.gov.cn/wcqzfzz/cqqsbmyjsjsgjfyjsxx/qfl15/1986722/index.html.
[2] 肖扬. 对妇联组织变革动因及其途径的探讨［J］. 妇女研究论丛，2018（1）：39-47.

社会组织在一定程度上被嵌入政府组织体系之中，成为政府在公共服务领域的助手。以政府购买婚姻调解服务为例，我国离婚率连续10年上升，已经成为一个严重的社会问题。尽管家庭服务是妇联的职责，但是妇联并没有提供如此大量服务的资源和能力。鄂州市妇联通过培育社会组织，并向其购买服务来解决这个问题。离婚有两种途径，一是协议离婚，在民政部门办理；二是诉讼离婚，在法院办理。鄂州市妇联先是聘用了两位婚姻调解员分别在民政和法院提供调解服务，服务一段时间后，取得了明显的效果。为了扩大服务覆盖面，鄂州市妇联帮助其中一位调解员成立了社会组织，努力将这项服务纳入到当地政府预算之中，将预算用于向这家社会组织购买全市婚姻调解服务。

不过，由于社会组织的民间性质，社会组织在公共服务中展示出特有的优势，打破了传统公共服务体系的封闭性。社会能够在一定程度上突破行政壁垒，还能整合多方资源，依托社区提供服务。

社会组织在一定程度上能够突破行政等级和管辖区域的限制，克服"条块"分割的弊端。不论社会组织在多大程度上依附于政府，它们都具有独立的法人资格，不是政府机构，没有行政级别。它们与政府之间是契约关系，而不是行政等级关系，其活动范围一定程度上可以突破各级政府行政管辖区域的限制。比如说，在武汉市某区登记的社会组织，可以申报各级政府部门的购买服务项目，既可以申报本地政府的购买服务项目，也可以申报全国各地的政府购买服务项目。比如，武汉市某家社工机构在2018年承担了20多项政府购买服务项目，既有武汉市政府及一些区政府的合同，还有外地政府的合同。很多社会组织既承接了政府行政部门的合同，也承接了群团组织的合同。比如，武汉市政府及各个区政府和群团组织都购买了社会组织孵化器服务，分别来自上海和苏州的两家社会组织几乎包揽了这些项目。

社会组织作为一个平台，在多渠道整合资源方面也显示出优势。它们能够筹集慈善捐赠，利用志愿者，整合政府内部和外部资源，链接本地和外地资源乃至境外资源。比如，武汉市多个本地社会组织都得到过境外基金会如香港的李嘉诚基金会的资助。一家研究残疾人权利的机构还得到了瑞典一家研究所的资助。比如，民政、妇联、残联、共青团都提供儿童服务，这在传统体制下是很难整合的，现在一家社会组织就可以同时承接三个部门的服务项目，整合三个部门的资源来实施项目。

社会组织的另外一个优势是扎根社区。社区居委会是居民自治组织，协助地方政府提供就业、养老、残疾人服务、社会福利、社区矫正等服务。社区居委会不是地方政府的一部分，但是高度依附于地方政府，居委会工作人员的工资由地方财政提供补贴。武汉市的社区平均人口有6000多人，最大的社区达到15万人。武汉市的社会服务项目都要求"落地社区"。项目申报书要表明服务对象所在的社区。在服务提供过程中，办公和服务场所一般都是由街道和社区提供，一部分志愿者也来自社区。所以，社会组织必须得到社区的接纳和支持，才能获得资助，履行合同。几年前，一些街道和社区对社会组织怀有疑虑，并不欢迎它们。现在他们看到了服务效果，越来越愿意与社会组织合作，有的街道政府还设立了"社会创新中心"，许多社区培育出了自己的社会组织。

尽管非营利模式已经显示出不同于传统事业单位服务体系的优势，不过，非营利性机制在中国还一个新生事物，大多数社会组织还没有形成规模化服务能力。传统的惯性仍然十分明显。首先，居民对购买服务过程的参与仍然十分有限，购买服务决策和绩效评估主要是由政府做出的，尽管通过多种方式征求了公众意见，或者采取了第三方评估，但是社区和居民缺乏直接参与。其次，地方政府面临对社会组织监督和评价难题。政府官员对服务定价、合同管理和绩效评价。另外，合同项目金额很小，合同期限往往只有一年，合同经费只有运作成本，这些都对社会组织的可持续发展带来困扰，也影响到公共服务系统的稳定性。

四、政府、慈善和商业对社会组织的影响

政府购买服务培育了一批社会服务组织，公益创投大赛已成为"没有围墙的社会组织孵化器"。通过购买服务，政府增强了对社会组织的控制，社会组织对政府的依赖性也进一步增加了，但是这种控制力和依赖性往往被夸大了。实际上，政府、慈善和商业的力量相互交织在一起，共同影响着社会组织的发展。从武汉市的情况来看，政府购买服务提供的资源起到了杠杆作用，撬动了慈善和商业资源。在政府、慈善和商业三种力量的影响之下，政府购买服务并未使得承接服务的社会组织完全依附于政府。

（一）购买服务对政社关系的影响

地方政府并不是直接向社会组织购买服务。为了与社会组织对接，武汉市和各区政府新设了两类机构：基金会和社会组织服务中心，前者是将慈善资源输送到社会组织的中介渠道，后者为政府购买服务提供专业服务。这样一来，政府与社会组织之间又多了两个联系纽带，参见图6-1。作为服务购买主体，各级政府和群团组织设置了社会组织服务中心或社区服务中心，负责购买服务项目管理以及社会组织孵化培育工作。政府支持的基金会则是公益创投大赛的主要资金来源。武汉市民政局1998年设立慈善总会及其附属基金会，2012年成立社会组织发展基金会。2008年以来各区民政局设立了区级慈善总会及附属基金会。残联、妇联、共青团也设立了基金会。慈善总会和基金会是公益创投项目名义上的购买者。这样，政府通过这两个机构将购买服务与社会组织培育连接起来。

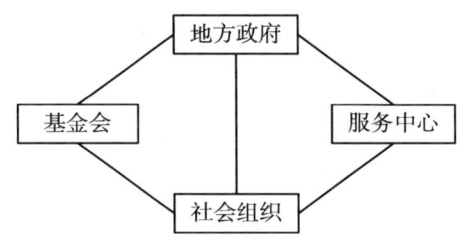

图6-1 政府与社会组织之间的连接纽带

政府采取的培育措施主要有两种，一是提供社会组织孵化服务，二是支持社会组织能力建设。为了培育合格的服务承接主体，省、市、区甚至街道政府都建立社会组织孵化器，民政部门建立了社会组织孵化器，残联建立了残疾人服务社会组织孵化器，妇联成立妇女儿童家庭社会组织孵化器，共青团成立青年志愿组织孵化器。孵化器提供共享办公场所、少量启动资金以及法律、会计等专业服务，帮助社会组织具备基本运作能力，达到注册要求。

孵化器早期主要是培育服务型社会组织，现在逐渐将重点转向培育支持型社会组织，由它们带动服务型社会组织的发展。大多数孵化成功的社会组织都能够获得政府购买服务项目。在招标阶段，服务中心辅导社会组织撰写项目申报书。服务中心还组织项目评审会议，由评审专家当面给申请人评价和建议。

在合同实施过程中，服务中心会组织中期评估和期末评估，并将详细评估意见反馈给承包商。政府还为购买服务的相关主体提供培训服务，很多官员和社会组织创办者都是在这类培训课程中第一次接触到非营利组织概念。

政府培育直接促进了社会服务组织的发展。最为引人注目的现象是社工机构的增长。2011 年，武汉市只有 1 家社工机构，2017 年底达到 32 家，其中市、区两级民政局注册社工机构分别为 12 家和 20 家，80% 的社工机构是 2015 年以后成立的。另外一个值得一提的现象是社会组织之间的竞争与分工。出现了提供项目管理、会计咨询、绩效评估等专业服务的支持型组织。比如，某区民政局的孵化中心聘请了一位会计师提供会计服务，后来这个会计师创办了一家专门提供非营利组织会计服务的社会组织。

可见，通过购买服务，政府在组织、资源和能力等方面都对社会组织产生了很大影响。但是，我们在研究政社关系的时候，不能忽视了其他因素对社会组织的影响，政社关系应该放在社会组织与所有相关方的整体关系中来看待。从武汉市的情况来看，除了政府之外，慈善和商业对社会组织的影响也不可忽视。

（二）慈善对社会组织的影响

社会组织的价值观在很大程度上来自慈善和志愿精神。中国的慈善和志愿精神受到传统文化和外来文化的影响。一般来说，长者较多地受到儒家传统和"雷锋精神"的影响；年轻人则更多地受到外来文化的影响，很多人因为参与过红十字会、李嘉诚基金会的项目之后选择城市公益事业。武汉市社会企业家群体的崛起既是得益于政府购买服务提供的资源，也是受到志愿精神的感召。他们来自于各行各业，有政府退休或离职官员、大学教师、退伍军人、企业经理、媒体工作人员、还有大学生和普通市民。我们调研的社会组织中，有街道退休干部创办残疾人服务机构，国营公交公司退休管理人员创办养老服务机构，退伍军人创办志愿者组织为老年人免费理发，电视台的年轻编导创办儿童服务机构，美术专业毕业的大学生创办的残疾人刺绣培训机构，而绝大多数社工机构是大学教师创办的。几乎每个街道都有残疾人服务机构，每一个运转良好的机构都有一个最突出的共同点，那就是有一个致力于助残事业的社会企业家。比如，紫阳街阳光家园的创办者吴凡丽曾经在街道从事 10 余年残疾人工作，她在退休之前创办了一家阳光家园,她几乎一半是时间都住在机构里,花费了8年时间才使得这家机构赢得声誉,吸引周边地区的残疾人到这里来享受服务。每个街道都有像专门负责残疾人工作的专干,但很少人能够像她这样付出。

很多志愿服务组织主要依靠慈善资源和志愿者来提供服务,同时以政府资助为补充。最活跃的是大学生志愿者组织和社区志愿者组织。以大学生志愿者组织为例,武汉市有100万在校大学生,大多数都是注册的志愿者,几乎每个社区都有大学生志愿者在提供服务。武汉市的很多社区志愿者组织也和很活跃,在居家养老服务、社区安全和环境卫生等方面发挥着越来越大的作用。正如一位社会组织的负责人所说,财力有限,民力无限,慈善和志愿是社会组织发展的不竭动力。

(三) 商业对社会组织的影响

商业对社会组织最为直接的影响就是社会企业的兴起。我们看到,很多承接武汉市各级政府购买服务的社会组织采取了"公益+商业"的社会企业模式。社会企业模式就是"公益+商业"的双轮驱动模式。① 这是目前很有争议的一种模式。一些社会组织的负责人往往同时还拥有从事类似服务的商业企业,社会组织与商业企业共享资源,并驾齐驱。比如,一位从事儿童托管服务的企业家注册了一家社会组织为贫困家庭提供儿童服务,后者是政府购买服务项目付费的,服务人员是企业的全职员工,兼职为政府服务项目服务。一些承接养老服务、教育服务、法律服务项目的社会组织也采取这种运作方式。因为,政府购买服务项目金额很小,不够支付全职员工的工资,也很少能力建设投入,通过这种方式,社会组织能够持续地提供服务,同时也在市场上建立了良好的口碑,有助于其营利性业务的发展。这种模式发展很快,但是引起了公众对其公益性的广泛质疑。

社会组织对政府和商业的依赖使得其独立性成为一个问题。社会组织在创立之初往往依赖某个政府机构,但是在注册之后尤其在雇佣全职人员之后,与一个政府机构合作获得的资源往往不足以支持其生存,必须要寻找新的资源和新的合作伙伴。当它的合作伙伴和收入来源增加,服务能力增加,积累了一定的核心能力时,社会组织的独立性就会增加。比如,某区妇联在2016年获得省

---

① 徐永光. 公益向右 商业向左 [M]. 北京:中信出版社,2017.

妇联 10 万元的公益创投项目，聘用了 1 位社工提供离婚调解服务。由于这位社工做得很成功，2018 年在区妇联帮助下注册成立非营利机构，聘用了 3 名员工。现在这家机构获得多个政府部门购买的家庭服务项目合同，同时也申请到某个外省基金会的资助。由于其专业性服务能力的提升，政府也对它产生了某种程度的依赖。这样，这个社会组织从对政府的多方面依赖变成了双方相互依赖的关系。另一个例子是某个国企管退休理者在 2014 年成功获得一个小额的公益创投项目，为某个社区的老年人提供养老服务，并且进入区民政局的孵化器。第二年，这家机构完成孵化在区民政局注册，它运作的项目在社区也获得成功，并且申请到其他社区的项目。现在，这个组织雇佣了 10 多名员工，在十几个社区提供服务，同时也与某个养老服务企业合作，进入商业性养老服务领域。

随着社会组织的成长，产生了一些以研究、教育和倡导为主的社会组织，比如依托武汉大学法学院成立的残疾人权利研究中心。服务型组织也具有了一定的政策影响力和倡导机会，比如一家项目评估服务的社会组织负责人是律师，参与了本市志愿条例的起草工作。一些社会组织负责人以人大代表和政协委员的身份参与地方政府立法和决策。

总体上看，这些社会组织的发展面临着不少困难，既有资源和能力的问题，也有治理问题。首先是资源有限，政府购买服务只能勉强支付服务费用和运作成本，但没有提供发展资金。发展基金对于社会组织的可持续发展是至关重要的。其次是能力不足，社会服务组织大都规模很小，专业人员十分缺乏，流动性很大。很多社会组织以开展活动提供服务，比如组织贫困儿童夏令营、合唱比赛，组织老年人节庆活动，开展烘焙和刺绣培训活动，为聋哑人提供法律咨询等等，很难形成持续有效的服务能力，真正改变服务对象的处境。最深层次的问题是治理问题。大部分初创的社会组织是创始人当家，没有建立以董事会为中心的治理结构。社会组织的透明度也是一个问题，大部分组织没有网站，没有信息披露机制，公众很难获得相关信息。事实上，与社会组织对政府的独立性相比，它们的非营利性更容易遭到公众的质疑。

五、重新思考"诺斯悖论"：新公共治理的另类范式

从上述分析来看，政府购买服务在我国普遍实施的时间并不长，尽管服务

覆盖面还很低，服务质量也不高，但政府购买服务改革带来的效果是显而易见的。在公共服务领域形成了社会组织与事业单位并行的二元供给体系，类似于市场经济领域国有企业与民营企业共存的格局。社会组织的灵活性逐渐体现出来，它们突破政府层级与部门之间的壁垒，超越行政管辖区域的限制，整合多方资源，形成社会服务行业和市场。同时，政府购买服务还发挥了杠杆效应，将慈善和志愿者资源引导到公共服务领域之中。可见，政府购买服务已经在一定程度上改变了公共服务体系的结构，实现了政府与社会组织的合作，在社会服务的某些领域初步形成了竞争格局，这些都体现了新公共治理范式的特点。

不过，深入考察政府购买服务的运作方式，可以看到国家治理范式的鲜明特点，很大程度上也是其与新公共治理范式之间的差异，即政府主导购买服务的决策和实施过程，政府直接培育社会组织，政府主导公益创投。政府对购买服务决策过程的主导是通过部门预算的方式来实现的，主导实施过程则是通过提供资金和场所，并且合作提供服务来实现的。公民和服务对象在这个过程中的参与机会有限，处于被动接受服务的状态。政府将购买服务过程与社会组织孵化培育相结合，在提供服务的过程中以"干中学"的方式，培育了一批社会服务机构。在公民社会还不发达的情况下，这是一种短期内快速见效的方法。此外，政府将慈善资源用于公益创投，将公益服务与公共服务融为一体。

这种国家治理范式下的政府购买服务面临着不少问题和挑战。首先是社会组织的内卷化风险，即只有规模增长但没有实质性发展。由于传统范式的惯性，社会组织被纳入政府行政系统，遵循其固有工作机制，为基层政府的辅助机构。社会组织虽然数量有所增加，但并没有获得独立自主性，也没有形成专业服务的能力，公共服务形式化，不能有效满足服务需求。这种现象在购买社工岗位的情况下最容易发生，这是由于少数几个社工脱离了社会组织，被安插到基层行政系统中，按照基层官员的指示开展工作。此外，在依据行政指令普遍设置某类社会服务机构，比如残疾人服务或家庭服务的情况下也有可能发生，这是往往由于社会组织缺乏领导力造成的。

其次是公益慈善与公共服务的关系问题，公益服务替代公共服务，政府行为挤压了公益活动空间。一方面，购买服务的政府机构是慈善基金会的业务主管单位，基金会的工作人员与政府机构关系十分密切。另一方面，企业是基金会主要的捐赠者，他们很愿意与政府合作来资助社会组织。实际上，公益创投并没有采取政府采购程序，而是更类似于基金会的拨款方式。在项目管理上，与政府采购项目共享资源,由同一个合同管理服务承包商负责。因此,公益慈善与公共服务的关系是由基金会与政府的关系来决定的。在沿海发达地区,建立了一批相对独立的民间慈善基金会,公益慈善事业也获得相对独立的地位。武汉市的民间基金会发展落后于沿海发达地区,所以只有政府主导的公益创投,还没有民间主导的公益创投。

再次是购买服务决策方面还有不少问题,尤其是购买服务法律政策不健全,预算制定过程公众参与度不高。由于当前社区自治和民主协商制度与政府预算制度之间缺乏连接机制,政府购买服务过程中缺少公众参与和监督。

最后是社会组织的商业化问题。社会组织的商业化本身并不是一个问题,社会企业甚至是社会组织的一个发展趋势。发达国家往往对非营利组织的商业活动与非营利性活动分别进行规制。但是,在中国,民营化改革带来的商业化力量仍然具有强大的惯性。很多社会组织与商业合作,非营利性缺乏有力保障。这是由于非营利组织是外来的新概念,政府对非营利组织的商业活动缺乏规制,公众对非营利机制认识不足,社会组织的自治和自律不够,也缺乏强烈的独立意识和愿望。这是一个非常棘手的问题,直接影响到公共行政范式能否进化到治理范式,无论是新公共治理范式还是国家治理范式。

在上述因素的影响下,我国的社会组织还十分弱小,部门尚未形成分工体系,称不上是一个独立部门。霍普金斯大学的非营利部门比较研究发现发达国家非营利部门的员工和志愿者(折算成全职人员)占经济活跃人口的比例在6%以上,慈善捐赠占到GDP的2%左右,政府资助占非营利部门总收入的比例将近四成。截至2013年,我国社会组织对GDP和就业的贡献还不到1%,慈善捐赠占GDP的比例只有0.1%,政府资助占社会组织总收入的比例不到10%,服务收费占社会组织收入的90%以上。[①] 可以说,社会服务领域的国家治理范式并不成熟,仍然在快速变革之中。从目前发展程度来看,国家治理范式与新公共治理范式的之间存在很大差异。随着非营利概念的普及,非营利制度的完善,社会组织的成长,也许会更加接近于新公共治理范式。

---

① 张远凤,张慧峰. 从国际比较看中国非营利部门的发展水平[J]. 中国第三部门研究,2017,14(02):3-20,180.

附录1　马里兰州寄宿型儿童照顾服务项目标准

2013 COMAR 14.31.06 Interpretation Guide Standards for Residential Child Care Programs (Code of Maryland Regulation, COMAR)

《2013马里兰州规制法典14.31.06阐释指南》也称为《马里兰州寄宿型儿童照顾服务项目标准》。

该标准的主要依据包括：人类服务条款（Human Services Article），健康职业条款（Health-Occupations Article），教育条款（Education Article），家庭法条款（Family Law Article），健康一般条款（Health-General Article）的相关规定，以及马里兰州解释准则（Annotated Code of Maryland）

该标准分为十九章。第一章阐明了该标准的宗旨；第二章规定了标准使用范围；第三章对本标准使用的相关术语进行了定义；第四章治理；第五章人事行政；第六章雇员责任与资质；第七章物质设备；第八章紧急情况和普遍安全；第九章一般项目要求；第十章基本生存需要；第十一章儿童权利；第十二章儿童服务；第十三章健康保健；第十四章儿童虐待与忽视；第十五章行为干预、策略与支持；第十六章无故缺勤；第十七章儿童接收、个人服务计划、行为计划和释放；第十八章报告和记录；第十九章项目规划、评估与质量改进。

该标准的宗旨是：寄宿型儿童青少年照顾服务项目必须达到和保持本标准，以保护寄宿于这些机构中的儿童的健康、安全与福祉。

该标准的适用范围是：除了法律另有规定之外，凡取得马里兰州政府人力资源部、健康与心理卫生部、青少年服务部等部门颁发执照的寄宿型儿童照顾服务项目适用本标准。任何个人或实体开展非公共寄宿型儿童照顾服务项目，都必须按本规定取得执照。

该标准对执照持有者（即寄宿型儿童照顾服务机构）的内部治理做了规定，主要内容是：

（1）执照持有人必须依法成为法人，保管好相关文件以证明其法人地位、管理构架和人事安排。

（2）法人须有章程，规定董事会在政策、财务及所有相关活动方面的法律责任和职能。董事会必须确保法人不存在种族、肤色、民族、宗教、信仰、性别、性取向、婚姻状态、残疾等方面的歧视，董事会要挑选首席执行官，书面规定首席执行官的角色，授权于首席执行官，评价其工作绩效等。

（3）如果执照持有人属于非马里兰州的法人，则必须成立顾问委员会。顾问委员会必须包括至少3名马里兰州居民，其中至少1人是董事会成员。顾问委员会每季度至少开会1次，帮助执照持有人遵守本册法律，建立与社区的良好关系等。

（4）该标准对董事会的构成与组织方式做了详细规定。董事会主席必须由董事会成员选举产生；董事会运作必须遵守章程；董事会至少由5人构成，必须包括至少1名马里兰州居民，至少1名人类服务领域的专家，至少1名会计或财务背景的专业人士。董事会成员必须遵守回避制度。与该儿童照顾服务机构有利益冲突的政府机构的雇员不得担任董事会成员。

（5）董事会应该任命1名首席财务官。

第五章对寄宿型儿童照顾服务机构的人事行政做了规定：

（1）人事政策。董事会必须采用并遵守书面的人事政策，并且至少每2年重新审查一次。书面人事政策的内容应该包括年度绩效评价、记录保密性、岗位职责描述、传染性疾病、工作场所无毒品无酒精、员工纪律、员工监督、申诉程序、员工聘用和退休、工作时间、组织结构图、入职及日常培训、薪酬福利、休假津贴、禁止聘用的条件等。执照持有人要保证每个员工都有一份人事政策。禁止聘用的人员包括有犯罪记录者、有虐待或忽视儿童经历者、有虐待配偶、强奸以及任何伤害儿童等行为证据的人。

（2）执照持有人要限制聘用与其有利益冲突的人。

（3）执照持有人应该建立行为规范，禁止针对员工和寄宿者的性骚扰或其他歧视，要求员工的采取正确行为以适当方式为寄宿儿童服务。

（4）执照持有人应该建立书面的岗位职责说明书。

（5）执照持有人应该为每个员工建立并保管好其人事档案。

（6）每个直接提供儿童照顾服务的员工应该接受至少40小时的入职培训及年度培训。要给每位新员工指定一个老员工作师傅直到新员工满足相关法律规定能够胜任工作为止。员工培训的内容包括应急准备和安全演习、心肺复苏术证书、年度急救培训、儿童虐待与忽视的识别与报告、自杀风险评估与干预、经批准的惩罚和行为管理技术、药物管理、感染控制、与家庭合作、儿童心理和情绪需要、儿童发展、沟通技能等。

(7) 员工评价。每年至少对每个员工做一次评价，每一份评价文件必须有员工本人及其直接上级的签字，并标明时间。

(8) 人事计划。在对拟服务的儿童数量和工作量的分析基础上制定人事计划。

第六章规定了雇员职责和资质。雇员包括项目经理、直接照顾人员、人类服务专业人员、其他专业服务提供者、志愿者或实习学生。

(1) 项目经理。董事会应该聘用有资质的项目经理，项目经理的职责是全面负责项目管理，执行所有政策，维护物质设施以及财务问责。项目经理必须具有根据马里兰州健康职业条款所颁发的资格证书。董事会还可以依法任命一个没有证书的个人担任执行项目经理。

(2) 直接照顾人员。直接照顾人员的职责是帮助寄宿儿童实现其个人照顾计划设定的目标和任务，管理寄宿儿童的行为，增进儿童生理和情感方面的福祉，促进儿童根据自身情况掌握独立生活技能。直接照顾人员受马里兰州人类服务条款中有关寄宿人员权利法案的指导和监督。

(3) 人类服务专业人员。执照持有人应该根据儿童的需求和项目性质雇佣适当的人类服务专业人员，遵守本章第17条的规定。人类服务专业人员的职责包括参与服务对象寄宿儿童的招收过程；设计、审查和签署每个儿童的照顾服务计划以及解除服务计划；提供咨询并培训员工实施每个计划；担任儿童的服务或法定监护人、学校、青少年法庭以及其他社会和社区服务机构之间的联系人。

(4) 其他的专业服务提供者。执照持有者应当取得其他专业人员的服务；确保专业人员是合格的、有证书的或执照的，可以满足服务性质的需要；要与专业人员签订协议遵守执照持有人的保密政策。

(5) 志愿者或实习学生。如果有志愿者或实习学生，执照持有人应当遵守志愿者或实习学生的书面参与计划；志愿者或实习学生若要直接接触学生必须具备以下条件：有合适的正式员工的监督与评价；不能取代正式员工的岗位；执照持有人要验证其推荐信；要接受入职训练和培训；要每年接受体检；直接接触儿童之前要接受犯罪背景调查及其他相关调查；要向执照持有人提供其专业证明。

(6) 最低人员配备要求。执照持有人应该确保每个场所有足够人手承担行政管理、商务活动、文书工作、饮食服务、清洁服务、维护、秘书和监管职能。

执照持有人应当根据时间、规模和项目性质确保所有时间都有适当数量的员工在岗。当首席执行官不在岗时要指定一位合格的员工授权其代行职责。每个建筑物中所有时间都应至少有一个员工在岗。

第七章场所设施。总体要求是：

（1）执照持有人必须遵守联邦、州和地方有关建筑、消防和健康方面的法律法规以及地方区划法。

（2）执照持有人必须使用能够满足儿童、员工和来访者需要的建筑和设施，确保所有员工和居住者的安全。

（3）每年向发照机构提交地方当局提供的消防和卫生年度检查报告，以确保符合规定。

（4）保留场所和设施接受检测并且未发现含铅涂料、石棉和氡等有害物质的证明文件，并且依照请求提供上述文件。

（5）确保所有设施至少保留一个有效的灭火器。

（6）一旦发现场所设施中有虫类或鼠类要提供检验报告和处置报告。

（7）电话服务和设备。不仅提供移动电话服务；员工和居住者都可以获得和使用电话服务；所有建筑物中都有可供孩子使用的电话。

具体要求还包括：

（1）执照。执照持有人必须在执照所示地址的建筑物中的参观者容易看到的地方按照发照机构的要求正确展示寄宿式儿童服务项目执照的原件。

（2）建筑物、地面和设备。执照持有人必须确保建筑结构和地面没有对安全和健康不利的物质；确保所有室外和厨房的垃圾桶都是盖着的；至少每周一次运走垃圾；确保所有传染性废弃物储存在生物有害性垃圾桶之中并且定期清理；与正确地设置、安装和维护操场和其他休闲设施。

（3）咨询和办公场所。执照持有人必须保留与儿童生活区分开的场所用于私人讨论和咨询，以及办公。

（4）生活区域。执照持有人儿童居住的建筑物具有适当的非正式的和休闲空间供儿童使用；这个空间必须是无烟无污染的；墙壁必须定期清洁和刷涂料，没有破损、裂口或破洞；保持干净整洁。

（5）睡眠设施。执照持有人必须确保安装可移动式儿童床的房间中，单人间使用面积不小于 80 平方英尺，多人间人均使用面积不少于 60 平方英尺。执照持有人必须确保安装不可移动式儿童床的房间中，单人间使用面积不少于 120 平方英尺；多人间人均使用面积不少于 100 平方英尺，两床间距不少于 3 英尺。执照持有人必须根据个人情况提供床铺：床的尺寸适合孩子的身高体重，床要牢固，床垫要干净、舒适、无毒、防火并且消过毒；2 岁及以上的男孩和女孩要住在不同房间；一间卧室不超过 4 个孩子；床垫和天花板之间要有足够的空间供孩子坐起来；至少每周更换床单被套，如果沾上大便要随时更换；为尿床的孩子提供防水床垫；床垫给另一个孩子使用前必须消毒；给孩子提供桌子或柜子放置衣物和个人用品，设置挂衣服之处；允许儿童一定程度上自主选择卧室装饰；确保生活区域整齐干净；提供自然采光。执照持有人要为睡床的儿童提供一个枕头、两条床单和足够舒适的被子；禁止使用吊床、双层床、阁楼床或者以沙发代替床；确保每个儿童睡在自己指定的床上。对于婴儿或其他需要婴儿床的孩子，卧具规定从略。

（6）卫生间。执照持有人应当确保浴室设施处于良好可用状态并且保持卫生条件。每 5 个儿童至少要有一个有冷热水的水池，一个有冷热水的浴盆或淋浴设施，以及一个抽水马桶。除非儿童请求帮助，否则拥有使用马桶和洗澡的隐私权。浴盆或淋浴要配备防滑表面；墙面要有镜子，按照高度适合儿童使用；除非特殊情况，24 小时都必须提供个人卫生用品，包括但不限于卫生纸、肥皂、洗发水、牙刷、毛巾和浴衣等等。卫生间的设施要符合儿童的需要。

（7）厨房和餐厅。执照持有人要提供备餐、储存、服务、用餐和清洁的设施和场地；保持所有设备干净、安全、整齐，确保设施符合健康和安全标准；除非执照持有人证明一次性餐具对于保护儿童健康和安全是必要，否则不得日常使用一次性餐具；确保所有碟子、杯子和玻璃器皿没有缺损之处，免受蟑螂等感染，每餐之间得到适当清洁。

（8）家具。执照之有人要提供干净、舒适的家具并且维护良好。

（9）门、窗户和窗帘。执照持有人要确保所有房间和卫生间的门都能够从里面和外面打开。纱窗要维修良好，所有朝外面的窗户在紧急情况下可拆卸，所有通往外面的门必须能够朝左开。窗帘必须能够保护隐私。所有窗帘的绳子结成圈不得大于 7.25 英寸。高位地区的门窗比如娱乐室的门和楼梯井必须使用防碎材料或安全玻璃。

（10）电力系统。执照之有人要确保物质场所的电力设备、电线、开关、插头、插座符合服务地方和州的建筑准则。房间、走廊和电梯间都要有足够照明以确保安全，室外在夜间有照明。

（11）气候控制。执照持有人应该保证制热和制冷系统符合相关标准；确保超过120°F的制热设备安装了保护材料防止居住者接触热源。确保生活区域和睡眠区域温度至少保持在68°F。禁止使用煤油炉或开放式电炉取暖。

（12）（13）通风和水方面规定从略。

第八章紧急情况和一般安全（略）。

第九章一般项目要求：

（1）社区整合。执照持有人应当制定和实施将项目融入社区生活的整合计划，确保儿童根据其需要和条件限制有机会参与社区活动；确保社区居民有适当的方式接触项目经理表达他们对于项目员工和寄宿儿童的关切；任命至少一名社区居民作为董事会成员；制定并执行投诉程序，处理居民的投诉。

（2）与家庭和其他方面的沟通。执照持有人应当①在将儿童安置到寄宿机构之前，给儿童的父母或监护人、安置机构以及儿童本人一份项目手册，手册要通俗易懂，内容包括项目的使命，接受和释放的政策；正规日常活动；治疗方案和训诫哲学；探视时间以及其他与儿童交流相关的规定；儿童或父母对儿童照顾服务的投诉程序；评价卫生保健和宗教信仰或人生哲学相关活动的产物；工作人员的联系电话。②执行书面沟通政策，儿童和其他人之间的沟通方式包括探视、通信、报告和电话。③咨询安置机构了解儿童的状况，鼓励家庭参与制定照顾计划。④保持每个儿童照顾计划的一致性，维护儿童探视和电话联系的私密性。⑤给不能在常规时间来看望儿童的探视者灵活安排探视时间。⑥除非与儿童个人照顾计划不一致，应该允许儿童接受和发出邮件。⑦过夜探视相关规定（略）。⑧禁止限制儿童接触其辩护律师。

（3）正规日常活动。执照持有人应当制定书面的日常活动计划，并且提供给儿童和员工。正常情况下，允许儿童参与制定正规活动计划。

（4）公共关系。执照持有人在任何目的任何形式的公关活动中使用儿童的照片或者其他具有唯一性的能够识别儿童身份的信息之前，如果合适的话，应当得到儿童本人、其父母或监护人的书面同意，并且按要求得到青少年法庭的书面同意。在任何可能给儿童或其家人带来伤害或尴尬的情况下，执照持有人不得使用儿童的照片或者其他具有唯一性的能够识别儿童身份的信息。

（5）儿童投诉程序（略）。

第十章基本生存需要：

（1）总则。执照持有人应当制定结构性照顾计划用于满足儿童的生理需要和福祉。

（2）食物和营养。执照持有人应当提供满足或超过国家科学院食物和营养委员会制定的儿童推荐饮食定量标准的食物；根据计划食谱，维持至少72小时的食物供应量（略）。

（3）儿童个人资金。执照持有人应当制定和实施有关儿童个人资金的政策；在接受儿童时给儿童的个人钱物安排一个存放方式；将儿童收到的礼钱或者津贴视为儿童个人财产；保管儿童个人资金的账户要与项目账户分开；儿童离开某个项目之后5个工作日之内必须把儿童个人资金移交给该儿童；如果与执照持有人的项目一致并且有书面赔偿政策，可以从儿童个人资金中合理扣除以儿童给执照持有人造成的损害；确保从儿童个人资金中支付的赔偿金与儿童法庭的法令规定的金额一致。

（4）衣服、其他个人物品、个人卫生和睡眠（略）。

第十一章儿童权利：

执照持有人应当提供满足儿童监护、学习和个人发展需要的服务，应当按照"居住者权利法案"的规定对待每个儿童，参见人类服务条款（Human Service Article）§8-707，马里兰注释法典。

第十二章儿童服务：

（1）教育。每个执照持有人应当与安置机构合作确保每个法定学龄儿童尚未按照COMAR13A.03.02.02的规定取得高中文凭或证书的接受适当的小学或初中教育；如果该儿童是残疾学生，与符合COMAR13A.05.01规定的团队合作，以适当方式为该儿童制订个人化教育方案，确保该儿童获得特殊教育及相关服务。确保每个学龄儿童获得初中文凭或证书。安置机构和执照持有人应该与当地学校系统合作方便儿童在安置到服务设施的3天之内被学校录取。如果没有做到，要说明延迟的理由并提供证据。如果执照持有人决定要在服务设施内部设立教育服务，并决定建立非公共的教育项目或GED项目，必须依据COMAR13A.09.10取得许可证。为目前在公共或非公共教育项目学习的儿童建立指导项目。如果某个儿童停学超过3天，执照持有人应当通知安置机构和发照机构。如果某个儿童被学校开除，执照持有人应当立即通知安置机构和发照机构。执照持有人应当给每个被学校停学或开除的儿童制定个人日常项目计划。

（2）休闲娱乐。执照持有人应当制定书面计划，给儿童提供项目内和社区内的户内户外休闲娱乐活动。休闲娱乐活动应当依据儿童的需要和兴趣以及群体的组成情况。

（3）生活技能训练。执照持有人应当根据年龄和能力给每个儿童提供适当的生活技能训练，内容包括接触社区资源和服务，冲突解决，约会、结婚和家庭计划，决策制定，金钱管理，营养，个人卫生修饰，人际关系，个人安全以及时间管理。

（4）工作经验。执照持有人应当根据儿童的年龄和能力训练他们做好工作准备。

第十三章卫生保健：

（1）总体健康服务。执照持有人应当：制定和实施书面计划为儿童提供预防性、日常性和紧急医疗服务、牙医服务、视力、心理健康服务；制定和实施有关记录和处理健康投诉的书面政策；获得父母、法定监护人或其他授权个人的书面授权来处理儿童的紧急或非紧急的医疗服务、牙医、视力或心理健康服务。

（2）医疗行政政策（略）。

（3）药物管理政策（略）。

（4）身体卫生保健政策（略）。

（5）牙齿保健（略）。

（6）视力和听力保健（略）。

（7）免疫（略）。

（8）体检（略）。

（9）紧急健康服务（略）。

（10）传染病（略）。

（11）自杀预防（略）。

第十四章儿童虐待与忽视：

（1）书面政策。执照持有人应当制定和实施书面政策，政策必须服从马里兰州法律法规。书面政策应当对儿童虐待和忽视做出定义，规定确定某个儿童收到虐待和忽视的程序，倘若项目未能遵守政策应当受到的处罚。

（2）报告要求。任何个人在依据本规定向当地社会服务部门或相关执法机构报告儿童虐待和忽视的同时也应当依法向项目管理人员报告并且提供所有相关信息，如果是项目管理人员实施儿童虐待或忽视的话，向执照持有人的特定官员报告。具体报告和处理程序（略）。

（3）员工签名。执照持有人确保这是雇佣员工的前提，所有雇员根据本法规§A部分的规定确认收到相关政策并且在阅读之后签名。

（4）管理隔离。如果执照持有人收到通知或报告，指控某个雇员虐待或忽视儿童，应当立即将该雇员进行管理隔离，不让该雇员继续接触儿童。本法规不禁止对受到儿童虐待或忽视指控的员工实行停职停薪或开除处理。

（5）多学科咨询。如果当地社会服务部门要求项目管理人员跨学科案例咨询团队来调查某个儿童虐待或忽视报告以便形成矫正行动计划，项目管理人员或指定个人应当参与团队。

（6）电话号码提供方式。执照持有人应当将当地社会服务部门提供的举报儿童虐待或忽视的电话号码以醒目方式呈现。

第十五章行为干预、策略和支持：

（1）总体政策。执照持有人应当制定和遵循书面政策和程序，并且做到：①将此政策和程序告知儿童、儿童的父母或法定监护人、项目工作人员、发照机构和安置机构；将积极的行为干预、策略和支持原则以及创伤告知照顾融入到所有预防和干预策略之中；制定明确的经过批准的预防、干预策略和支持措施的管理程序；确定项目工作人员并授权其管理各种形式的预防、干预策略和支持措施；将项目工作人员的培训包括在内；每年对预防、干预策略和支持措施的形式进行评估。②执照持有人不可使用下列处罚措施：体罚、心理惩罚和骂人；繁重的运动或体力劳动；克扣食物、水、不许睡觉、不许通信、不许探视或者不许参加休闲娱乐活动等等；给儿童强制喂食；药物限制，除非符合马里兰州法律规定并且得到医生指令。机械限制，身体限制（略）。③任何项目都不许将对某个儿童的行为干预、策略和支持授权给其他某个儿童或一群儿童。

（2）干预策略。总体项目要求是：项目员工应当鼓励使用一系列的预防和干预策略以增加儿童的适应性行为，减少特定的行为。项目员工只在以下情况下使用限制手段：在考虑并且尝试过使用限制性较低的手段或其他手段，并且确实没有达到效果；以人道的、安全的和有效的方式使用；不可有意伤害儿童或使其不适；要与文件记录的医疗或心理局限以及儿童个人照顾计划相一致；对儿童实施强制措施的项目员工必须通过执照持有人得到州政府批准的培训项目并且获得有效的证书。本章并不限制法律实施、司法权威或安全人事方面的责任。

（3）安全环境计划。①总则。项目应当制订一个安全环境计划，该计划应当与儿童个人照顾计划一起评估和更新，如有必要，也可以更为频繁地评估和更新。项目应当与儿童、儿童的父母或法定监护人，如若可行，和监护机构一起制定安全环境计划以便创建和保持一个没有暴力的、治愈性的环境，防止使用强制措施。保证项目员工在任何时候方便地获得安全环境计划。②除非另有计划，安全环境计划应当包含以下内容：项目应当提供物质空间使儿童感到安全舒适，并且控制儿童的行为；应当明确指出可能增加儿童的压力或恐惧致使其失去行为控制的触发物或情境；儿童易于接受的被证明是成功的使其冷静或舒缓情绪的方法；儿童的主治医生同意并且处方的药物；任何有关影响某种限制性干预措施安全性的医疗信息；该儿童经历的任何创伤的历史；任何偏好或禁忌症；当某个儿童擅自缺席时，应当告知执法的时间框架，不得超过COMAR14.31.06.16规定的时间限制。③项目应当确保所有直接与儿童打交道的项目员工都完整了解儿童安全环境计划，尊重儿童的要求。④治疗团队应当和儿童一起评估安全环境计划，确保员工、儿童的父母或法定监护人、监管机构得到对安全环境计划和个人照顾计划的所做任何修改的信息。

（4）暂停的使用。①项目人员可以在以下情况下使用暂停这一手段来处理儿童的行为：安全环境计划支持暂停；儿童要求暂停；儿童行为受到了项目活动的不合理的干涉或者儿童行为出现了紧急状况，需要暂停。②使用暂停的情形条件包括：项目员工能够随时看到儿童，给予适当的照明、通风和家具；不上锁，建筑结构无障碍，以防止外出。③项目人员应当监督处于暂停措施中的儿童，并且为暂停措施中的儿童提供以下事项：给儿童解释其某个行为导致了使用暂停措施，在儿童回到暂停场所时向其解释行为要求并且指令其遵守行为要求。④每次暂停的时间都必须与儿童的发展水平和行为的严重程度相一致，不超过30分钟。⑤儿童的父母或监护人、监管机构和项目人员可以随时要求见面讨论暂停措施的使用，以便做出功能行为评估、评审或修改某个儿童照顾计划。

（5）强制措施。①身体限制。使用身体限制必须遵守执照持有人批准的行为管理制度；寄宿型儿童照顾服务设施内禁止滥用强制措施，除非在以下情形中：在收录之前告知儿童的父母或法定监护人使用身体限制的必要性；在已经使用其他较低干预程度、非身体干预措施失败或者没有收到效果的情况下为了保护某个儿童或者其他个人免受可能发生的严重的身体伤害时有必要采取身体限制。项目人员必须依法接受培训方可实施身体限制。在实施身体限制时，项目如果只可使用最低限度的强制措施。一旦限制对象安静下来，强制措施必须立即解除，强制措施实施时间不得超过30分钟或者超过执照持有人批准的时间。受过培训的员工应当持续监视强制措施的使用情况包括适当的限制技术、被限制对象意识状态、呼吸情况以及其他安全因素。在强制措施开始实施后立即联系项目管理人员。②机械限制。除了 COMAR14.31.07.08 许可范围之外，禁止在寄宿型儿童照顾服务机构使用机械强制措施。③禁止在马里兰州寄宿型儿童照顾服务机构使用隔离措施。④移交给团队。如果已经使用强制措施，而儿童行为干预计划没有包括使用强制措施，法规 17A 规定的团队必须在事故发生后的 5 个工作日之内开会讨论相关问题。⑤在儿童档案里记录使用强制措施的情况，包括但不限于以下内容：所使用的强制措施的类型，采取强制措施的理由以及设想的干预结果；在使用强制措施之前采取的所有其他措施以及儿童的反应；采取强制措施之后儿童的反应；强制措施使用多长时间；描述其他导致使用强制措施的因素；强制措施发生的地点；员工级别和类型；单位能力和单位人数；项目员工的名字，是谁观察到儿童的行为状况并且建议使用强制措施；项目管理人员的名字，是谁执行、观察和监督强制措施的使用；对强制措施使用过程的描述；对环境的描述；日期和时间信息等。

（6）情况报告。①员工。事件发生 24 小时内，项目人员中与此事相关者、临床协调员、监管者或设计者应当讨论和记录事件管理过程，内容包括：导致事件发生的因素，项目员工对事件的反应，其他较低强制性措施的使用情况；项目人员干预的时间、适当性和必要性；预防采取强制措施的其他干预措施。②儿童。事件发生 24 小时内，除非与安全环境计划相冲突，涉事儿童和项目管理人员应当讨论并记录事件管理方式，内容包括事件起因；项目人员对事件的反应；采取其他措施的情况以及儿童的反应；项目人员介入的时间等。如果儿童拒绝参与情况报告，项目人员应当记录所采取的努力以及儿童拒绝的原因，不可对拒绝儿童参与情况报告的儿童采取负面措施。

（7）管理程序。①每个儿童服务机构必须制定如下政策和程序：持续预防和干预策略，融入到积极行为干预、策略和支持以及创伤知情护理原则之中。预防自我伤害行为；识别和缓解潜在危险行为的方法；依据法规 15D 使用和记录暂停措施；依据法规 15E 使用强制措施。②质量保证。每个寄宿型儿童照顾服务机构应当制定质量保证过程以确保每个儿童的需要得到满足，监督和管理实践管理，采取办法减少使用强制措施，每年评审政策和程序并提供给项目人员、父母或法定监护人。③培训（略）。

第十六章擅自离开：

（1）书面政策。执照持有人应当制定和遵守书面政策来规定一旦发现儿童擅自离开的应对措施。

（2）儿童的返回。除非儿童个人照顾计划另有规定，如果儿童在 1 小时内没有返回项目并发现儿童走失或下落不明，执照持有人应当告知当地执法机构、安置机构、发照机构以及儿童父母或法定监护人。

第十七章儿童接收、个人服务计划、行为计划和释放：

（1）总体要求。执照持有人应当制定和遵守有关接收、个人服务计划、行为计划和释放的书面政策。组建至少包括安置机构代表、负责照顾和监管儿童的项目员工、儿童的父母或法定监护人以及儿童（如果不是明显不适当的话）在内的成员参与政策制定。团队应当出席和参与儿童的接收过程、个人服务计划、行为计划和释放计划，如果某人受到邀请而未出席活动，要说明并且记录原因。

（2）接收。执照持有人的儿童接收政策应当包括如下内容：①依法申明非歧视。评估和确定儿童的需求以及执照持有热满足需求的能力，如果儿童自己要求接收，在适当的情况下通知儿童的父母。②在缺乏文件表明某个州外安置机构依据适用的州际协议的情况下，执照持有热不得接收州外安置机构推荐的儿童。③执照持有人不得接收超过其执照表明人数的儿童。④在一定条件下才可接收超出执照持有人服务能力的儿童。⑤除了紧急安置之外，执照持有人接收儿童至少要具备下列文件：儿童的社会历史和体质报告，包括被虐待或忽视的历史；最近 6 个月的健康历史；包括儿童自杀发现的在安置之前 72 小时做的心理健康扫描报告；教育历史；医保文件等。⑥如果是紧急安置，发照机构和安置机构要确保执照持有人得到法律规定的相关文件。⑦如果执照持有人有权拒绝接收安置机构推荐的儿童，执照持有人必须立即处理接收事项并且在接受儿童之后 10 天内报告安置机构其对此项推荐的决定。⑧执照持有人要在接收儿童时检查每个儿童，在儿童个人档案中记录任何疾病、发烧、疹子、伤痕或受伤情况，如有必要采取适当行动。

（3）个人服务计划。执照持有人应当在接收儿童之后 3 天之内建立儿童个人档案，初步评估儿童的需要，记录收到的上述各种文件，在 30 天内制定个人服务计划，内容包括早期和阶段性扫描、诊断和治疗项目，行为计划，一定时间范围内的可衡量的目标，提供支持、服务、实施和监督计划的个人责任，记录儿童、儿童父母或法定监护人等参与并且同意计划的情况，家庭关系，卫生保健，生活技能开发，个人、情感和社会技能开发，休闲计划、职业培训及其他。

（4）行为计划。①执照持有人应当确保给每个儿童制定行为计划。②执照持有人制定计划时要采取团队方式，团队成员包括一位人类服务专家、一位马里兰州有执照的医生，一位马里兰州有执照或证书的专业咨询师。③行为计划包括：基于儿童个人服务计划中识别的每个挑战性行为的评估，设定每个儿童的具体行为目标。④在实施之前，执照持有人应当确保每个行为计划包括强制措施的使用并得到儿童（如果恰当的话）、儿童父母或法定监护人的书面同意。

（5）行为支持服务。执照持有人在一定条件下可以将行为支持服务外包。行为支持服务包括行为咨询、临时增加员工、行为培训和行为暂缓服务。培训必须满足COMAR10.22.02.10－11的规定。

（6）释放。①除了紧急庇护所安置之外，执照持有人应当至少30天做好释放计划，内容包括儿童释放之后将要与之居住的个人的姓名、地址、电话及其与儿童的关系，说明儿童未被满足的和后续需要，安置机构为本个案指定的联系人。②在释放之后30天内，执照持有人应当向安置机构提交释放简报，内容包括儿童在项目中的表现情况的结论，儿童健康、牙医、心理健康记录的摘要，给儿童提供的服务情况摘要，对后续服务的建议。不论是否按计划释放，都要提前通知安置机构和父母。

第十八章报告和记录：

（1）总体要求。执照持有人应当按照发照机构和安置机构的指示提交报告和保管记录，并遵守州和联邦法律。遵守发证机构和安置机构的事故报告要求。

（2）记录的维护。执照持有人当维护项目目前服务的儿童的登记信息，包括姓名、性别、出生日期、安置机构、接收日期和计划释放日期。保管个案记录直到儿童被释放5年之后或者儿童年满18岁3年之后。保管财务记录直至创建之日起6年或者州合同规定的任何年限。保管所有文件以防火灾、偷窃或未授权的信息披露。

第十九章计划、评估和质量提升：

（1）项目计划和评估。执照持有人应当制定项目计划和评估的正式程序，至少包括得到董事会批准的清晰的项目使命陈述。基于使命、项目、服务人群和州法律规定的结果指标的一套可衡量的目的和目标。对目的与目标达成情况进行定期检查。董事会批准的针对为达成目标的改正计划。

（2）项目质量提升。执照持有人应当制定和实施持续性质量提升计划，每年审查和评估服务质量和有效性。

附录2　马里兰州人力资源社会服务局住宿类儿童服务招标书

DHR 机构控制号：SSA/RCC-13-001-S

招标书（RFP）发布时间：2012年9月

招标书发文办公室：人力资源部社会服务局

采购官员姓名和联系方式（略）

标书送达地址（略）

投标前会议时间和地点（略）

截止日期和时间（略）

重要通知：通过马里兰电子市场（eMaryland Marketplace）或者人力资源部网站收到此文件电子版的意向要约人请即刻联系发文办公室（Issuing Office），提供姓名、邮寄地址和电子邮箱地址，以便办公室能够就本招标书（RFP）的相关事宜与你们及时沟通。未告知发文办公室相关信息的任何意向要约人将承担全部责任，他们在截止日期之前将不会收到发文办公室的任何信任。

为了收到发包合同，承包人应该在马里兰电子市场注册。eMM 注册是免费的，网址：https：//emaryland.buyspeed.com/bso/。

马里兰州鼓励少数民族企业参与此次采购过程。

I　招标目的

1.1　概述

马里兰州人力资源部（DHR）社会服务局（SSA）计划向要约人发包多项合同，这些合同涉及马里兰州境内7类寄宿型儿童照顾服务（RCC）：发育性残疾项目（DD）；诊断性评估与治疗项目（DETP）；教养院项目；高强度教养院项目（HIGH）（包括治疗性教养院）；针对具有反社会行为少女的高强度教养院项目（HIGH-TGASB）；医疗性脆弱儿童项目（MFP）；精神病缓和治疗项目。

RCC 服务设施必须分布于马里兰州各地,服务于人力资源部负责照顾的寄养儿童,参见 3.3。本次招标合同期限为 3 年,从 2013 年 4 月 1 日至 2016 年 3 月 31 日,有 2 次为期 1 年的合同续约,由州政府酌情处理。

要约人可能得到不止一个类型和/或一个区域的服务合同(参见 3.3)。合同发包要求参见 5.7。人力资源部将基于要约人要求的床位数优先分配床位给最高等级的要约人,然后分配给次高等级的要约人,如此继续,直到发包时所需床位数全部分配完毕,分配过程兼顾需要安置的儿童的性别和年龄。标书提交要求参见 4.1。

每个类别 RCC 项目要求提交的财务标书的信息参见 4.3。供应商给儿童提供的所有服务都必须包含在供应商的跨部门定价委员会(IRC)/MSDE 预算/费率之中。人力资源部将某个儿童安置到某个服务提供者时,依据 IRC/MSDE 确定的费率向该供应商支付费用。

若无 LDSS 个案工作者的事先书面同意,不得支付 IRC/MSDE 确定的费率之外的任何成本或费用。

1.2 采购官

州政府负责此次招标的官员的姓名和联系方式(略)

1.3 招标前会议

投标前会议召开的时间、地点以及内容,会议网上注册要求,会议记录。

1.4 电子采购授权书

A. 授权下述交易根据所述条款以电子手段进行。"电子手段"是指在交易或通信过程中,使用电子、数字、磁性、无线、光学、电磁或其他电子交易手段。电子手段包括传真、电子邮件、互联网通信、电子资金转账、特定电子招标平台和电子数据交换。

1. 采购官可以在采购过程中使用电子交易平台,人力资源部网站,电子邮件或传真发布以下信息:a. 邀标(比如发布招标书);b. 修改邀标信息;c. 投标前会议文件;d. 询问和回复;e. 就任意要约人的邀标或标书进行的沟通,包括要求要约人澄清、解释或删除标书中不可接受的内容;f. 中标或不中标的通知;g. 采购官针对任何异议或合同索赔的决定。

2. 要约人或意向要约人可以利用电子邮件或传真进行:a. 询问有关招标的问题;b. 回复采购官,对于收到的采购官通过电子手段发送的任何材料包括采购官对采用电子邮件或传真进行回复的要求或指示,但是要约人只能按照采购官特别批准和指示的条件进行回复；c. 汇报请求，或者 d. 对邀标提交"不投标"的答复。

3. 采购官，州政府的项目经理与合同承包人可以利用电子手段进行日常合同管理，但也某些情况除外，本款 B 部分罗列了经采购官或州政府项目经理授权不得采用电子邮件、传真或其他电子手段的情况。

B. 与本次采购有关的下列交易事项以及据此发包的合同未经授权不得使用电子手段。1. 提交标书原件；2. 提出异议；3. 提出合同索赔；4. 提交需要人力资源部决定是否签字的文件，比如合同执行、合同修改等等，以及 5. 采购官特别指示合同承包人或要约人必须以手写或纸质形式提供的任何交易文件、提交材料或沟通信息。

C. 任何传真或电子邮件的传递只能授权给招标书或合同中提供的传真号或指定个人的电子邮件地址，或者按照采购官或州政府项目经理的指示进行。

1.5 询问和质询

在投标前会议召开之前，采购官只接受意向要约人的书面问题（参见1.2）。投标前会议必须以可行和适当的方式就这些问题做出答复。在投标前会议召开之前，不得回复任何实质性问题。意向要约人在投标前会议上还可以提出另外的问题，不论是以书面还是口头形式，投标前会议必须就这些问题现场做出答复或者会后做出答复，会后答复必须在人力资源部网站和电子采购平台上进行公示。

投标前会议之后也接受询问，所有会后提问必须在会议结束后短时间内提交给采购官。采购官将根据研究问题和进行答复所需时间情况，决定是否在标书提交截止日期之前给予答复。对会前和会中未获答复的所有实质性问题，如果不仅仅与提问者有关，这些问题及其答复必须告知所有已知已经收到招标书的意向要约人。

在投标前会议之后投标截止日期之前的提出的其他问题可以通过邮件、传真或者最好是以电子邮件的方式提交给采购官。

如果意向要约人发现招标书中的说明或合同条款存在歧义，或者对本招标书中任何章节的内容或意图有疑虑，应该在投标截止日期之前要求采购官给予清楚解答。未能如此的意向要约人将不得在此后提出异议（参见 COMAR 21.10.02.03）。

1.6 截止日期

在（插入日期和时间）之前，技术标书和财务标书（参见第Ⅳ部分）原件

（插入份数）份必须提交给采购官（参照本招标书1.2），以便采购官予以考虑。日期或时间的延期请求将不予受理。要约人邮寄标书时应当留足邮件递送时间确保采购官按时收到标书（参照1.2）。在截止日期和时间之后提交的标书或对标书做出的自主修改（即不是应采购官的要求作出的修改）将不会被受理，CO-MAR21.05.02.10 B 和 21.05.03.02 F 规定的情况除外。以口头、电子邮件或传真方式提交的标书将不予接受。

1.7 不予回复的申明

不拟回复本邀标信息的要约人应该填写并提交供货商/承包人通知表，内容包括公司信息和不回复的原因（比如太忙，不能满足法定要求等）。此表就在关键信息一览表之后。

1.8 标书提交期限

本招标书以及中标的要约人提交的标书将以引用的形式包含于由此产生的合同中。标书中的条款和条件必须在招标截止日期之后240天内保持不变和有效。在要约人和州政府招标单位双方达成书面协议的情况下可以延长标书发盘的持续时间。

1.9 州政府项目经理

州政府项目经理姓名和联系方式。在合同发包以后，此人将作为根据本招标书产生的承包合同之承包人的首要联系人。不过，在某些合同相关事务方面，采购官可能与承包人沟通。

1.10 术语表

A. 虐待。对儿童身体或心理的伤害，当所处的环境显示某个孩子的健康或福利受到损害或者存在受到损害的实质性风险，损害或损害风险是有以下人员造成的：长期或暂时照顾、抚养或监护这个孩子的父/母或其他人；或者处于某些情形的任何其他家庭或家人，这些情形表明这个孩子的健康或福利受到了损害或存在受到损害的实质性风险。

B. 替代生活单元（ALU）。替代生活单元是一种项目，这种项目由特意组建的由工作人员监管的家庭提供服务，这些家庭持有马里兰州健康和心理卫生部发育性残疾局颁发的执照，服务对象是那些由于发育性残疾而需要专业护理和生活安排的个人。必须持有执照才能拥有、租赁或运营这类住所，一个住所可以容纳1—3名具有系统性问题的发育性迟缓儿童，每个单元每周可以提供10小时或以上的监管。

C. 清醒员工。受雇于 RCC 服务机构的员工必须在当班时保持警觉状态，以确保儿童的安全和福祉。

D. 发包。在得到所有审批之后，采购机构将颁发如下文件：已生效合同；给中标人的书面通知。

E. 行为管理计划或行为治疗计划。是一个书面文件，前瞻性地针对某个儿童的特定问题行为，确定由受过行为管理训练的专业人员在 RCC 机构采取积极的干预行动、策略和支持措施。

F. 公共工作理事会（简称 BPW 或理事会）。马里兰州公共工作理事会由州长、州财务主管和州检察官组成。20 万美元及以上金额的州合同必须由理事会审批。

G. 个案工作者。地方政府社会服务部门（Local Department of Social Services，LDSS）雇佣的人员，任务是将儿童安置到寄养服务机构。个案工作者负责跟进一项个案/服务/治疗计划的制定和执行过程，以实现儿童的长期目标，与承包人合作，确保通过迅捷有效地提供服务实现上述计划，满足儿童的个人需要。

H. 需要证书。儿童送出机构（暂时安置儿童并申请评价/评估儿童的需要的机构）必须提供给地方社会服务部门的个案管理人的文件，任何儿童被推荐安置到一个寄宿型治疗中心（RTC）都必须提供这个文件。文件包括：

（1）精神病评价——在进入安置机构当天起 30 日内完成，由精神病医生签字，包括当前诊断、用药和精神病史、推荐信及其理由（为什么这个儿童不能继续安置在一个较少限制的环境中）。

（2）心理社会评估——在进入安置机构当天起 30 日内完成，由具有专业资格的人员签字，包括表现出的问题、家庭及发育史、过去的治疗干预措施、推荐信及理由（为什么这个儿童不能继续安置在一个较少限制的环境中）。

（3）体检——在进入安置机构当天起 30 日内完成，由医生签字，包括当前和过去的健康状况表明这名儿童病情稳定，可以被安置到一个寄宿型治疗中心。

I. 持证的项目管理人。持证的项目管理人是由 RCC 机构的董事会挑选的人员，该人员根据马里兰州注释法典中的健康职业条例第 20 条的规定持有证书，负责项目的全面管理、执行所有注册、维护场所设施、承担财务责任，确保儿童的照顾、治理、安全和保护。

J. 儿童和青少年的需要和优势（CANS）。这是一个功能评估、照顾计划和结果监测的工具。它可以在制定照顾计划时作为决策支持工具使用，也可以用作质量保证和结果监测工具。

K. 儿童。本招标书所指儿童是指 18 岁以下或介于 18—21 岁之间的一个人或多个人，法院依据马里兰州法律确定的资格条件保留对这名儿童或多名儿童的管辖权。

L. 儿童内阁。儿童内阁负责协调以儿童和家庭为中心的服务递送系统，协调工作针对所有儿童和家庭，强调预防、早期干预和以社区为基础的服务。儿童内阁成员来自政府各个部门包括预算和管理部、残疾人工作部、健康与心理卫生部、人力资源部、青少年服务部以及马里兰州教育部学监局。州长儿童办公室的执行董事担任儿童内阁的主席。

M. 儿童服务结果测量系统（CSOMS）。州长儿童办公室利用马里兰州儿童、青年和家庭信息系统建立了数据库，服务提供者必须利用这个信息系统向州长儿童办公室报告儿童福利结果数据。

N. 马里兰州规制法典（COMAR）。这是贯彻马里兰州法律的规章制度汇编，由马里兰州州务卿、州文书司发布。第 21 章规定了州政府采购程序，第 7 章规定了人力资源部的项目。

O. 合同。指人力资源部和中标人根据本招标书达成的书面协议。

P. 承包人。依据本招标书达成的合同被授予的公司或组织。

Q. 管理和预算部（DBM）。管理和预算部是马里兰州的核心人事部门和首要的采购部门，其主要职责还包括编制预算、监督预算的执行以及税收预估。

R. 健康和心理卫生部（DHMH）/发育性残疾人事务局（DDA）。发育性残疾人事务局是发育性残疾人事务方面的领导机构，其职责是确保发育性残疾人及其家庭在社区生活各个方面的全面参与。此外，该局的目标还有提高这些个人与家庭的授权水平，使之获得高质量的支持和服务，促进个人的成长、独立和生产力。

S. 健康和心理卫生部（DHMH）/心理卫生局（MHA）。心理卫生局负责管理一个由公共部门资助为特定个人提供服务和支持的系统。这是一个协调运转的、综合性的、易获得的、文化敏感的、适合特定年龄段的系统。这个系统为精神失常者及其利益相关者提供治疗和康复服务，目的是促进他们的恢复力、健康和康复。

T. 人力资源部（DHR）。马里兰州第四大州政府部门，职责为经济困难的、残疾的、老幼、患有慢性病的或具有其他困难的家庭和个人提供服务，帮助他们获得食物和庇护所等基本生活必需品。尤其是需要日托服务、寄养服务、收养服务和保护性服务的儿童，这些服务也扩大到脆弱的成人。

U. 社会服务部（DSS）。社会服务部通过马里兰州24个辖区（23个县和巴尔的摩市）的地方社会服务部门管理所有的主要社会服务项目。

V. 释放计划。释放计划是一份书面文件，由服务提供者在计划的释放日期至少30天之前提供，内容包括：即将被释放的儿童及其释放之后一起居住的个人的姓名、地址、电话和两人的关系，一份包括儿童尚未满足的、被确认的、持续存在的需要以及安置机构为本个案指定的联系人信息的声明。

W. 释放计划过程。释放计划是一个为某个儿童从儿童服务机构释放制订计划的过程，计划内容包括某个儿童在RCC项目接受服务的过程结束之后如何提供该儿童所需照顾和服务支持。

X. 释放总结。释放总结是一份书面文件，由服务提供者在儿童释放之后30天之内提交给当地社会服务部门，内容包括：这名儿童在接受项目服务期间的最后总结；这名儿童的健康、牙科、心理健康记录的总结；给这名儿童提供的所有服务的总结；执照持有人对于继续服务的建议；无论是否是一个无计划的释放，都要尽可能事先通知当地社会服务部和该儿童的父母。

Y. 家庭参与会议（FIM）。家庭参与会议是为了让家庭参与有关其孩子的关键性决定而召开的会议。这种会议为家庭积极参与讨论儿童福利提供了一个场所。鼓励家庭带着其支持网络的成员（比如亲戚或社区成员）参与会议。家庭参与会议在涉及做出关键决定的时刻召开，这种时刻被称为触发点。

Z. 寄养服务。由地方社会服务部门将某个儿童安置在一个经批准的家庭之中，由这个家庭为这名儿童24小时不间断的照顾与支持性服务。

AA. 教养院（GHP）。教养家庭是一种需要执照的项目，这种项目根据被推荐和安置的儿童的能力、残疾状况和功能水平提提供不同级别的照顾，包括对未成年儿童的24小时不间断照顾和支持性服务，这些服务需要更多的监管，超出了亲戚、养父母或治疗性养父母的服务能力。

BB. 高强度教养院（HIGH）。高强度教养院是一种提供密集型服务的教养院，所服务的儿童具有情感和/或行为问题，需要高度的结构化的监督、行为管理和临床干预（包括治疗性教养院）。

CC. 热榜。热榜是人力资源部建立的一个服务提供机构记录榜单，一个机构上榜是因为没有遵守许可证和/或合同的要求。上榜机构被禁止或限制安置儿童。服务提供机构在上榜之前会得到通知。一旦服务提供机构被移出热榜，就会恢复儿童安置。

DD. 个人服务计划（ISP）。个人服务计划是由服务供应机构准备的书面描述文件，内容包括：某个儿童的需要；拟达成的目标；负责实施计划的人员和机构；制定计划的参与者；实现所定目标的程序环节（包括评估、服务、支持、教育、生活技能训练，视情况而定）。

EE. 个人治疗计划（ITP）。个人治疗计划是由地方社会服务部门、服务提供机构、父母和儿童共同制定的综合性书面计划，计划制定者阐明所有目的、目标、策略、服务、责任方及资源，以便发挥某个儿童的优势，满足其需要，这些优势和需要都是经过评估的。

FF. 跨部门定价委员会（IRC）。这个委员会由来自州政府多个部门的代表组成，这些部门包括人力资源部、青少年服务部、健康和心理卫生部、预算和管理部、教育部以及州长儿童办公室。委员会的职责是审查服务提供机构的预算、项目和人员配备情况以确定 RCC 机构提供的各项服务的费率。

GG. 强度等级（LOI）。这个过程识别并定义适合于儿童及其家庭的多元化需要的服务的范围和强度。服务强度等级在 5 个服务领域区分项目的能力。这 5 个服务领域是：24 小时照顾与监督，临床治疗服务，教育服务，健康/医疗服务和家庭支持服务。服务强度等级明确区分了每个服务类别中的各个项目的能力，被用于制定知情安置决策过程（参见 3.4.1）。

HH. 地方社会服务部门（LDSS or DSS）。是指马里兰州 24 个辖区的社会服务部门，马里兰州人力资源部通过它们管理所有主要的社会服务项目。

II. 马里兰州教育部（MSDE）。马里兰州教育部在州学监局领导下和州教育委员会的指导下，制订和实施从幼儿园到高中阶段的所有教育项目的标准和政策。马里兰州教育部还负责监督 24 个辖区的技术教育、康复服务和图书馆项目。

JJ. 医疗性脆弱项目（MFP）。这个项目是为具有下面一项或多项需要的儿童设计的：每天至少部分时间需要机械通风；静脉输送营养物质或药物；每天需要呼吸机或营养支持，包括气管切开护理、吸痰或吸氧；其他需要医疗器械补偿躯体重要功能的情况，包括呼吸暂停或心肺监测；血液肾透析；需要其他机械装置；或者与残疾相关的大量护理需要。

KK. 马里兰州教育部特殊教育司早期干预服务非公立部分。这个部门针对州政府对地方学校系统和非公立特殊教育学校提供的非公立学校助学金项目进行监督、监管和指导（包括申请过程、数据系统和项目成本设定）。此外，马里兰州教育部还为所有的利益相关者（地方学校系统、州政府机构和非公立特殊教育学校）提供技术援助、服务协调、协作解决问题和严格的问责服务。

LL. 新项目。当一个项目至少满足下面两个条件之一，这个项目就是一个"新"项目：

（1）该项目近期取得执照，IRC或马里兰州教育部尚未正式确定此项目的费率；和/或

（2）该项目提交了某个项目类别的标书，这个项目类别此前未曾提供服务，并且由于该项目强度级别与上一财年的强度级别有显著差异（高于或低于）已经向跨部门定价委员会提交了定价申请。

MM. 要约人或发盘人。要约人是依据本招标书提交标书的服务提供机构或实体。

NN. 许可与监督办公室（OLM）。人力资源部的一个单位，其职责是执行法律和规章制度，依据法律法规向儿童寄养服务机构颁发执照并实施监督。

OO. 服务提供机构。服务提供机构是提供寄宿型儿童服务的机构，这些儿童是由地方社会服务机构安置接受寄养照顾的。

PP. 质量保证。质量保证是一个过程，这个过程是根据法令和规制要求识别实际服务存在差距，评价和追踪服务的完整性和准确性，检查和监测员工的绩效。

QQ. 亲戚。是指那些由于血缘、婚姻、收养或具有很强的亲情纽带等关系而关心未成年儿童的个人，这些人21岁或以上，或者未满21岁但与其已满21岁的配偶一起生活。

RR. 招标书（RFP）。招标书是书面邀标文件，无论是否附有或包括参考材料，依据马里兰州法律法规邀请服务提供机构投标RCC服务项目。

SS. 居民。居民是被安置在寄养机构的儿童，居住在寄养安置场所内。

TT. 寄宿型儿童服务项目（RCC）。由机构给儿童提供的每天24小时照顾服务，这是针对特定目标设计的一套结构化服务和活动，这些目标是满足服务对象儿童的需要。服务内容具体包括提供食物、衣服、庇护所、教育、社会服务、健康、心理健康、娱乐，或这些服务的任何组合形式。一个RCC项目必须取得马里兰州健康与心理健康部、人力资源部或者青少年服务部颁发的执照，必须

遵守儿童内阁成员制定的执照规章，儿童内阁控制 RCC 项目的运作。

UU. 州儿童、青少年及家庭信息系统（SCYFIS）。SCYFIS 是一个计算机系统，帮助马里兰州州政府监测为儿童及其家庭提供的跨部门服务。

VV. 州财年（SFY）。每年 7 月 1 日至来年 6 月 30 日。

WW. 第三类教育。是一种过渡性的指导项目，服务对象是 RCC 项目的儿童，不超过 60 个学习日，所用设施必须取得州政府某个部门的许可（参见 CO-MAR 13A. 09. 10. 20）。

Ⅱ 总说明

2.1 宗旨

本招标书的总体目标是给意向要约人提供信息，以便在准备和提交标书时其满足本招标书描述的外包服务要求。

2.2 招标书的修改

若有必要在投标截止日期之前修改招标书，修改版本必须提供给所有被送达此招标书的潜在要约人，或者另外情况下修改版本必须提交给据采购管所知已经收到本招标书的潜在要约人。投标截止日期之后所做的修改将只提供给按时提交了标书的要约人。

要约人对投标截止日期之前本标书所有修改的回执必须和标书一起提交，投标书必须和技术方案一起放在转送函中。要约人对投标截止日期之后本标书修改的回执应当按照修改通知确定的方式提交。不提交回执并不能解除要约人遵守招标书所有修改内容条款的义务。

2.3 招标书的取消

州政府可以全部或部分取消本招标书，不论取消行动是为了马里兰州财务方面的原因还是为了本州其他最大利益。如果招标书被取消，取消通知将会送达给所有潜在要约人。

2.4 方案、条件和情况的接受

为服务于马里兰州的最大利益，州政府保留全部或部分接受或拒绝任一或所有收到的由本招标书产生的标书的权利，或者宣布放弃或准许轻微违规行为。

要约人在回应本招标书提交标书时，应视为已经接受本招标书设定的所有条款、条件和要求，除非要约人在标书中明确说明和解释，根据本招标书 4.2B 释的要求将说明和解作为标书传送表的附件。不符合这些条款的标书将被拒绝。

2.5 附加信息

提交标书的要约人应当按要求以口头或书面的方式提供附加信息，或者在州代表现场检查时提供附加信息，以便澄清或证明其标书（参见本招标书 2.38 部分）。

2.6 引起的费用

马里兰州政府不负责任何要约人根据本招标书准备和提交标书所导致的任何成本，包括口头陈述、举行讨论、制作演示文稿或进行现场检查所发生的成本。州政府雇员或代表进行现场检查所发生的任何费用用人力资源部承担。

2.7 标书经济性

标书应当简单经济，在满足本招标书要求的前提下直截了当、简明扼要地陈述要约人的方案。

2.8 替代性标书

要约人在回应本招标书提交标书时不应提交替代性标书。

2.9 多个标书

要约人在回应本招标书时，不应就同一个 RCC 项目提交多个标书。

2.10 开标

标书不得公开，但是将会在至少两名州政府雇员在场的情况下打开。标书应当在安全地点妥善保管直至确定的截止日期。在确定的截止日期之后，应当建立一个按照要约人名称汇总编制的标书登记簿。在合同发包之后，标书登记簿应当向公众公开，接受公众审查。标书应当仅向评标委员会成员或具有法定利益的州政府雇员展示。

2.11 合同期限

本次邀标发包的合同期限应当是 3 年。每项合同起始日期是 2013 年 4 月 1 日或合同发包日期，合同的结束日期是 2016 年 3 月 31 日；然而，如果合同条款规定的起始日期不是 2013 年 4 月 1 日，那么合同的 3 年持续期将自合同规定的起始日期开始。

2.12 多年度合同

这是一个多年度合同。要求在整个合同期限内提供服务，第三部分对此有规定。

（1）按照本招标书发包的 RCC 服务的单价（日费率）将由跨部门定价委员会（IRC）或马里兰州教育部特殊教育司按每个合同年度制定，包括选择年度

（即合同续约年度，州政府决定是否续约，因此称为选择年度），如果有选择年度的话。

（2）如果资金没有拨付多年度合同应当自动取消或继续上一财年继续执行合同。按照本招标书产生的合同资助经费取决于马里兰州议会和/或联邦政府健康与人类服务部。

（3）在下一财年继续执行合同所需资金不可获得时，采购官应当及时通知合同承包人。

2.13 选择权

本合同将包括2个1年期选择权，合同是否续约完全由州政府裁量。由于合同条件可能发生变化，如果行使选择权，合同修订必须遵守本标书3.4.2.1B部分规定的要求。选择年度的价格取决于合同的床位数和跨部门定价委员会IRC或马里兰州教育部批准的费率。

2.14 投标/标书宣誓书

所有回应次招标书的要约人必须完成投标/标书宣誓书（附件B）并且与技术方案一同提交。宣誓书包括商业不歧视、少数民族企业、反贿赂、不串标、制裁和纳税确认。

2.15 公司登记

所有在马里兰州营业的公司必须依法在马里兰州政府、估价与税务局、检察官办公室以及劳工、许可和规制部登记，必须有一个常住代理人。常住代理人既可以是在马里兰州境内拥有地址的某个个人（非公司本身），也可以说某个代理其他公司的常驻代理公司。

建议任何不确定自己是否是常住/外国公司的潜在要约人联系马里兰州估价与税务局，电话（略）。强烈建议任何潜在要约人在投标截止日期之前完成登记。未完成估价与税务部登记的要约人可能被取消投标资格，也不会在纳入最终合同发包的考虑和推荐范围。

2.16 遵守法律

要约人在按照本招标书提交标书时应当同意，如果中标，将会遵守适用于该合同载明的活动和义务的联邦、州和地方的法律法规。要约人在按照本招标书提交标书时应当被视为没有拖欠由此产生的对马里兰州政府或其任何部门或单位的任何义务，包括但不限于支付税款和员工福利，如果中标，要约人在合同期限内不会拖欠任何义务。

2.17 合同宣誓书

中标的要约人必须在收到发包通知后 10 个工作日内完成并提交合同宣誓书（附件 C）。宣誓书内容包括对财务、政治和无毒品无酒精工作场所的确认以及对投标/标书宣誓书的再确认。

2.18 公共信息法通告

要约人应当特别注意说明其标书中被视为保密信息、专利信息或商业秘密的部分，并且要证明为什么这些材料，应要约人要求，不得向公众披露。相关法律依据包括《公共信息接触法》《州政府条例》第 10 条第 6 款以及《马里兰州注释法典》。给要约人的建议是，当某个第三方提出披露信息的请求时，采购管必须就是否将信息披露给该方作出独立决定。宣称整个标书为保密信息的空白申明是不可接受的。

2.19 要约人的责任

中标人必须负责提供其按照本招标书要求招标的类别的服务。要约人的标书应当列示所有分包商并且对其与标书相关的角色做出完整描述。根据本招标书 2.31—2.34 规定提供有关少数民族企业分包商的附加信息。

如果按照本招标书的要求提供服务的要约人是另外一个实体的附属机构，要约人提交的所有信息应当排他性地属于要约人，这些信息包括但不限于要约人最低要求、证明书和财务报告或者满足最低资格要求的经验与证明文件（比如保险政策、债券、信用证）。如果适用，要约人的标书必须包含一份明确申明，表示母组织将保证素数机构的绩效。为了满足本次邀标设立的少数民族参与目标这个目的而保留的分包商按照附件 F（MDOT 证明的少数民族企业利用和公平邀标宣誓书）进行甄别。

即便要约人可能利用母组织的经验和文件来满足最低资格要求，本部分所指的要约人的母组织的绩效保证在任何评价标准下都不会自动成为实际要约人的经验和资质方面的信用。相反，要约人要接受评估，州政府将决定母组织的经验和资格在多大程度上转移到了要约人或与要约人分享，母组织在其绩效保证中表达的任何意图以及母组织参与的价值都由州政府确定。

2.20 文件所有权

在合同发包之时，作为合同组成部分的所有数据和文件唯一地归人力资源部所有，不得被承包商或分包商的雇员移走，没有人力资源部的书面许可，承包商或分包商不论出于何种目的，不得以任何方式使用、销售、重做或复制这些数据和文件。依据本招标书从合格的要约人那里收到的技术标书以及相应的财务标书将成为人力资源部的财产，不会被返还给要约人。

2.21　一般合同条件

由本招标书产生的任何合同必须遵守马里兰州法律，应当至少包括服务合同（附件D）与合同宣誓书（附件C）设定的条款和条件。

2.22　采购方式

本次采购活动根据COMAR第21.05.03章进行，采用竞争性密封标书。

2.23　合同类型

依据本招标书产生的合同必须是依据COMAR 21.06.03.02和21.06.03.06的不定数量固定价格合同，以及依据COMAR 21.06.03.03 B（3）的成本补偿合同。

2.24　付款条件

对于每个由地方社会服务部门（LDSS）安置的儿童，服务津贴和儿童照顾服务年（床）津贴，如果有的话，由人力资源部支付，总额由跨部门定价委员会IRC或马里兰州教育部的特殊教育司的早期干预服务非公立部分确定。

承包人根据以下标准获得补偿：

日费率，即一个儿童在承包人的服务机构中每个月接受服务的实际天数。

根据COMAR第21.09章"合同成本原则和程序"的规定，从儿童进入之日到释放之日，仅限于支付期间发生的合理的、可分配的和正当的费用。

日费率由IRC或MSDE确定，按照占有床位计费的费率调整上限参见合同附录3。承包人为空床位发生的任何费用由人力资源部予以补偿，通过付款方式或者通过抵销的方式，下文D部分描述的情况除外。

承包人拥有的空床位由人力资源部补偿的天数最多为30天，产生空床位的原因是某个儿童未经同意或授权而缺席，住院，延长探亲时间或者出于人力资源部的要求。

注意：承包人收到的任何当年运作收入，属于人力资源部资助的客户的超出实际分摊运作成本的部分，根据承包人的年度财务审计结果，如果这部分少于或等于收入的10%（参见3.5E），视为可以转入留存收益；如果这部分大于年收入的10%，应当按照其在承包人项目开支中的相应比例退还给人力资源部。转入留存收益的部分，承包人在得到人力资源部许可的情况下，应当以如下一种或多种方式使用：

弥补以前年度或支付未来年度运作费用，不能用于支付向人力资源部或地方社会服务部门索赔或打官司的费用。

按照许可证的要求扩大服务。

在随后几年用于抵销每个客户成本率的上升。

应用户的集体要求扩大服务。

人力资源部同意的任何其他方式。

承包人必须向人力资源部提交详细报告，这个报告是年度财务审计报告的组成部分，报告中必须详细说明留存收益的用途。

2.25 发票（略）

2.26 电子资金转账（EFT）

2.27 合同发包

合同发包，如果有的话，一般必须在标书提交截止日期之后 240 天内做出，合同发包必须得到州政府的批准。合同必须发包给合格要约人，这些要约人的标书经过技术评价被认定为最有利于马里兰州利益（参见 5.7）。

2.28 讨论

州政府按照本邀标文件发包合同不必与任何投标人讨论。但是人力资源部保留与合格的或潜在的合格要约人讨论与协商的权利。

2.29 马里兰电子市场 eMM 注册

eMM 是由马里兰州政府总务部管理的一个电子商务系统。除了利用人力资源部的网站（www.dhr.state.md.us）发布招标书及相关材料之外，招标前会议概要、要约人的问题和采购官回复、附录文件都必须通过 eMM 发布。

为了收到合同发包文件，投标人必须在 eMM 注册，注册时免费的。注册的好处包括：

（1）在线产品和服务简介，你能够和州政府一起创立和维护自己公司的产品与服务的简介。在线简介可以让你收到州政府发布的你所在领域的邀标信息。

（2）及时得到有关机会的通知。

（3）在线邀标信息。

注意：eMM 注册有效期为一年，在合同发包时必须保持注册有效状态。

2.30 提出异议

任何要约人都可以对此次采购合同的拟发包方案和发包方案提出抗议。任何抗议都必须按照相关法律备案。

2.31 少数民族企业（MBE）

鼓励少数民族企业参与此次邀标。

2.32 少数民族企业的参与（略）

2.33 少数民族企业参与目标

本次采购少数民族企业分包参与目标是所有合同金额的5%，即总共25个及以上床位。其余信息略。

2.34 少数民族企业参与的要求（略）

2.35 分包商逾期付款—即期付款政策

如果承包商拒绝付款给分包商一笔无争议的金额，人力资源部有权决定并且全权决定是否采取下列一项或多项行动：

（1）停止向承包商付款直至承包商向分包商付款被确认。

（2）在不影响合同外包工作完成日期的情况下暂停全部或部分合同工作。

（3）将该承包商的其他应付款项或可能的应付款项支付给分包商或者迫使其支付给分包商。

（4）将一笔无争议的金额放在一个生息的第三方托管账户中。

（5）采取其他的更进一步的适当行动来解决拒付款问题。

2.36 保险要求

工人补偿——承包商必须保持必要的保险和/或法律要求的保险，相关法律包括《工人补偿法》《码头工人和港口工人补偿法》《联邦雇主责任法》以及其他适用法律。

马里兰州必须就所有责任政策作为附加保险人（工人补偿除外）。证明上述保险覆盖范围的保险凭证必须在发包推荐10个工作日之内提交给采购官。

其余信息略。

2.37 游说证明

公法第101—121章319节禁止使用联邦资金游说联邦官员，包括国会议员，禁止游说事项包括与特定合同、合同展期、续约、修改或者任何联邦合同、拨款、贷款或合作协议的修订。法律还要求使用联邦资金之外的其他资金进行游说活动也要公开。每一个标书必须包括完整的游说证明（附件L）。

2.38 口头报告

根据本招标文件提交标书的要约人必须给评标委员会就标书做口头报告，时间可能会在短时间内通知。要约人口头报告的所有内容都必须转换成书面文字，作为要约人标书的一部分。如果要约人得到合同，书面文字具有约束力。采购官决定口头报告的时间和地点。口头报告应当有助于评标委员会对技术标书进行排序。

2.39 保密规定（略）

2.40 虚假陈述

建议要约人了解《马里兰州注释法典之财政和采购条款》之如下内容：

任何人不得就与采购合同有关事项故意做出：

（1）在任何计划或设计中伪造、隐瞒或压制某个实质性事实。

（2）就某个实质性事实做出虚假的或欺诈的陈述或报告。

（3）利用捏造的文字或文件，欺诈含有对某个实质性事实的虚假的或欺诈的陈述或记录。

（4）任何人不得协助他人或与他人合谋做出本节（a）所指的行为。

任何人违反本节任何规定都是犯重罪，一旦定罪将被处以不超过 2 万美元的罚金或不超过 5 年的监禁或者二者并罚。

2.41 生活工资要求

10 万美元及以上的州政府合同必须遵守《马里兰州注释法典之州财政和采购条款》第 18 条关于马里兰州生活工资的要求（参见附件 M）。

承包商和分包商必须遵守《生活工资法》，支付员工的工资不得低于每小时 12.49 美元。其余略。

有关生活工资报告责任的更多信息见劳工、许可和规制部（DLLR）的网站，点击"生活工资"。

注意：DLLR 每年调整生活工资水平。承包商不得由于生活工资上涨而提价。

2.42 雇佣条件

参见附件 N。

Ⅲ 具体说明

3.1 背景

经《公法》105-89 之《收养及安全家庭法 1997》之授权，州人力资源部社会服务局负责监督马里兰州儿童福利服务的实施。

依据此法，当儿童不能够继续生活在其家庭中时，他们必须在最少限制的环境下得到保护，受到呵护健康成长。州政府监护所有儿童的目标都是为了儿童的长期利益，不管其方式是通过回归家庭、亲戚抚养/监护或者是收养。

2009年6月以来，社会服务局已经将寄养儿童数量安全地减少了34%。根据过去3个财年的经验，到2013财年末，马里兰州寄养儿童数量将会降至6000名。

"给儿童好地方"（"Place Matters"）是人力资源部的优先项目，其目的是利用儿童福利系统为儿童和家庭促进安全、家庭功能、长期性和基于社区的服务。这个项目包括6个全面战略：

- 把儿童留在他们自己的社区；
- 首先把儿童安置在家中；
- 支持和稳定家庭；
- 减少对家外照顾的依赖；
- 尽量减少儿童在家外照顾场所停留的时间长度；
- 减少高成本安置服务的资源，将这些资源创新分配到前期预防和家庭儿童支持性服务项目。

认识到寄养服务取得好效果面临的各种障碍，包括缺少适合的寄养家庭；过度依赖RCC项目；要使安置场所对儿童的管辖权尽量接近于原生家庭的管辖权；不同类型安置资源之间的差距；对寄养儿童及其家庭的心理健康、教育和社区支持不足。马里兰州的"给儿童好地方"项目就是用来客服这些障碍的。

"给儿童好地方"关注焦点就是将寄养照顾的儿童转移到家庭环境中。在2009年7月和2011年10月期间，RCC项目中的儿童下降了27%。

尽管RCC项目儿童数量下降了，但需要仍然存在，人力资源部打算将服务外包个最合格的服务提供商，满足哪些需要RCC服务的儿童的健康、安全福祉。

3.2 目标

人力资源部打算与马里兰州境内多家RCC服务提供商签订绩效合同（参见3.3），旨在使安置在家外的儿童在安全的、社区环境中健康成长。

3.3 项目范围

人力资源部的RCC项目服务于那些其需要不能由寄养照顾满足的儿童。RCC项目提供的服务必须适合儿童的年龄、性别、性取向、文化遗产、发展和功能水平。7类RCC项目如下：

表 1　　RCC 项目类型及颁照机构一览表

RCC 项目类型	颁发执照的机构
发展型残疾项目（DD）	健康和心理健康部/发育性残疾人事务局 DHMH/DDA
诊断评估和治疗方案（DETP）	DHR/OLM 人力资源部/许可与监督办公室
教养院项目（GHP）	人力资源部/许可与监督办公室 DHR/OLM
高强度教养院项目（HIGH/TGH）	人力资源部/许可与监督办公室 DHR/OLM 或者 健康与心理健康部/心理健康局 DHMH/MHA
新项目：针对具有反社会行为女孩的高强度教养院项目（HIGH – TGASB）	人力资源部/许可与监督办公室 DHR/OLM 或者 健康与心理健康部/心理健康局 DHMH/MHA
医疗性脆弱项目（MFP）	DHMH/DDA 健康和心理健康部/发育性残疾人事务局
精神和缓项目（PR）	人力资源部 DHR

2013 年马里兰州人力资源部估计需要各类 RCC 项目服务的儿童一共是 875 名。

表 2　　马里兰州人力资源部 RCC 服务需求估计

RCC 项目类型	全州估计需要床位总数	按区域/＊辖区估计数	估计所需床位数			13 岁或以下
			按区域/辖区	按性别		
				男	女	
DETP	76	全州范围	76	44	32	36
GHP	381	Baltimore City	225	169	56	2
		Baltimore County, Harford County	39	25	14	2
		Southern Maryland	39	23	16	2
		Central Maryland	39	23	16	2
		Western Maryland	28	14	14	5
		Eastern Shore	11	6	5	2

续表

RCC 项目类型	全州估计需要床位总数	按区域/*辖区估计数	估计所需床位数			
			按区域/辖区	按性别		13岁或以下
				男	女	
HIGH（includes TGH）	217	Baltimore City	43	23	20	7
		Baltimore County，Harford County	56	31	25	2
		Southern Maryland	33	22	11	6
		Central Maryland	48	28	20	7
		Western Maryland	24	16	8	5
		Eastern Shore	13	8	5	6
NEW HIGH–TGASB（includes TGH）	15	全州范围	15	0	15	0
MF	61	全州范围	61	N/A		N/A
DD	101	Baltimore City	30	19	11	年龄应该按发育程度估计
		Baltimore County，Harford County	19	13	6	
		Southern Maryland	15	10	5	
		Central Maryland	23	18	5	
		Western Maryland	6	4	2	
		Eastern Shore	8	6	2	
PR	24	全州范围	24	N/A		10
合计	875		875			

3.4 所有 RCC 承包商总体要求

承包商必须做到：

A. 拥有当前有效的马里兰州 RCC 执照。

B. 每年 365 天每天 24 小时运营 RCC 设施。

C. 运营 RCC 项目时遵守人力资源部 RCC 项目安置和许可政策的规定和要求，详细规定见 COMAR 14.31.05－07。

D. 承包商必须同等遵守现行的、新的和修订的法律、法规和人力资源部政策，包括但不仅限于：马里兰州寄宿服务设施中的儿童和青年权利法案；马里兰州人力资源部以家庭为中心的实践模型；给儿童好地方；为21岁做好准备。

E. 维护政策和详细描述承包商的理念和服务方式的程序手册，包括马里兰州人力资源部以家庭为中心的实践模型和"为21岁做好准备行动计划"（参见下文）。

F. 组织结构

1. 维持一个董事会，或者是类似的顾问委员会提供管理监督。这种董事会或者是委员会由在治理、财务管理、资金募集、儿童福利技能以及与任何有关在治疗性住院儿童护理环境方面有经验的人员组成。

2. 雇佣足够的跨学科的员工来提供服务和行为管理，以满足项目中孩子的需求。承包商的主要人员（被认为对该招标书的执行起至关重要的人员）应该在标书中确定。承包商需要指出每个人在这个项目中的角色和任务。转移任何具体的除这个项目之外的个人任务之前，承包商应当至少提前30天告知州项目经理自己的意图，也应该提交正当的理由，包括替换性的建议，足够的评估对该项目的影响的细节。未经本部门书面同意，承包商不得转移、更换任何人员，包括离开承包商的工作人员，需要具有同等能力、资格和经验的人员来替补。

G. 员工安全

1. 要求雇佣前对潜在的员工进行儿童保护和背景调查，包括接触儿童的顾问和分包商。所有员工，包括雇员、顾问和分包商必须通过儿童保护登记处和员工居住地的司法管辖区的背景审查来澄清身份。马里兰州规制法典14.31.06.05.（COMAR 14.31.06.05）儿童保护和犯罪背景要求的副本应当由承包商维护（参见3.4.2A节）。

2. 不雇佣任何被判有以下罪名的人员：

a 儿童虐待；

b 儿童忽视；

c 虐待配偶；

d 针对儿童的犯罪，包括儿童色情；

e 涉及暴力的犯罪，包括但不限于强奸、性侵犯、杀人和攻击。

3. 证明符合COMAR 14.31.06.05的规定，以确保一个无药物和酒精的工作场所。

4. 要求员工根据COMAR 14.31.06.05 E（1）（c）and（d）进行体检和结核病筛查。

5. 在任何管辖范围内，通过对 OLM 或 LDSS 儿童保护服务单位的调查，要终止任何发现有以下指控的员工：

a 忽视儿童；

b 虐待儿童，家人或是工作人员；

c 性虐待或骚扰儿童、家人或工作人员；

d 口头或是情感上虐待儿童、家人或工作人员；

e 在工作场所内或与儿童和家人在一起时使用药物或者是酒精，又或者是此类人在值班的时候喝醉。

H. 强制性的事故报告

1. 按照 COMAR 14.31.06.18 规定的程序强制报告事故。承包商也应在任何时候提交一份事件报告，该事件报告中居民和员工的参与明显区别于孩子、项目、工作人员或与居民有关的任何人员的正式行程或程序。

2. 通过马里兰州人力资源部 OLM 事件报告表报告任何被指虐待儿童、忽视或其他威胁居民健康和危害 LDSS 项目、儿童保护服务、DHR/OLM、SSA 资源开发和 DHMH/OHCQ 的事情。表格下载地址（略）。

注意：未能报告任何虐待儿童的指控/或忽视许可与监督办公室（OLM）、未能适当的执法或在被指控有以上行为发生的管辖范围内，社会服务机构未能解雇有充分理由限制或被承包商暂停取代的员工和分包商，而这些都有可能导致终止合同。

I. 员工培训与发展

1. 确保员工能有效的完成他们岗位上的角色和职责。

2. 确保所有员工按照 COMAR 14.31.06.05F 所描述的获得初始的 40 小时和每年一度的 40 小时的培训时间。

3. 保持培训记录，包括培训员的姓名和证书，员工出勤和课程的副本。

J. 文化和语言能力

确保与孩子接触的所有员工都意识到并对儿童文化、种族和语言差异敏感，这可能包括听力受损的儿童。承包商应雇佣或使用代表被服务儿童的个人，以尽量减少可能存在的语言或文化障碍。在承包商照顾下的每一个孩子都应被提供服务来满足任何特殊语言的需要，并加强积极的文化实践，且承认和建立在民族、社会文化和语言优势上。所有这些服务的费用应包括在批准的 IRC/MSDE 率中，不向部门增加额外费用。

K. 质量保证

为项目规划和评估保持一个正式的过程，以及像在 COMAR 14.31.06.19 中规定的坚持持续的质量改进计划。部门将监测与 LDSS 儿童的护理质量相关的系统和数据（参见第 3.4.2 B 节 B——许可和监测的绩效措施）。

L. 进入安置机构

1. 当项目中出现空缺时，除非在有合适的 LDSS 员工进入安置机构时所讨论的情况存在情有可原的情况，否则就会接受根据服务提供机构文件接受一天 24 小时，一个星期 7 天的所有规定。

注意：RCC 项目中的儿童安置可能一天 24 小时，一周 7 天都会发生。为了减少中断安置，合适的 LDSS 员工不遗余力的确保安置是最恰当的。LDSS 员工拥有制定安置参考的独有的权力。

任何时间，一个指示不被接受，那么 LDSS 员工需要向州项目经理报告，如果有必要的话也需向 OLM 许可协调员报告以利于审查和调查。在任何情况下，本合同中所规定的安置数量不得超过合同规定的床位数量。

2. 确保同年龄层的孩子住在一起。建议年龄分组为 0—6；7—12；13—17；18—21。在合理的分组决定时，应当考虑儿童的行为、心理、情绪和发展水平。

同一项目内具有多个场所的承包商：

3. 在没有事先书面通知和 LDSS 个案工作者书面同意的情况下，不把在承包商的项目中的孩子移到另一个地点。

4. 在提议的行动前至少三十（30）天发送书面通知（通过传真，邮件，电子邮件或手递送）到打算转移孩子的 LDSS 个案工作者。通知应包括转移的原因以及孩子将被移交的地点的名称和位置。

注意：LDSS（地方社会服务部门）员工应在收到通知之日起十五（15）天内发送书面同意（通过传真、邮件、电子邮件或手递送）。不应不合理地扣留 LDSS 员工的同意意见。LDSS 工作人员未能书面同意变更安置申请，不应视为放弃本通知及同意要求。

5. 在任何紧急转移情况下，应立即通知（通过电话）LDSS（工作人员、主管或随时待命的员工）。另外，承包商应在 24 小时内提供紧急安置地址和原因的书面通知（通过传真、邮件、电子邮件或手传递）。

M. 以家庭为中心的实践

1. 参与所有的（地方社会服务部门家庭参与计划）LDSS FIMs、审查和用于案例规划、治疗、安置设定、永久性和家庭资源有关法庭听证会，至少包括所有 ISP 的审查。承包商的相关邀请员和 LDSS 的员工至少每九十（90）天进行一次评估，重新评估，如果有必要的话，为每个孩子修改（个人服务计划）ISP，并把这列入 FIMs（家庭参与会议）中。

2. 将其实践原则和核心价值与强调五项核心策略：FIMs；社区伙伴关系；招聘和保留对安置资源的支持；评估；以及加强政策和实践的发展的马里兰 DHR 家庭中心实践模型（附件 T）相结合。当这些核心策略推动家庭互动时，孩子和家庭的结果会得到改善。

注意：马里兰的 DHR 以家庭为中心的实践模型通过服务传递的的方式，确保整个护理系统动员家庭来能够帮助他们提高他们的能力充分的为他们孩子的护理和安全做好计划。儿童的安全、幸福和永久是至高无上的。整个家庭的优势是参与的焦点。家庭被视为一个相互联系的人的系统，在这个系统中，一部分的行动和变化会影响另一个部分。承诺鼓励和支持家庭参与到为孩子做的决定中。社区协作的氛围被培养成为一种扩大利于儿童和家庭的支持性的网络方式。

一般的家庭和兄弟姊妹探视预计将按照 LDSS 个案工作者所建立的探访计划（见下文）进行。访问可能发生在孩子的家庭社区，在相关的亲属和/或重要的个人的家里，以及/或在住宅托儿所。儿童和亲属以及其他重要个人也应鼓励电话和其他形式的沟通。

N. 探视和交通工具

1. 和 LDSS 的员工配合，协助儿童和家庭成员（包括兄弟姐妹）或者其他在儿童生活中其重要作用的人的探访。

2. 为儿童提供所有的医疗和心理健康预约的交通工具；学校/教育、课外和职业活动；娱乐活动；以及社区活动。承包商也应为兄弟姐妹和家人探亲提供交通工具。

O. 个案规划

1. 支持 LDSS 个案工作者在安全、永久和福利目标方面的成就的活动。在治疗、服务传递和家庭访问的规划中，承包商应与指定的 LDSS 个案工作人员一起工作（参见上文）。

2. 确保其员工、LDSS 个案工作者、儿童自己以及任何重要的家庭成员和/或重要个人积极参与到 ISP/ITP 的开发、实施和审查中。在计划评审会议 10 个工作日之前，承包商应发送（通过加密电子邮件或 U.S 邮件）任何其认为有必要包括在 ISP/ITP 内的笔记或文件给 LDSS 个案工作人员。

3. 与 LDSS 个案工作者共同开发确定每个孩子的需求以及所需服务的 ISP/ITP。承包商应与 LDSS 个案工作人员审查 ISP/ITP 的进展，并向每个儿童传达所有相关的教育和治疗信息。

4. 在个案计划及其组成部分：教育、健康和心理健康以及任何适用的法院命令的发展过程中应与与 LDSS 个案工作者合作。

P. （儿童和青少年的需要和优势）CANS 评估工具

自在 2004 年的立法会议后，根据 HB 1146 的规定，GOC（州长儿童办公室）和人力资源部（DHR）、青少年服务部（DJS）、健康和心理卫生部（DHMH）、预算和管理部（MSDE）合作制定了一套针对在家外安置的儿童的效益评估系统。自 2008 年 7 月 1 日起，CSOMS 按照在 2007 年的立法会议上由众议院的第 53 号和参议院的第 177 号法案发起的《人类服务条款 8–1002（g）》的要求执行。CSOMS 包括 CANS 评估工具

1. 承包商应对每一个在他们的照顾下的年轻人进行 CANS 评估。对于每个新进的青年，在进来三十（30）天内需要完成 CANS 评估。在初次评估和出去后，每 3 个月，也都应完成 CANS 的评估。承包商应在 CSOMS（见附件 U）内的 CANS 模块中参与 CANS 评估。

注意：只有经过认证的人才可以管理 CANS。通过马里兰州的 CANS 网站或亲自通过由在马里兰大学社会工作学院的创新与执行研究所提供的"CANS 认证培训"，可以免费获得培训和认证。承包商有义务确保负责个例规划的工作人员（个例管理人员和/或临床医师）维持年度认证，以管理 CANS 评估。

针对所有的 RCC 项目类别，除了医疗性脆弱项目

2. 制订一个行为管理计划，采用积极的行为干预、策略和支持，以适当的满足孩子的需要，并且与 COMAR 14.31.06 和 10.22.01 不冲突。

Q. 正常的日常工作

确保有组织的行程、安排有序的事情和活动，促进健康发展，改善社会和行为功能。如果有的话，每一个孩子在他/她的日常生活中应该有最低限度的自由时间。

R. 社区一体化

1. 建立并保持与加强儿童原始家庭社区的联系，以及他/她释放后可能居住

的社区的联系。孩子们必须与学校、教堂、朋友和家庭保持联系,正如他们认为与 LDSS 的合作是适当的。

2. 把社区资源(自愿的公民活动,公共机构/服务的使用,当地的图书馆,行为健康服务,在当地的健身或社区中心娱乐活动)提供给孩子,并鼓励他们参与社区规划,确保孩子发展社会化技能以成功的在社区中生活。

3. 确保每一个孩子都有机会参加他/她选择的宗教服务,或者如果有需要的话,也可以不参加宗教活动。

4. 确保任何同性恋、双性恋、变性和问题儿童都与能够支持孩子身份和文化的组织和其他网络联系在一起。

S. 教育

1. 与 LDSS 合作,确保每一个在义务教育年龄段的、没有获得高中毕业证书或在 COMAR 13A. 03. 02. 02 下完成学业证书的儿童应进入安置的 5 个学校日内参加适当的小学或中学教育或发展适当的职业技能课程。

2. 确保安置下的每个孩子加入当地学校,只要学校是适当可行的,符合教育条款,§4 – 122(a)(2),§4 – 122(b)(1)和(2)马里兰带注释的代码,并适当地参与孩子的教育活动。

T. 马里兰州寄宿服务设施中的儿童和青年权利法案

1. 证明符合马里兰州寄宿服务设施中的儿童和青年权利法案。

2. 将权利法案贴在 RCC 计划内的显著位置,包括儿童和家长/监护人手册中的权利法案。

U. 为 21 岁做好准备

1. 将其实践原则和核心价值与马里兰州青年为重项目的实践模式(附件 V)相结合。

2. 分担确保每个孩子接受服务的责任,以满足每个孩子的过渡计划中列出的确定的基准/里程碑。基准应包括但不限于以下领域:

a 教育;b 住房;c 健康;d 就业;e 金融知识;f 自我照料;g 家庭和社区联系/支持。

注意:在 2009 年,马里兰州的儿童内阁制定了一个"为 21 岁做好准备"的行动计划,所有儿童投资机构都接受并支持该计划。马里兰的领导者们相信每个孩子都应该在 21 岁成为一个成功的成年人。儿童应该安全可靠地居住并在健康福利保障之下受教育或有就业。

DHR 通过设立"以青年为重项目的实践模式"来支持马里兰的"为 21 岁做好准备"计划。青少年的定义是：在家庭之外安置的 14—21 岁的孩子。该模型的实施是为了提高稍年长的青年的永久性目标。这个倡议已经并将继续包括在处理与个人目标和计划相关的实践、政策和决策方面的青年声音。该项目的目标是通过永久的联系和自给自足所必要的在 SSA 政策中列出的技能来提高青年向青年成年期过渡的人数。政策详见儿童福利政策目录。具体的政策是 SSA 07-07、SSA 09-22、SSA 10-06、SSA 10-13、SSA 10-22、SSA 10-24、SSA 11-11、SSA 11-16、SSA 11-16、SSA 11-20 和 SSA 12-20。每个青年的过渡性规划必须从 14 岁开始。DHR 为 14-21 岁的每个青年建立了年龄适当基准。LDSS 的个案工作者将与每个青年一起制定计划，包括：每个青年制定的现实目标，一致同意的满足目标所采取的步骤；计划方面的青年的责任；LDSS 个案工作者和其他将协助年轻人完成规定的行动步骤的责任感兴趣的人员的责任；成果时间表。在承包商分担确保青年努力实现该计划所列目标和行动的责任后。完成的马里兰青年过渡计划（SSA 政策 SSA 10-13）将在五（5）个工作日内提供（通过传真、邮件、电子邮件或手递送）。

V. 释放

1. 与 LDSS 个案工作者一起参与释放计划的制定过程，包括被认为是孩子永久规划中一部分的 FIMs。

2. 不应驱逐符合承包商的文件的儿童，只能在满足以下一种或多种情况下，可以从承包商的 RCC 项目中释放儿童。

a 在技能/或发展方面有了进步，并且已经准备好接受宽松的护理。

b 需要强化治疗或者更严格的安置要求。

c 想要与家人或亲戚团聚。

d 要被收养的。

e 已经充分满足他/她的独立生活目标，并准备离开寄养中心。

f 已经 21 岁，并解除义务的。

g LDSS 认为适合转移的。

h 自愿安置协议被 LDSS 和法定监护人取消的。

3. 在没有任何情有可原的情况下，在任何和所有的释放之前，三十（30）日内通知和提供一份释放计划给 LDSS 个案工作者和家长（适当的时候）。

4. 在情有可原的情况下，并在这种情况的 72 小时之内告知和提供一份释放总结。

W. 记录

1. 以一定的格式建立和维护客户案例文件和财政记录，这种格式符合和支持 DHR 发布的所有政策和程序，特别是与审计所需的文件相关的政策和程序。承包商的文件必须包括所有关于评估、治疗和服务传递的进展笔记，这些笔记完全概述了护理和提供给儿童的未来护理的建议。

2. 保留所有账簿、记录，包括根据 COMAR 21.07.01.21，那些从最后付款日期后至少有 3 年之期的合同绩效中的所有直接或间接成本的文件。

3. 至于由州医疗康复项目覆盖的教养院，承包商应遵守 COMAR 10.09.36（一般医疗援助提供者参与）的详细要求，并且适时维护参与记录的文档，包括与每个儿童相关的，作为儿童部分医疗记录文档，至少应包括：

a 服务日期；

b 对所提供的服务的简要描述，包括每天的进度记录；

c 专业提供护理人的清晰的签名、打印或打出来的名字，并且有适当的名义。

这些信息应保存在儿童的记录中。在每个月的第 10 个天，或可能直接由部门指示，承包商应向 DHR 的电子信箱提交购买寄宿型服务——考勤表（附件 W）。

X. 合同监督

1. 在合同期内执行监管监督活动，要遵守 SSA 合同和监督单位制定的所有程序和要求。

2. 适当允许 SSA 合同和监督单位员工完成计划和计划外的实地观察，以评估绩效、合同的遵守情况，并按合同要求报告服务传递情况。

注意：合同遵守检查单和时间安排被包括在内，以显示机构进行的努力来确保适当的合同履行。通过附录或体现中标人标书的相关方面，采购官将在采购过程中更新检查单，以反映任何服务传递和报告变更的影响。如果在发包之后合同中有任何重大修改，检查单也由被州项目经理更新。

Y. 问题扩大程序

1. 为日常和紧急情况维护问题扩大程序。本程序必须说明承包商在履行合同时应如何处理问题，特别是在一定的时间内不能解决满足州的需求的问题。

2. 至少在合同开始的 10 天前提供问题扩大的程序，并在每一个合同年开始后 10 天内，在改变程序的情况发生后 10 天内。问题扩大程序应详细说明合同下的工作问题将如何升级，以及时解决任何问题。详细信息应包括：

a 建立问题存在的过程。

b 每一个层次上仍然没有解决的问题在自动扩大到向到更高层级寻求决议时的可能最大忍耐时间。

c 在低于正常时限下，问题扩大会在怎样的情况下发生。

d 决议过程反馈的性质，包括反馈的频率。

e 信息的识别和联系（姓名：名称、地址、电话和传真号码、电子邮件地址），以逐步提高参与解决问题的水平。

f 在正常工作时间后（例如：晚上、周末、节假日等）和紧急情况的基础上，负责解决问题的人员联系信息（如上所说）。

g 更新和通知州项目经理任何问题扩大过程变更的过程。

3.4.1 各类 RCC 项目的具体要求

以下是人力资源部拟授予合同的 7 个 RCC 程序类别的具体要求。合同将根据第 5.7 条的规定授予，并本着符合州的最佳利益的原则。要约人可以提交一份或多份以下通过认证的 RCC 项目类别的标书（参见第 3.3 节）。

除了针对 RCC 项目的 COMAR 标准之外，还有其他的 COMAR 章节，用于在适当的情况下以下特殊许可标准项目类型来遵守：DD、MF 和 HIGH（包括 TGH）程序。

强度等级（LOI）识别并定义可用于满足儿童及其家庭不同需求的服务的范围和强度。请参考下面的链接，以获得新的强度指南。

A. 承包商提供 DD 项目

这些项目为患有从轻微到严重的发育障碍的儿童提供一个稳定的安置机构。这种发展障碍可能包括物理和/或精神障碍，孩子的状况可能会持续下去，体现在个体比 22 岁年轻，并导致无法独立生活没有外部支持和持续的和常规的援助。

现有的 IRC 或 MSDE 费率将包括这个项目所有人的服务，包括一对一的员工/儿童的比率。

承包商应该：

1. 按照 COMAR 14.31.07.08 和 10.22.01 的标准上服务在 ALUs 或 RCCS 的发育障碍儿童。

2. 提供一个跨学科、或通用的护理、治疗或其他服务的组合和强度序列，这些服务是个人计划和协调的。这些对孩子的服务需要 24 小时的清醒的工作人员。

3. 使用下列的从目前使用的 LOI 中获得的最低标准，以便在 2012 年对该 RTP 作出响应。

最低标准	强度水平
护理和监督	高
临床服务	低
教育	低
健康和医疗服务	低
家庭支持服务	低

B. 承包商提供 DETP

这些项目提供不超过九十（90）天短期护理，以确定和利于为需要稳定的儿童在过渡到较长期的安置前提供诊断服务。DETP 为那些表现为情感不安，并有被虐待和忽视史的孩子提供服务。

现有的 IRC 或 MSDE 费率将包括这个项目所有人的服务，包括一对一的员工/孩子的比率。

承包商应该：

1. 根据《诊断统计手册（DSM）IV – R 标准》，完成一项针对儿童的书面诊断评估，并在六十（60）个工作日内提交给 LDSS。

2. 诊断评估应包括精神病学、心理、教育、心理社会和医疗计划，以稳定儿童并制定过渡计划，使儿童在最适当和最不受限制的情况下，以满足孩子的需要。

3. 使用下列的从目前使用的 LOI 中获得的最低标准，以便在 2012 年对该 RFP 作出响应。

最低标准	强度水平
护理和监督	高
临床服务	高
教育	中
健康和医疗服务	中
家庭支持服务	高

4. 有一个现场的 MSDE 认证的第三类学校，以确保每个学龄儿童参加所有适和的联邦、州和地方法律的教育或职业规划。

C. 承包商提供 GHP（教养院）

这些服务需要更多的监管，超出了亲戚、养父母或治疗性养父母的服务能力。项目根据儿童的能力、残疾和工作能力提供不同程度的护理。

承包商应该：

1. 向儿童提供以寄宿团体护理服务为基础的社区，以满足他们的基本需求，支持他们的生活，为他们的独立做好准备。设施还提供 24 小时的清醒监督。

2. 使用下列的从目前使用的 LOI 中获得的最低标准，以便在 2012 年对该 RFP 作出响应。

3. 确保可用的、可获得的咨询服务和适当的、必要的治疗方式，以满足每个处于护理中的儿童的需要。

最低标准	强度水平
护理和监督	中
临床服务	低
教育	低
健康和医疗服务	低
家庭支持服务	低

D. 承包商提供高强度教养院（HIGH 项目，包括 TGH）

高强度教养院项目为表现情感和/要求高水平的现场治疗和严格的结构监督，行为管理和临床干预的行为条件的儿童提供服务。这些儿童需要由清醒员工提供的 24 小时的监督。

现有的 IRC 或 MSDE 费率将包括这个项目所有人的服务，包括一对一的员工/孩子的比率。

1. 由 DHMH 授权为 TGH 的承包商应遵守 COMAR 10.21.07。

2. 所有承包商应使用下列的从目前使用的 LOI 中获得的最低标准，以便在 2012 年对该 RFP 作出响应。

3. 所有承包商应提供现场咨询服务和适当的必要的治疗方式，以满足护理中儿童的需要。

最低标准	强度水平
护理和监督	高
临床服务	高
教育	中
健康和医疗服务	中
家庭支持服务	中

E. 新项目：承包商提供（HIGH – TGASB，包括 TGH）

有越来越多的女孩在她们的年龄较大的时候，遭受了没有治疗的创伤，结果，出现了一些反社会行为，限制了她们的生活、工作和从事亲社会活动的能力。他们的反社会应对机制最明显的是，在一种轻微的痛苦状态下，他们会对人和财产进行口头的争吵和暴力。在此之后，他们对自己的自我控制问题的能力有限。SSA 目前需要一个高强度的 RCC 计划来为 15 个有暴力行为史的少女提供持续的强化服务。

承包商应该容纳和照顾不超过 3—4 个孩子，一个房间容纳一个女孩子。

现有的 IRC 或 MSDE 费率将包括所有的服务，包括一对一的员工/儿童比率。承包商应根据 IRC/MSDE 指导方针（附件 a 或 a – 1）向 IRC 或 MSDE 申请一个预算要求内的杂项费率。

承包商应该：

1. 由 DHMH 认证为 TGH 的需遵守 COMAR 10.21.07。

2. 使用下列的从目前使用的 LOI 中获得的最低标准，以便在 2012 年对该 RFP 作出响应。

最低标准	强度水平
护理和监督	高
临床服务	高
教育	中
健康和医疗	中
家庭支持服务	中

3. 提供现场咨询服务和适当的必要的治疗方式，以满足护理中儿童的需要。

F. 承包商提供 MF 项目

这个项目设计用来服务依赖于以下任意组合的儿童：至少每天的一部分时间的机械通风；营养物质或药物静脉注射管理；其他基于呼吸或每天营养支持的，包括气管切开术治疗，吸入，或氧气支持；其他弥补人体重要功能医疗设备，包括呼吸暂停和呼吸监视器、肾透析、其他机械设备，或大量的和疾病想关得护理。许多儿童有多种残疾，可能被诊断为情绪和/或行为障碍。

现有的 IRC 或 MSDE 费率将包括所有的服务，包括一对员工/儿童比率。

承包商应当：

1. 使用下列的从目前使用的 LOI 中获得的最低标准，以便在 2012 年对该 RFP 作出响应。

最低标准	强度水平
护理和监督	高
临床服务	中
教育	低
教育和医疗服务	高
家庭支持服务	中

2. 提供多种服务，包括，但不限于医疗、护理、心理、社会服务、职业和物理治疗干预。

3. 确保提供现场咨询服务和适当的必要的治疗方式，以满足护理中儿童的需要。

4. 计划，协助，协调紧急医疗计划。该计划应包括一项可立即向雇员开放的儿童专用的紧急医疗协议。

5. 作为应急管理计划的一部分，通知公用事业单位是否存在该项目，并维护备用发电机，如有必要，应按 COMAR 14.31.07.07 的要求提供应急热源。

6. 确保健康护理专业执照授予根据每个孩子的个人医疗需求参与州培训儿童护理的员工；并获得从一个儿科医学专家输入（口头和书面）的任何正在进行的关于安置在承包商护理下的医学脆弱的儿童咨询服务。

7. 为医疗设备提供超出 COMAR 14.31.07 所要求的最低标准的足够的面积

空间，并为设备提供足够的电力服务，以及辅助技术或特殊设备的出口。

G. 承包商提供 PR 项目

精神病缓和治疗（Psychiatric Respite）项目是为从精神病治疗医院出院的儿童推荐在寄宿型治疗中心安置的服务，服务是较少的限制性安排，或从精神病治疗医院的转移。精神障碍是一个短期的、30 天的为有严重行为问题的儿童提供额外的人员配备和支持的寄宿型服务项目。这个项目将提供一个更安全的安置和更高水平的治疗服务。DHR/SSA 资源开发安置和支持服务（RDPSS）单元必须在许可前由任何或所有的推荐的 LDSS 个案经理通知，以确保恰当的使用服务。

现有的 IRC 或 MSDE 费率将包括所有的服务，包括一对员工/儿童比率。

承包商应该：

1. 使用下列的从目前使用的 LOI 中获得的最低标准，以便在 2012 年为团体家庭项目对该 RFP 作出响应。

最低标准	强度水平
护理和监督	高
临床服务	高
教育	中
健康和医疗服务	中
家庭支持服务	中

2. 在适当的时候，举办一个现场的 MSDE 批准的第三类学校或利用当地的学校系统，以确保每个学龄儿童根据所有适用的联邦、州和地方法律参加教育或职业规划。

3. 给 LDSS 个案经理提供需要证书（CON），为儿童推荐寄宿型治疗中心（RTC）。

4. 向 RDPSS 单位以书面形式（传真）在每个月的第二个和第四个 4 日星期五提供，一个"暂缓人口普查报告"，包括以下：儿童的姓名，DOB，所指机构，LDSS 个案经理联系信息，安置历史、进入日期、停留时间、建议或更改建议。还包括：进度总结，预计的释放日期，释放的障碍，进入原因和与 LDSS 个案经理的沟通。

3.4.2 寄宿型儿童服务项目绩效要求

本节概述的绩效指标将作为评估发包合同和监督合同绩效的一部分。每项合同的延续将以满足每个合同年的最低标准为基础。最低标准来源于绩效指标和等同于每个寄宿型儿童项目类别初始合同发包的最低绩效得分，同时最低标准将每年更新一次（参见 3.4.2.1A 部分）。如发包合同绩效评级示例（附件 Z），如果合同被授予 365 个床位，可以看出，要约人 HH 收到的最低得分 – 75.000，这就变成了寄宿型儿童项目类别的最低标准。在每一个合同年期间每个 RCC 项目类别的绩效指标将被编译、监控和评估 4 次，分别是 3 个月、6 个月、9 个月和 12 个月后。

最后，DHR 希望每个寄养的儿童都能被安置在满足他们的需求，并实现永久目标的最不受限制的环境中。因此，儿童的稳定和永久性也将受到 DHR 的监控，并为承包商提供一个获得奖励分的机会，因为许多因素驱使有关一个 RCC 到一个不那么严格的安置环境或退出来形成护理、重新联合、监护或收养关系的决定。DHR 保留调整奖励分标准的权利，并在通知承包商 3 个月后实施变更。

注意：由于这些短期安置干预的特点，PR 和 DETP 项目没有与儿童稳定和永久性相关的奖励分。

所有的合同要约人都将受到 DHR 的监督，以达到绩效衡量标准，如表 A 所示的加权表。

表 A　　　　　　　　　　绩效评价指标体系

一级指标及权重	二级指标	分值
A. 儿童安全（50%）	员工安全性	30
	寄养虐待	20
B. 许可和监督（40%）	许可制裁	20
	社会服务局的热榜	5
	年度财务审计	15
C. 儿童福祉（10%）	服务 CANS 的承诺	10
总计		100
D. 奖励分 儿童稳定性/持久性	儿童退出寄宿性服务，安置到永久性或较少限制性的地点	20

绩效指标在四（4）个广泛的儿童福利绩效区域进行分组，每个标准的要求如下：

A. 儿童安全

寄宿儿童护理成功的条件供取决于安全，因此，一半（50%）的绩效标准的权重贡献给儿童安全。

1. 员工安全

（1）所有雇员和潜在雇员要100%符合儿童保护服务（CPS）审查和犯罪背景（CB）调查；

（2）及时提交月度报告；

（3）CPS和CB检查请求日期是在员工雇佣日期之前；以及

（4）每名员工都要满足虐待儿童和犯罪的COMAR 14.31.06.05的标准

OLM将对每个承包商的COMAR安全需求报告进行随机检查，以确保100%符合CPS的清除和CB检查。绩效评级以季为期度。

2. 寄养虐待

为寄养儿童提供服务的承包人不得被指出有任何虐待儿童的发现，承包商的工作人员在调查中被认定为是100%有时间的虐待者。以本季度之前的季度才结束使用的使用MD CHESSIE数据为基础，承包商将按季度进行评级。

B. 许可和监督

承包商应根据从承包商的许可机构和SSA合同和监督单位获得的信息，满足下列许可和监督绩效指标的最低标准。许可证和监督指标反映了本组织的整体健康状况。一个健康的组织影响儿童的安全和福利，因此，近一半（40%）的加权分数取决于这些指标。

1. 许可制裁

承包商在每个季度的评级期间不得有任何使用许可机构（DHR, DJS, 或DHMH）数据许可制裁。

及时提交的财务审计报告因为财务审计报告报告的缘由将由SSA合同和监督部门编制，并于合同每年的12月上旬完成。

2. 社会服务局SSA热榜

在每个季度的评级期间，在使用SSA合同和监控单元数据下，承包商不得被放置在SSA热门名单上。

3. 年度财务审计

承包人须于每年12月2日之前及时提交其年度财务审计（参见第3.5部分）。

按时提交的值是100%；长达1个月的延迟的值为75%；2个月或更长时间的延迟的值为50%；没有提交的值为0%。在批准延期的情况下，新的到期日期是评估这一标准的起点。

申请财务审计报告延期的程序

承包商可以请求财务审计报告延期或者在每年12月2日前进行。并不是所有的请求都会被批准。请求的理由必须是情有可原的，例如承包商设施的损毁或重新定位等原因。书面要求应包括：请求的理由和承包商提交审计的日期。当承包商意识到需要延期时，必须立即将书面、签名的和著有日期的请求发送给州项目经理。在收到请求后10个工作日内，将对该请求进行审查，并向承包商回复批准或不批准该请求。

C. 儿童福祉

承包商要确保成功的提供所需服务，以确保每个儿童的个案计划目标和目的的实现。

儿童和青少年的需要和优势评估承诺（CANS）

DHR已经选择了CANS评估来测量儿童福利。对于DHR来说，完全、准确、可靠的CANS数据进入SCYFIS是至关重要的，这是在获得儿童优势和需求的全面图景中不断演变的兴趣的的一部分，同时也使CANS成为为儿童服务案例规划的一部分。这个指标权重值占总分数的10%。

所有承包商完成CANS评估（人类服务条例，§8-1004，马里兰带注释的代码）。在那些至少已经安置了1个月（30个日历天）的儿童中，CANS承诺是根据预期完成的吸收量，输入到SCYFIS的季度和结束评估数据制定的并且会进行季度测量。

在测量中使用的分母是在评定期间安置的儿童的预期的CANS评估数量；在测量中使用的分子是记录的实际CANS评估记录的数量（参见表B）。

D. 儿童稳定性和永久性（奖励分）

承包商要确保这些安置是稳定和有目的的，最好是要么从寄养到永久住所（重新回到家庭、监护或收养），要么是减少限制性的安置。

退出到永久性或者是少限制性安置

在那些已经在RCC生活了至少两个月的孩子中，承包商获得额外的10%的奖励，这个奖励来自儿童从寄养退出到永久性居住或释放到不那么严格的安置场所中。

表 B　　　　　　　　　绩效测量和评价周期一览表

绩效指标	最低可接受水平	绩效指标	评价周期
A 儿童安全	100%	及时提交 COMAR 安全需求报告和许可机构有关清查的随机审查文件	3 个月（季度）
	100%	没有发现儿童虐待	
B 许可和监督	100%	没有许可制裁	3 个月（季度）
	100%	没有上热榜	
	准时提交 =100%	及时提交年度财务审计报告	
	延迟 1 个月 =75%		
	延迟 2 个月 =50%		
C 儿童福利	90%	及时提交 CANS 评估	3 个月（季度）
D 奖励分	0%（不包括 DETP 和精神缓和治疗项目）	RCC 项目中的儿童释放安置到永久性（家庭重新团聚、监护）或更少限制性的处所	3 个月（季度）

注意：这个指标不适合 DETP 或 PR 项目类别。

这种绩效指标会包含退出到永久或少限制性的安置的百分比，分母是将所有从承包商的现有 RCC 项目退出的数量，分子是退出到永久或少限制性安置的数量，这些都是基于 MD CHESSIE 数据。这一统计数据将根据基于 MD CHESSIE 数据，在季度评级期间基于从 RCC 退出的人员数量来生成的。

表 C 是绩效报告的一个例子，包括儿童稳定和永久性的奖励分值。

表 C　　　　　　　　季度绩效评估的例子

（对应于季度绩效评级示例——合同监管附件 z-1）

绩效领域	最低可接受水平	绩效测量	绩效解释	评级得分
A 儿童安全（50%）	100%	每月提交安全报告	C 满分——所有在职员工都完成儿童服务信息和犯罪背景调查	1 = 30 分
	100%	未发现虐待儿童的情况	C 不得分——在评价期间，发现 1 例员工虐待儿童的情况	1 = 0 分

续表

绩效领域	最低可接受水平	绩效测量	绩效解释	评级得分
B 许可和监督（40%）	100%	没有许可制裁	C 满分——在季度评级中没有收到许可制裁	0 = 20 分
	100%	没有上热榜	C 满分——在季度评级期间没在热榜上出现过	0 = 5 分
	准时 = 100% 迟交 1 个月 = 75% 迟交 2 个月 = 50%	及时提交年度财务审计报告	C 获得 50% 的分数——1 个月之后提交年度财务审计报告	50% = 7.5 分
C 儿童福祉（10%）	90%	及时提交 CANS 评估	C 满分——供应商及时在 SCYFIS 中输入 CANS 数据	100% = 10 分
分项分数	以亲青少年的安全、福利、许可和监督为基础		相加：72.5 = 3 + 0 + 20 + 5 + 7.5 + 10	72.5
D 奖励分：儿童稳定性和永久性（20%）	0%（不包括 DE-TP 和 PR 项目）	RCC 项目儿童当期释放到永久性安置处所的比例	C 增加 0.8，因为当期有 4% 的儿童被释放后被安置到永久性处所	4% × 20 = 0.8 分
总分	分项分数加奖励分	合计：分项分数 + 奖励分		73.3 分

3.4.2.1 更新最低标准、行使选项的条件和纠正行动计划

如表 D 所示，最低标准将在每个合同年开始时确定。每一个 RCC 项目类别的新最低标准将等于所有承包商在前一个合同年结束时的最低绩效分数。如果最低的绩效分数低于最初的最低标准，那么最初的最低标准将被用作合同年的新最低标准。

每个季度，承包商将获得更新的绩效分数和数据，以便与州项目经理进行审查和讨论。季度数据还将包括 RCC 项目类别最低绩效分数的数据，以便承包商能够预测和计划对最低标准的进行潜在的修订（这将在下一个合同年生效）。每季度的数据将在每段时间结束后 30 天内给承包商。承包商在收到季度更新后将有七（7）个工作日，向州项目经理提交书面的数据差异。州项目经理在收到承包商的书面差异后，将在七（7）个工作日内为承包商提供初步书面答复。承包商将有 3 个工作日来回应最初的书面答复。最后，州项目经理将在此后的三（3）个工作日内为承包商提供最终的书面答复。

表 D		绩效数据报告和最低标准计算表	
合同年	最低标准		报告计划
1	所有 RCC 项目类别中的发包合同在合同签订日期的最低分数		1
			2
			3
			4
2	每个 RCC 项目类别以下的很大部分：在第四季度末或第一年最低标准的所有发包合同的最低得分		5
			6
			7
			8
3	每个 RCC 项目在以下的很大部分：在第八季度或第一年最低标准的所有发包合同的最低得分		9
			10
			11
			12

注意：
1. 每个季度结束后的 30 天，承包商将收到个人的绩效分数和数据，以及他们在 RCC 项目类别中的最低绩效分数。
2. 新合同年最低标准将在前合同结束前 30 天内提供。
3. 如果行使期权，以下列出的程序将在期权年遵守。

A. 选择权行使条件

该合同将包含两个 1 年期的续约选择权，马里兰州政府具有行使该项选择权的完全自由裁量权（见 2.13 节）。如果 DHR 决定续约，DHR 将根据 RCC 项目类别考虑以下因素：

1. 目前州在各个地区对床位的需求
2. 以截至今日的季度绩效报告为基础对承包商的排名。

选择权行使基于与初始合同发包相同的的逻辑：DHR 为每个 RCC 项目类别要求的床位；首先范围将被分配到排名最高的承包商，然后是排名第二承包商，按照这种程序继续，直到当前的床位需要都被分配。由于州需要的床位数量可能发生变化，同时合同修改也需要和选择权一致。

B. 纠偏行动计划（CAP）

在任何给定的 3 个月的评估期，绩效得分低于最低标准的承包商按照要求应该向州项目经理提交更正行动计划（CAP）。经常低于最低标准的承包商可能会被终止或不再续签合同。表 E 和表 E-1 描述了需要更正行动计划的情况和为了便继续接受新的指示,并避免合同的终止需要满足的条件。

注:在图表中,"在 10% 以内"意味着承包商的总分是为 RCC 项目类别建立的最低标准的 90% 到 100% 之间。"低于 10%"意味着承包商的总得分低于 RCC 项目类别的最低标准的 90%。例如(季度绩效评级示例——合同监管附件 z-1),如果最低标准是 75.0,那么"10%"范围是 67.5 到 75.0;而"低于 10%"的范围是低于 67.5。

表 E 当 RCC 在季度审核时得分在低标准的 10% 内:发现、要求、目标及结果

事件	结果
A. 任一季度审核得分在最低标准之下(10% 以内)	需要采取更正行动计划——RCC 的目标是增加分数来满足或是超过最低标准。
B. 下一季度审核时发现	
1. 如果分数达到或是超过最低标准	停止更正行动计划——不需要进一步的行动要求
2. 如果分数在 10% 以内	需要新的更正行动计划、不需要新的许可
3. 如果分数在 10% 以下	终止合同
C 当上一次季度审核得分在 10% 以内时,在下一次季度审查中的发现(B.2)	
1. 如果分数满足或是超过最低标准	停止更正行动计划而且接受新的许可
2. 如果分数在 10% 以内或是低于 10%	合同终止

表 E-1

当 RCC 遇到了总分在最低标准的 10% 以下的季度审核:发现、要求、目标及结果	
事件	结果
A 任何季度审核的分数都在最低标准之下(10% 以下)	要求更正行动计划和不需新的许可——RCC 的目标是增加分数至少在 10% 以内或是更高
B 季度审核的发现	
1. 如果分数满足或是超过最低标准	停止更正行动计划——接受新的许可
2. 如果分数在 10% 以内	更新更正行动计划和不需要新的许可
3. 如果分数在 10% 以下	合同终止
C 当前一个季度得分在 10% 以内时,在下一次季度审查中的发现(B.2)	
1. 如果分数满足或是超过最低标准	停止更正行动计划而且接受新的许可
2. 如果分数在 10% 以内或是低于 10%	合同终止

3.4.2.2 用于合同发包的绩效报告

第 3.4.2 A、B 和 C 部分概述的绩效指标也将作为发包合同的标书评估的一部分。现有的 DHR RCC 承包商为他们拥有合同的每个项目类别提供了一份绩效报告。对于所有其他的要约人（与 DHR 没有 RCC 合约的有执照的供应商），应提交特定的文件，以便 SSA 准备一份绩效报告。现有的承包商和其他受要约人应当将绩效报告作为其标书的一部分提交。

A. 目前的 RCC 承包商

在 RFP（招标书）发布之前，DHR 向每一个现有的 DHR RCC 承包商提供了一份绩效报告，以供审核。绩效报告应和目前存在的选择对 RFP 作出响应的 DHR RCC 承包商的标书一起提交。此外，如果现有 DHR RCC 承包商提出了一个"新项目"，它没有过去的绩效评级，那就利用 DHR 的 RCC 承包商现有的在范围上与新项目最相似的项目的评分作为现有 DHR 的 RCC 承包商的标书的绩效评分（参见 1.10，MM 部分是新项目的定义）。

除非另有说明，用以下指标来准备绩效报告的评级期是 2011 年 4 月至 2012 年 3 月。

1. 员工安全——评估期从 2012 年 2—3 月。

2. 寄养虐待——评估期 2011 年 1—12 月。

3. 许可和监督。

4. 许可制裁。

5. SSA 热榜。

6. 年度财务审计——绩效报告包括 SSA 的合同和监督部门编制的财务审计完成百分比，截止日期是 2011 年 12 月 2 日。

7. 儿童福祉——绩效报告包括 CANS 合规情况，这是根据 SCYFIS 数据，为每一个已被安置在现有的 DHR RCC 承包商至少 30 天的每个孩子所计算的百分比。

B. 其他要约人的绩效报告的文件要求

所有其他的要约方应提交本节所要求的文件作为其标书的一部分（但不包括 CANS 合规数据）。在收到要约人的标书后，DHR 将使用提供的文件来衡量要约人的绩效，并将完成要约人的绩效报告。绩效报告将送交各要约人审阅。在收到他们的绩效报告后，要约人将有 7 个工作日向州项目经理提交数据的书面异议。州项目经理在收到要约人的书面异议后，在七（7）个工作日内提供初步书面答复。要约人将有三（3）个工作日来回应最初的书面答复。最后，州项目经理将在三（3）个工作日后提供最终的书面答复。

1. 儿童安全

（1）员工安全。所有其他要约人应当提交包括标书提交时的所有员工的花名册 excel 电子表格，表格包含按列排列以下数据元素：员工的就业开始日期，CPS 请求日期、CPS 的结果（例如没有历史发现，历史发现），CB 检查清除请求日期和 CB 检查结果（如没有历史发现，历史发现）。

除电子表格外，所有其要约人应只向列在名册上的，其工作开始日期为 2010 年 4 月 1 日之后直至提交建议书日期的雇员提供 CPS 和 CB 审核申请文件。

（2）寄养虐待。不需要文件（参见 3.4.3A.2 部分）。

2. 许可和监督

（1）许可制裁。所有其他要约人应当获得和提交来自要约人的许可机构的带有签名的书面文件，文件要么说明没有制裁，要么指出在 2011 年 4 月至 2012 年 3 月评估期间的制裁数量；而且对每一项制裁，都包括受到制裁的日期、类型和处置方式。

（2）SSA 热榜。不需要文件（参见 4.3.4.2B.2 部分）。

（3）年度财务审计报告。其他要约人应当获得和提交来自其合同代理机构的带有签名的书面文件。文件说明合同机构要求的年度财务审计的到期日和最近一次收到年度财务审计的日期。

3. 儿童福祉

CANS 评估合规情况（儿童和青少年需求和优势）。

不需要文件。DHR 将通过 SCYFIS CANS 数据获取 CANS 的合规报告，并将数据转发给要约人以供他们提交标书。此外，要约人可向 GOC 要求他们的 CANS 合规报告。

对于合同发包，绩效评估的权重如表 F 所示，并包括要约人的绩效总分。

表 F

指标	绩效测量	当前承包商总分	其他要约人
A 儿童安全（50%）	员工安全	30	50
	寄养期间遭受虐待	20	N/A

续表

指标	绩效测量	当前承包商总分	其他要约人
B 许可和监督（40%）	许可制裁	20	25
	SSA 热榜	5	N/A
	年度财务审计	15	15
C 儿童福祉（10%）	CANS 合规	10	10
	总分	100	100

3.5 报告

A. 承包商应在规定的时间内向 LDSS 个案工作者提交下列报告：

1. 个人服务/治疗计划——安置后三十（30）个工作日及此后每 90 个工作日。

2. CANS 评估结果——安置后三十（30）个工作日，此后每 90 个工作日。提供 DETP 项目的承包商

3. 诊断评估——从安置日期开始的 60 天。诊断评估包括：精神病、心理、教育、心理社会、医疗、安置推荐而且其他服务，也适当的从安置的日期起，六十（60）个工作日。

B. 承包商应在儿童入机构前 30 天内、初始评估和释放的每 3 个月，进入 CSOMS 中的 CANS 模块进行 CANS 评估。

C. 提供精神病缓和治疗项目的承包商，应按要求提交下列资料：

1. 寄宿治疗中心的儿童的 CON 文件应该在释放时提交给 LDSS 个案经理。

2. 暂缓审查报告在每个月的第二个和第四个周五提交给 DHR/SSA 资源开发安置及支援服务部门（地址略）。

D. 承包商应于每月第 10 天前将上个月的考勤表，即购买寄宿型服务——考勤表（附件 W），发送至 DHR 电子信箱或者按指示提交。

E. 承包商应向 OIG（参见附件 D——标准服务合同样本，47.3 节）和 SSA 的行政专家，预算和管理办公室提交一份对承包商财务记录的年度财务审计报告，时间不晚于每年 12 月 2 日。审计必须由独立的注册会计师执行，并符合部门要求的格式（参见年度审计报告要求，附件 X）。

F. 承包商应在要求期间内向州项目经理提交下列报告（参见第 1.9 节）：

《DHR 私人承包商年度报告》（附件 Y）——在每年合同年结束后的 12 月 2 日之前。

1. 年度报告必须包括以下几点：(1) 详细描述所有的用来确保在合理的管理成本和用省钱省时的方式衡量努力的成功/失败时提供适当的服务；(2) 一个百分比明细表，用于反映了在合同年度承包商所需的经人力资源部部门批准的添加或更改包含在原始合同的服务的数量，以维护孩子的安全和幸福，包括减少需求或频率/成本的建议，以及证明上述建议和修改的实例；(3) 基于在当前和以前日历年的信息和数据开发下个合同年的目标，开发特定的策略来实现这些目标，开发具体的测量计划来确定在明年结束之前是否实现目标。

2. 当前的保险证书——如果使用的话，应在每个合同的周年日，包括续约年。

3. 总承包商未支付 MBE 发票报告（附件 J）和分包商付款发票报告（附件 K）在报告月后的第 15 日截止。这些表单的副本也将提交给 DHR MBE 联络人（其地址在表单上，参见第 2.33 节）。

4. 经济效益的季度报告（参见第 4.2 节 F）——截至下个报告季度结束后的一个月的第 15 日。季度报告应提交至获得所有提出的经济效益为止。报告应包括承包商的名称、合同号、报告的季度/年，并确定该项目所承诺的经济效益，如在报告年中承包商的标书中所述，以及报告季度所取得的经济效益。报告应由承包商的项目经理签署并注明日期。

G. 承包商应在要求的时间内向州项目经理提交临时报告/杂项报告。承包商可能每年需要提交大约四份此类报告，这个报告与其项目收集研究数据和评估活动相关，但不限于此。

未在明确的时间表内未提交所要求的报告（除 MBE 报告外）可能导致出现在 SSA 热榜上，导致终止推荐服务对象，或终止本招标书所发包的任何合同。在收到以上所有报告后，最终付款将视情况而定。未能在确定的时间内提交 MBE 报告或在主承包商不遵守其对其 MBE 参与的承诺的事件中，可能导致需要采取州具体规定的纠正行动。

3.6　承包商的项目经理

承包商应指定个人担任项目经理。承包商的项目经理应该可以讨论项目的日常运作，以及相似的，每季度大约 2 个小时的会议。会议日期、时间和地点将由州项目经理在会议前提供。

3.7　发包后情况说明会

在公共工作委员会（BPW）批准合同发包之后两周内，人力资源部社会服务局采购官负责召开合同发包后情况说明会。州项目经理、承包商和/或承包商的项目经理以及州政府或承包商的其他相关人员将参加发包后情况说明会。发包后情况介绍会的目的是讨论服务交付、发票处理、监控和其他合同条款和条件。本合同的日期、时间和发包前情况说明会的地点将在 BPW 批准合同后向通知获得合同的承包商。

Ⅳ. 准备标书的要求

4.1 提交两份文件

此采购的遴选程序要求，在将财务标书分发给评估委员会之前必须完成标书的技术评估和排名。因此，每个标书应同时作为两个独立的附件提交，分别在第4.2节（标书Ⅰ–技术标书）和4.3（标书Ⅱ–财务标书）中说明。

在单一地理区域内提供单一项目类别的要约人

在单一地理区域内提供单一的 RCC 项目类别的要约人，应提交一份（1）关于 RCC 项目类别和区域的标书。要约人必须用 RCC 项目服务表格（附件 R）确认特定地理区域、地点、床位数量和服务儿童的性别/年龄。如果合适的话，必须将一个独立的 RCC 项目服务表格提交给各个场所。

在多个地理区域内提供单一项目类别的要约人

服务于单一 RCC 项目类别的、不止位一个地理区域的要约人，应当提交一份使用 RCC 项目服务表格（附件 R），识别每一个特定的地理区域；在该地区的每个站点位置床的数量和每个站点位置服务的儿童的性别/年龄的 RCC 项目类别报告的标书。如果合适的话，必须将一个独立的 RCC 项目服务表格提交给每个地区和站点。

在单一地理区域服务多个项目类别的要约人

在单一地理区域内为多个 RCC 项目类别提供服务的要约人，应为每个打算服务的 RCC 项目类别提交一份单独的标书。要约人必须根据 RCC 计划服务表格（附件 R），确定具体的地理区域、场地位置、床位数量和服务儿童的性别/年龄。必须为每个 RCC 项目类别、区域和地点提交独立的 RCC 计划服务表格。

在多个地理区域提供多个项目类别的要约人

在多个地理区域的提供多个 RCC 项目类别的要约人，应该为每一个打算服务的 RCC 项目类别提交一份单独的标书。要约人必须使用 RCC 项目服务表格（附件 R）确定特定的地理区域，每个站点位置，每个站点位置床的数量和每个站点位置服务儿童的性别/年龄。必须为每个 RCC 项目类别，地区和站点的位置提交单独的

RCC 项目服务表格。理区域和这些地理区域内具体的郡县见 3.3 部分。

必须在 2012 年 11 月 2 日下午 3 点之前，必须将技术和财务标书送达采购官员，包括一份带有标识的原件和 6 份复印件。采购官员将不予考虑未及时送达的标书。

每份标书的信封必须贴上以下标签：

要约人姓名：

提交给 IRC 或 MSDE 的技术标书或财务标书

RCC 项目类别：

地理区域（县）：

封印标书——人力资源部门

机构控制编号：（略）

标书截止日期和时间：（略）

采购官员姓名：（略）

房间号：（略）

4.2 文件 I——技术标书

本卷应以清晰准确的方式准备技术标书，技术标书应当涉及本招标书除价格信息外的所有点，所有页应连续编号。本卷应包含以下章节：

A. 标书提交清单

为了满足招标书的要求，要约人必须承担处理所有必要的技术和操作问题的责任。标书提交清单（附件 P）包括协助要约人，并为要约人的标书的各个方面提供安置顺序。

B. 传送单

印制在要约人的业务信笺上的传送单（附件 Q）应该和标书在一起。这种形式的目的是传递标书。该表格应包含征集书的名称、要约人完整在美国国务院的评估与税务部门的法律名称注册的法律姓名、联邦税务识别号码、地址、电话号码、传真号码和电子邮件地址。如果要约人已在 eMM 注册，包括 eMM 登记号码。该表格由被授权将该公司绑定到所有声明的个人签署，这些声明包括标书中包含的服务和价格。该表格还应确认收到的 RFP 的任何附件。

要约人应被视为接受本 RFP 中所列的所有条款、条件和要求，除非另有明确注明作传送单的附件。不符合这些条款和条件的标书，可能会导致被认为不可接受或被归类为不太容易被选为发包的标书。如果要约人符合州条款和条件，则传送单应是这样的。

C. 目录

所有页应连续编号，并且采用下面所列的章节标题：

1. 拟提供的服务（格式如下）

2. 财务责任和稳定性（见下文 E）

3. 马里兰州的经济利益（见下文 F）

4. 其他信息（如果适用——见下文 G）

5. 公司文献（如果适用——见下文 H）

6. 表格（必须与标书放在一起——见下文 I）

D. 拟提供的服务

本节将包含要约人提出的为实现 RFP 要求的工作计划。要约人的工作计划应当详细描述要约人的方法，如说明提出的服务如何满足州要求和条件。任何特殊的设备要求或方法也应在本节中解释。工作计划应以相同的顺序准备，并包含符合《RFP》第 3.4 至 3.7 节的内容：

- 3.4 对 RCC 承包商的一般要求

受要约人的工作计划，应当详细说明要约人如何满足下列各项一般要求：

1. 许可

要约人在标书中应包含要约人当前的、有效的马里兰州许可协议的复印件，这种许可是为每一个已提出的 RCC 项目类别准备的。

注意：由 DHMH 认可的要约人应该提供来自 DHMH 证明有效许可的文件。

2. 开始的时间和日期

3. 项目运作（包括符合州和联邦法律、法规、DHR 政策、标准和指南）

4. 政策和程序手册

要约人应当在标书中包括最新的政策和程序手册，手册至少详细描述了哲学和照顾方法、项目管理、接纳、服务传递、行为管理、设施管理和安全措施，编制指南和培训需求，居民的行为规则，包括权利、责任和申诉程序。

注意：任何用于证明要约人符合一般要求的政策必须提及政策名称/政策编号和该政策可以位于要约人的政策和程序手册中的页码。

5. 组织结构

a. 在标书中，要约人应将其董事会名单包括在内。董事会名单包括董事会成员名称，在治理、财务管理、融资、儿童福利专业知识方面相关的经验以及与 RCC 项目有关的任何其他经验。

b. 足够的跨学科具备资质的员工。

（1）要约人应当在标书中包含组织图在内。组织图包括员工的组织关系；标书中要求的对于每个活动带有行政监管监督责任的员工的身份，包括员工负责培训、程序性和临床的责任。其他员工包括办公室和设施的员工。

（2）要约人应在标书中将提交给 IRC 或 MSDE 的 LOI 记分表和人员配置表格的副本包括在内，以获得提议的特定的 RCC 项目类别的预算批准。

6. 要约人应在标书中把由标书中要约人指定的员工的工作描述和个人简历包含在内。如果要约人被授予合同，这些被指定的员工是被分配到该项目的关键人员。要约人的关键员工应至少包括承包商的项目经理和认证项目管理人。

注意：要约人的关键人员所要求的任何专业执照、证书等都应包括在这里。

7. 员工安全

8. 强制性事故报告

9. 员工培训和发展

要约人应在标书中把符合 COMAR 14.31.06.05 F 要求的培训计划包括在内。

10. 文化和语言能力

11. 质量保证

要约人应在标书中包括质量保证和/或持续质量改进系统的概述，包括要约人将如何履行 RCC 的绩效标准在内。

12. 接纳进入安置机构

13. 以家庭为中心的实践

14. 探视和交通

15. 个案设计

16. CANS 儿童和青少年的需要和优势

17. 常规的日常工作

要约人应在标书中把简单的行程和每日、每周、每月的时间表和要约人年度活动和行程包括在内。

18. 社区整合

19. 教育

20. 马里兰儿童和青少年寄宿服务权利法案

受要约人应在标书中把为儿童及其父母或法律监护人提供的手册的副本，

如马里兰儿童和青年在儿童住宅设施的权利法案所要求的包括在内，该法案确定了要约人和 RCC 项目的政策。

21. 为 21 岁做好准备
22. 释放
23. 记录保存
24. 合同监督
25. 问题扩大程序

要约人必须详细描述他们打算怎样遵守这一要求的方法。

- 3.4.1 各类 RCC 项目的具体要求

要约人的工作计划应详细描述要约人打算如何满足其提出的 RCC 项目的具体要求。在标书中，要约人应把 IRC 或 MSDE 预算包中的要约人的 LOI 的副本包括在内。

注意：任何用于证明要约人符合特定要求的政策必须提及政策名称/政策编号和该政策可以位于要约人的政策和程序手册中的页码。

要约人提供 DD 项目

1. 通过 ALUs 或 RCCs 服务儿童
2. 服务条款包括清醒员工
3. 使用最低限度 LOI 标准

要约人提供 DETP 项目

1. 完成服务条款的所有方面包括诊断评估
2. 使用最低限度 LOI 标准
3. MSDE 现场认证第三类学校

要约人提供 GH 项目

1. 基于社区照顾的条款
2. 使用最低限度 LOI 标准
3. 可用和可获得的咨询服务和治疗模式

要约人提供 HIGH 项目（包括治疗性教养院项目）

1. 证明符合 COMAR10.27.01.02
2. 使用最低限度 LOI 标准
3. 可用和可获得的咨询服务和治疗模式

新项目：要约人为反社会的青少女提供 HIGH 项目（包括治疗性教养院项

目)

1. 证明符合COMAR10.27.01.02
2. 使用最低限度LOI标准
3. 可用和可获得的咨询服务和治疗模式

要约人提供MF项目

1. 使用最低限度LOI标准
2. 包括但不限于医疗、护理、心理、社会服务、职业和物理治疗干预的所有治疗条款
3. 可用和可获得的咨询服务和治疗模式
4. 计划，促进和协调每个紧急医疗计划
5. 紧急情况管理计划
6. 专业健康护理培训条款
7. 为医疗设备提供足够的空间，超出COMAR 14.31.06所要求的最低标准，并提供足够的电力服务/出口的条款。

要约人提供PR项目

1. 使用最低限度LOI标准
2. MSDE现场认证第三类型学校
3. 所有需要证书文件条款
4. 报告来自LDSS合作的问题

- 3.4.2 RCC项目绩效要求

要约人应详细描述其对RCC绩效指标的了解，以及要约人打算如何实现和维持RCC的绩效标准：

1. RCC绩效要求（第3.4.2节）
2. 更新最低标准，行使选择权的条件和纠正行动计划（第3.4.2.1节）
3. 用于合同发包的绩效报告（第3.4.2.2节）

对当前DHR RCC承包商

在这部分，要约人必须把DHR绩效报告包括在内。

对所有其他的要约人

在这部分，要约人必须把以下文件包括在内：

1. 员工花名册，带有CPS和CB审核要求的文件
2. 来自许可机构有关制裁的书面签署文件

3. 来自许可机构关于年度财务审计的书面签署文件

- 3.5 报告

要约人应该详细描述他们的计划来确保报告的完成和及时提交。

- 3.6 承包商的项目经理

在标书中，要约人应当把名称、地址、电话和传真号码，以及项目经理和/或认证项目管理人的电子邮件地址包括在内。

- 3.7 发包后情况说明会

授予招标书的合同，在标书中，要约人应当把要约人、要约人的项目经理和其他被认为合适出席并参加发包后情况说明会的陈述包括在内。如果要约人被授予合同。

E. 财务责任和稳定性

本节包含一些信息，说明要约人有能力在所有方面履行合同要求和财政整体性和可靠性，以保证良好的信用绩效。可能用于展示必要的职责和稳定性的信息示例包括：

1. 过去 3 年的财务审计说明
2. Dunn 和 Bradstreet 报告和评级
3. 州财务主管批准的金融机构的信贷额度
4. 不少于 6 个月的运营资本证明

如果一个旨在执行或提供标要求的服务的要约人是另一个实体的子公司，要约人提交的所有信息，例如但不限于，参考和财务报告，应当只属于要约人，除非母组织将保证子公司的性能。如果合适的话，要约人的标书应包含明确的声明，即母公司将保证子公司的绩效。

此外，要约人应描述任何可能对该组织产生财务影响的诉讼或判决的民事或刑事诉讼。

所有未公开的财务信息，作为对本节的回应，将被保留为机密信息，仅供那些评估技术标书的人发布。除了采购人员，那些获得此信息进行评估的人员将签署保密声明。

F. 马里兰州的经济效益

不要把财务标书的任何细节都包含在这个技术信息中。不包括实际金额，只使用百分比。

注意：在提供本节所需要的信息时，要约人应说明其承诺的每 10 万美元的合同价值水平。换句话说，每10万美元的合同价值，将创造多少个马里兰州的就业机会，马里兰州的税收将会产生多少，多少将付给马里兰州的分包商等。

受要约人应提交一份陈述书，描述将在马里兰经济中获得的利益，作为该请求所产生的任何发包合同绩效的直接或间接结果。标书将被评估用来评估对马里兰经济的具体贡献。

将明确、具体的利益视为与可执行的承诺的标书将被评为比不确定合同承诺的具体利益的标书更有利，其他所有因素都是平等的。

如果适用的话，在合同的完整期限内，包括任何续期，或在承诺得到满足之前，承包商应向州项目经理或其他指定的机构人员报告对本节所列的各项福利的实际实现情况。这些收益获得报告应按季度提供，除非在这些规范中的其他方面有不同的报告频率。

如果要约人基于被授予本合同而做一些改善或维持现状的规划或保证，基于雇员或地点对马里兰的讨论可能是适当的。

从合同中获得经济利益的例子可以包括以下任何一个。对于下面确定的每一个因素，确定具体的利益和合同承诺，并提供该类支出的明细：

如果通过利用马里兰州的分包商、供应商和合资伙伴，本合同支付的金额将返回到马里兰州的经济系统中，将是对本合同的支持。

实施本合同会给马里兰州居民带来的工作数量和类型。指出工作类型，每一类工作的雇员数，以及承包商所承诺的总工资，如果合适的话，包括主承包商和分包级别承包商的合同承诺。

实施合同为马里兰州及其政治分支创造的税收收入。指出税收类别（销售税、工资税、库存税和对新员工的个人所得税估计）。对合同所产生的总税收收入进行预测。

承诺给予于马里兰小企业和MBEs的分包合同金额。

如果发包合同给要约人，要约人承诺对马里兰经济的其他利益包括合同承诺。描述这些利益对马里兰经济的价值，以及它是如何产生的，或者是由于合同发包的原因。要约人可以承诺不直接归因于合同的利益，但合同可以作为一种催化剂或推动力。

G. 附加信息

这部分是选择性的，应该包括任何附加的要约人认为与本采购有关，以及任何满足州目标的信息。

H. 公司文献

如果公司文献或其他材料旨在回应任何招标书的要求，它必须包括在本节中，而且在前几部分标书中要约人的回复必须包括根据名称和页面引用的参考文件。没有这些参考和引用提交的标书将被认为是完整的，而不需要参考本节中提供的关于要约人对招标书要求的回答的文件。

I. 表格

只包括在原始文件中，下面每种表格都必须提供一份原件。

投标/标书宣誓书（附件 B）

MDOT 颁发的 MBE 利用和公平招标宣誓证书（附件 F）

游说证书（附件 L）

服务合同最低社会水平工资要求和协议宣誓书（附件 M）

4.3 文件 II 财务标书

本卷应该包含所有拟提供服务的所有价格信息。供应商给儿童提供的所有服务都必须包含在供应商的 IRC/MSDE 预算/费率之中。人力资源部将某个儿童安置到某个服务提供者时，依据 IRC/MSDE 确定的费率向该供应商支付费用。

A. 对于要约人批准的 2013 年的 IRC 或 MSDE 价格函

如果在提交标书时，要约人的 2013 年预算被 IRC 或 MSDE 批准，要约人只需要提交 IRC 或 MSDE 2013 批准的价格函。

B. 对于要约人提议服务新项目（参见 1.1 部分，MM 对新项目的定义）

要约人为"新项目"提交标书必须完成如下适当的预算申请，报 IRC（附件 A）或马里兰州教育部特殊教育司早期干预服务非公立部分（附件 A-1）审批，具体由哪个部门审批取决于适用条件。预算申请应当包含要约人决定与该标书有关的所有财务信息。在确定价格时，要约人必须考虑适当的生活工资要求。

所有提供"新项目"标书的要约人，应向采购官提交一份正本、一份副本和一张有关财务标书的光碟。所有向采购官提交新项目的财务标书将由 DHR 提交给 IRC 或特殊教育的马里兰州教育部特殊教育司早期干预服务非公立部分，选适合的一个。提出新项目的要约人不需要直接向 IRC 或 MSDE 提出财务标书。

IRC 或 MSDE 将提供儿童服务人员配备模式网格、LOI 得分表的副本和 SCYFIS 给，DHR OLM，以审查和确认要约人的员工和 LOI。

报 IRC 审批的预算申请

附件 A

1/11，寄宿型儿童服务安置机构运营预算 2013 财年——请注意这份文件要填 12 个表

2/11，SCYFIS 资源目录的供应商情况说明

3/11，强度评分表修订后的水平和执照颁发机构/合同发包机构的 SCYFIS 确认审查

4/11，寄宿型儿童服务/儿童安置机构项目成本指南

5/11，修订后的供应商指南

6/11，2013 财年清单

7/11，2013 财年寄宿型儿童服务人员配备模式网格

8/11，2013 财年预算识别表

9/11，2013 财年项目描述

10/11，2013 财年 LOI 评分表和 SCYFIS 确认书

11/11，2013 财年项目设施和办公空间租赁/抵押一览

或者马里兰州教育部特殊教育司早期干预服务非公立部分批准

附件 A-1，MSDE 年度项目成本表所有要约人必须将已完成的附件（附件 R）项目服务表格包括在他们的财务标书内。

V. 评审程序

5.1 评审委员会

5.2 认定合格标书

5.3 技术评审

5.4 技术评审标准

5.5 财务评估

5.6 给未获得合同要约人的报告

5.7 最终评估及发包建议

5.1 评审委员会

在截止日期前收到的所有要约人的标书将根据由州组织建立的评审委员会在第 5.4 条所列的标准进行评估。委员会可能要求其他渠道提供额外的技术援助。

5.2 认定合格标书

合格标书是来自负责任的要约人的标书,采购官按照适度敏感的方式分类挑选出这些要约人作为发包对象。技术标书未被接受的供应商将得到书面通知,其财务标书将被原封不动退回。

5.3 技术评审

州政府拥有完全的自由裁量权,基于所收到的书面标书来发包合同,而无需事先讨论或协商。评估委员会将根据第5.4节所建立的标准对这些标书进行排名。技术标书中不应提供价格数据。在技术评估阶段,采购官应保留与供应商进行讨论的权利。如果举行讨论,所有被初步归类为适度敏感的或潜在的要约人都将被给予参与讨论的平等机会(参见第2.28节:讨论)。

在任何阶段,只要这些标书没有被确定为适度敏感的发包对象,或者要约人被认定为不负责任要约人,他们提交的标书就会被剔除,不会给予进一步考虑。

一般说明:

1. COMAR 第21章的《采购条例》定义一个"负责任的"要约人为在所有方面都有能力充分履行合同要求,以及保证良好绩效的完整性和可靠性。

2. COMAR,第21章,也要求采购官在向要约人发包之前决定,是否要约人是负责的。责任的确定是基于采购官的主观判断,即要约人是否符合"负责任的"要约人的定义。

3. 另外,要约人未能合理地及时提供与责任确定有关的信息,是决定要约人不负责的证据。

5.4 技术评审标准

将被委员会用来评估特定采购的技术标书的标准根据重要性的降序排列如下。绩效报告(A)比剩余的评估标准要重要得多。技术考虑比财务考虑更有价值。技术标书将根据以下主要标准进行排名:

评审标准

绩效报告:4.2D

一般要求的服务:4.2D 部分

1. 用于满足第3.4节中所列的一般需求,如下所示和在第3.4.1部分所列的、基于要约人的RCC项目类别的具体需求的方法。

组织结构(3.4F部分)

员工培训和发展（3.4I 部分）

进入安置机构（3.4L 部分）

探视和交通工具（3.4N 部分）

个案计划（3.4O 部分）

常规的日常行程（3.4Q 部分）

教育（3.4S 部分）

释放（3.4V 部分）

2. 与标书中 LOI 一致的服务（3.4F.2 部分）

A. 为 21 岁做好准备：3.4U 部分

用于实施协助孩子在发展适当年龄必要技能的服务和项目的方法。如 SSA 政策概述。网址位于 http：//dhr.maryland.gov/ssa/policydir.php。具体的政策是 SSA 07-07、SSA 09-22、SSA 10-06、SSA 10-13、SSA 10-22、SSA 10-24、SSA 11-11、SSA 11-16、SSA 11-16、SSA 11-20 和 SSA 12-20。

B. 以家庭为中心的实践：3.4M 部分

用于证明要约人的组织实施了以儿童为重点的家庭实践模式的方法，包括像 3.4R 部分：社区整合所述的社区联系的维持。

C. 州的经济利益：4.2F 部分

5.5 财务评估

IRC 或者马里兰州教育部特殊教育司早期干预服务非公立部门将会决定每个标书的供给价格，目的是建立从低到高排列的财务等级。

5.6 给未获得合同要约人的报告

应当根据未获得合同的要约人的书面请求做出回复，前提是书面请求应当在收到来自采购官的未获推荐为发包对象的通知之后的合理期限内提出。人力资源部应当在收到请求后尽早提供报告。报告应根据 COMAR 21.05.03.06 做出。

5.7 最终评估及发包建议

在完成了所有的讨论和谈判，背景调查以及实地访问之后，采购官将推荐合同授予给负责任的要约人，这些要约人的标书按照到本招标书中设定的技术评估因素和价格因素综合考虑被认为是最有利于马里兰州的利益。在做出最有利要约人的决定时，技术因素的价值远远超过价格因素。

由招标书引起的合同发包要得到州政府相关批准。超过 20 万美元的合同发包需要州公共工作委员会批准。

VI. 附录

附件 A

1/11，预算表 A——寄宿型儿童服务安置机构运营预算 2013 财年——请注意这份文件要填 12 个表

2/11，SCYFIS 资源目录的供应商情况说明

3/11，强度评分表修订后的水平和执照颁发机构/合同发包机构的 SCYFIS 确认审查

4/11，寄宿型儿童服务/儿童安置机构项目成本指南

5/11，修订后的供应商指南

6/11，2013 财年清单

7/11，2013 财年寄宿型儿童服务人员配备模式网格

8/11，2013 财年预算识别表

9/11，2013 财年项目描述

10/11，2013 财年 LOI 评分表和 SCYFIS 确认书

11/11，2013 财年项目设施和办公空间租赁/抵押一览

附件 A－1，MSDE 年度项目成本表

附件 B 投标/标书宣誓书

附件 C 合同宣誓书

附件 D 服务合同－样本

附件 E 电子资金转账表

附件 F MDOT 颁发的 MBE 利用和公平招标宣誓证书

附件 G 外展努力遵守声明

附件 H 转包商项目参与证书

附件 I 少数民族承包人无效证明

附件 J 总承包人未支付 MBE 发票报告

附件 K 分包商付款发票报告

附件 L 游说证书

附件 M 服务合同最低生活工资要求和协议宣誓书

附件 N 雇佣协议

附件 O 合同遵守检查单和时间安排

附件 P 标书提交清单

附件 Q 传送单

附件 R 寄宿型儿童服务（RCC）项目服务表

附件 S 修改后的维护付款表

附件 T 马里兰州人力资源部以家庭为中心的实践模式

附件 U CSOMS 模块中的 CANS

附件 V 马里兰州青年为重项目的实践模式

附件 W 购买寄宿型服务——考勤表

附件 X 年度审计报告要求

附件 Y 人力资源部私人承包人年度报告

附件 Z 发包合同绩效评级示例

附件 Z-1 季度绩效评级示例——合同监管

致 谢

本书在研究和写作过程中得到了很多机构与个人的支持和帮助,特此表示感谢。

首先衷心感谢湖北省财政厅的资助以及支持,在湖北省财政厅的帮助下,作者得以全面了解政府购买服务政策的总体情况,并且能够有机会到多个市县进行调研,这对于完成此项研究是至关重要的。除湖北省财政厅外,感谢多个政府机构,尤其是湖北省妇联、湖北省民政厅、武汉市财政局、武汉市民政局、武昌区民政局、鄂州市妇联、南湖街道办事处、水果湖街道办事处等机构的大力支持。特别感谢华锦社区、中央花园社区、水域天际社区多次接待调研访谈。特别感谢朱海主任、邹义均主任、饶材忠主任、范长林主任、涂才江处长、宋斌文处长、易振波主任、汪细少主席、邓卫书记、柏雨辰书记、朱德科长、陈萌科长、周林书记、游红书记、汤艳主任等的支持。真诚感谢你们的帮助,让我们了解到公共服务系统的运转情况,看到政府在公共服务和社会创新方面的不懈努力与持续进步。非常感谢20多家社会组织负责人的支持,尤其是李忠辉秘书长、钱琦主任、朱本林主任、吴凡丽书记、何立苇主任、丁鹏主任、杨丰绮主任、刘家洲院长、黄家豪主任、吴雪主任、刚亚俊主任、陈喆主任、余静主任、程玲主任、张晓青女士、洪桢文女士、蔡莉萍女士的慷慨帮助。你们让我看到社会组织的创新与成长,每一次拜访对于我都是一次心灵的触动,让我目睹社会组织创业的艰辛与助人的快乐。特别感谢约翰·霍普金斯公民社会研究中心主任莱斯特·M.萨拉蒙教授,感谢他接受我到中心访学,帮助我走进美国的非营利组织,拜访多家机构的负责人,了解美国政府购买社会服务的情况。感谢 Christopher Shea 先生、Margaret Williams 女士、Tom Curcio 先生、Michael Curtin 先生接受我的参观访问并且提供了大量的资料。感谢我的同事杨振杰博士和刘婧博士的帮助,以及研究生张慧峰、叶旋璇、王迪、王现普、范耀华、钟开炜同学参与调研和资料整理。非常感谢本书的编辑孙琛老师,孙老师的专业精神和严谨态度常常令我感佩。此外,感谢我的先生和女儿,我忙于研究和写作，错过了许多与家人相处的时光，感谢你们的理解和包容。还有一些未提及姓名的支持者，一并在此表示衷心感谢！

  本书所有成果（如果有的话）都归功于上述这些机构和人士的大力帮助，所有的错误和疏漏由作者本人负责。

张远凤

2019 年 12 月 12 日